国家出版基金项目
NATIONAL PUBLICATION FOUNDATION

《尚書》學文獻集成·朝鮮卷

錢宗武 主編

24

鳳凰出版社

第二十四册目録

洪範羽翼

《尚書》學文獻集成·朝鮮卷　第二十四册

洪範羽翼

禹汝楙　著
高尚舉　整理

卷之三十三

皇極二　四一章

朋友之信

《詩》：『伐木丁丁，鳥鳴嚶嚶。嚶其鳴矣，求其友聲。相彼鳥矣，猶求友聲。矧伊人矣，不求友生？神之聽之，終和且平。』《伐木》，燕朋友故舊也。自天子至於庶人，未有不須友以成者。友賢不棄，不遺故舊，則民德歸厚矣。

真德秀曰：『《鹿鳴》之詩，以臣爲賓。《伐木》之詩，以臣爲友。先王樂道忘勢，但知有朋友相須之義，而不見君臣相臨之分。《孟》萬章問友，孟子曰：「不挾長，不挾貴，不挾兄弟而友。友也者，友其德也，不可以有挾也。孟獻子，百乘之家也，有友五人焉：樂正裘、牧仲，其三人則予忘之矣。獻子之與此五人者友也，無獻子之家者也。此五人者亦有獻子之家，則不與之友矣。非惟百乘家之家爲然也，雖小國之君亦有之。費惠公曰：『吾於子思則事之〔一〕矣，吾於顔般則友之矣。王順、長息則事我者也。』非惟小國之君爲然也，雖大國之君亦有之。晋平公之於亥唐也，入云則入，坐云則坐，食云則食。雖疏食菜羹，未嘗不飽，蓋不敢不飽也。然終於此而已矣。弗與共天位也，弗與治天職也，弗與食天禄也。士之尊賢者也，非王公尊賢者也。舜尚見帝，帝館甥于貳室，亦饗舜，迭爲賓主，是天子而友匹夫也。用下敬上，謂之貴貴；用上敬下，謂之尊賢。貴貴尊賢其義一也。」

朱子曰：『此言朋友，人倫之一，所以輔仁，故以天子友匹夫而不爲詘，以匹夫友天子而不爲僭。此堯舜所以爲人倫之至，而孟子言必稱之也。』

繆公亟見於子思，曰：『古千乘之君〔二〕以友士，何如？』子思不悦，曰：『古之人有言曰：事之云乎？豈曰友之云乎？』子思之不悦也，豈不曰：『以位，則子君也，我臣也，何敢與君友也？以德，則子事我者也，奚可以與我友？』千乘之君，求與之友而不可得也，而况可召與？

〔一〕　今按：『事之』，《十三經注疏》本《孟子》作『師之』。

〔二〕　今按：『君』，《十三經注疏》本《孟子》作『國』。

潛龍故人

明皇之於姜皎，肅宗之於李泌。明皇微時，與姜皎親信，及誅竇懷貞，皎與有功，寵遇特厚，出入卧内，至與后妃連塔〔一〕宴飲。宋璟以爲皎權寵太甚，非所以安之。上下制曰：『西漢諸將，以權貴不全；南陽故人，以優閑自保。皎宜放歸田園，勛封如舊。』京兆李泌以才敏著聞，玄宗使與太子爲布衣交。國忠惡之，奏徙蘄春，後隱居潁陰。謁見於靈武，上大喜。出則聯轡，寢則對榻。欲爲右相，固辭曰：『陛下對以賓友，則貴於宰相矣。』胡氏曰：『總非遊從，遽相屈伏，既非素交之道。乘危傳襲，又相承奉，均蒙不正之責。此泌所以重當輔弼而輕爲賓友者也。』

李泌請歸山，李泌歸衡山。胡氏曰：『鄴侯不事肅宗意，豈但以交友之分，難於君臣哉！正坐良娣，輔國表裏，相結既無除之之道，寧舍相位而隱於山林，冀君之或思其故而一悟也。』李泌歸衡山，上敕郡縣爲築室於山中，給三品料。

范雲遜表：『接閈白水，列宅豐沛。』

玄宗姜皎詔：『朕往居藩邸，潛款風雲，猶彭祖之同書，子陵之共學。』

〔一〕今按：『連塔』，當爲『連榻』。

魏太祖表郭嘉：『昔在軍旅十有餘年，行同騎乘，坐同幄席。』

唐李丕制：『翼龍而飛，既濡其雨露。刑馬而誓，已表於山河。』豐沛故人，豐邑同居。《論衡》：『沛公初起，相工入豐沛之市，云：「多封侯之人。」』盧綰與高祖同居豐邑。

宣帝之於陳遂，光武之於子陵。陳遂字長子，祖遵，宣帝微時相隨博弈，及帝即位，遂爲太原太守。嚴光與光武同遊學，及帝即位，物色訪之，引入共卧，以足加腹。太史奏：『客星犯御坐。』李白詩曰『貴賤結交心不移，唯有嚴陵及光武』是也。

嘗同研席，嘗給資用。劉弘字和季，少家南陽，與光武同居永安里，又同年共研席。光武初學長安，往來南陽，與同舍生韓子合錢買驢，令從就以給諸公之費。

光武之與朱祐，光武之與吴漢。光武學長安，過朱祐，留上符講，竟，乃談話。及登帝位，幸祐第曰：『得無忘我講乎？』曰：『不敢。』光武與吴漢同居白水鄉，馮異入朝，帝曰：『是我起兵時主簿也。爲吾披荆棘，定關中。』

爲掖庭令，收養宣帝。張安世兄賀爲掖庭令，收養宣帝。後爲賀置守冢三十家。梁高祖遇任昉，曰：『我登三府，當以卿爲記室。』昉亦戲曰：『我登三事，當以卿爲騎兵。』以高祖善射也。

薛振字元超，收之子。高祖〔一〕謂元超曰：『我昔在春宫，與爾俱少壯，倏忽已三十年，與爾白首相見。歷觀書傳，共白首者幾人？』

長孫無忌之與太宗，趙韓王之與祖宗。長孫無忌與太宗爲布衣交，加以外戚，有安命功，上委以腹心，欲相者數矣。皇后固請曰：『妾備位椒房，誠不願兄弟執國政。吕、霍、上官，可爲切骨之戒。』上不聽，卒用之。

胡氏曰：『無忌亦常才也。若從皇后之言，不使知政，退避權勢，保其寵禄，又安有黔州之禍哉！』

《湘山野録》：祖宗居潛，與趙韓王遊長安，陳摶遇之，下驟大笑，巾簪幾墜，左手握太祖，右手挽太宗。陳眦睨韓王甚久，徐曰：『也得也得，非渠不可與此。』帝入酒舍。韓王脚跛，偶坐席右。陳怒曰：『紫微帝垣一小星，輒居上次，可乎？』斥之使居帝左。

聖人之友

子曰：『子産於民爲惠主，於學爲博物。晏子於君爲忠臣，而行爲敬敏，故吾皆以兄事之。』

〔一〕今按：『高祖』，當爲『高宗』。

《論》：『原壤夷俟。子曰：「幼而不遜弟，長而無述焉。老而不死，是爲賊！」以杖叩其脛。』『故舊無大故，則不棄也。』

孔子四友，孔子二友。孔子曰：『文王有四友，自吾得迴也。門人加親，自吾得賜也。遠方之士至，自吾得賜〔一〕也。前有輝，後有光，自吾得由也。惡言不入於耳。』

李翺曰：『夫子於鄭，兄事子産；於齊，兄事晏子。』

孔子之於原壤，孔子之於程子。孔子之故人曰原壤，其母死，夫子助之沐椁。原壤登木曰：『久矣，予之不託於音也。』歌曰：『狸首之斑然，大文之華。執女手之卷然。沐椁之滑。』夫子爲不聞也者，而過之。從者曰：『子不可以已乎！』夫子曰：『某聞之，親戚者母失，其爲親也；故舊者母失，其爲故也。』《檀弓》。

《韓詩外傳》傳：孔子遭齊程本子於剡之間，傾蓋而語終日。有間，顧子路曰：『由，束帛十匹，以贈先生。』子路率爾而對曰：『昔者，由也聞之於夫子，士不中道相見，女無媒而嫁者，君子不行也。』孔子曰：『程本夫子，天下之賢士也。吾於是而不贈，終身不之見也。』

賓客至，無所館。夫子曰：『生於我乎館，死於我乎殯。』

〔一〕今按：『賜』，《孔叢子》作『師』。指顓孫師，即子張。

《子華子》：程本子反自郯，遭孔子於塗，傾蓋而顧，相語終日，甚相親也。

哭友

《左》：孟孫死，臧孫入，哭甚哀。曰：『季孫之愛我，疾疢也；孟孫之惡我，藥石也。美疢不如惡石。夫石猶生我，疢之美，其毒滋多。』

《昭十三》：子産聞子皮卒，哭且曰：『吾已！無與爲善矣，唯夫子知我。』

《定四》：鄭子太叔卒，趙簡子爲之臨，甚哀，曰：『黄父之會，夫子語我九言，曰：「無始亂，無怙富，無恃寵，無違同，無敖禮，無驕能，無復怒，無謀非德，無犯非義。」』

孔融死，許下莫敢收。脂習撫尸曰：『文舉舍我死，吾何用生爲！』

鮑叔死，管仲舉上衽而哭之，泣下如雨，曰：『生我者父母，知我者鮑子。』

王敦殺周顗。彬素與顗善，元帝使敦先往哭之，弟彬勞敦，然後見敦〔一〕。敦怪其容慘，問之。彬曰：『向哭伯仁，情不能已。』敦怒。彬曰：『兄殺戮忠良，圖爲不軌，禍及門户矣！』辭氣慷慨，聲泪俱下。

杜詩：『哭友白雲長。』樊川：『巨卿哭处雲空斷。』

〔一〕今按：這幾句錯亂，《資治通鑒》卷九十二作『帝使侍中王彬勞敦，彬素與顗善，先往哭顗，然後見敦』。

世莫可爲語，吾無與爲善。《淮南子》：『惠施死而莊子寢説言，世莫可爲語也。』《左》子産哭曰：『吾已無與爲善矣。』

《檀弓》曾子曰：『朋友之墓，有密不哭焉〔一〕。』

異國之友

《莊廿七》：『公子友如陳，葬原仲』，非禮也。原仲，季友之舊也。非大夫不越竟之禮也。

《宣十二》：楚子伐蕭。桓無社蕭大夫。與司馬卯言，號申叔展。皆楚大夫。無社素識叔展，故因卯號之。叔展曰：『有麥麴乎？』曰：『無。』『有山鞠窮乎？』曰：『無。』麥麴、鞠窮，所以禦溼。『河魚腹疾奈何？』無禦溼藥，將病。曰：『目於眢井而拯之。』無社意解，欲入井。『若爲茅絰，哭井則已。』叔展又教結茅以表井，須哭乃應以爲信。明日，蕭潰。叔展視其井，則茅絰存焉，號而出之。

公子友之葬原仲，申叔展之號無社。

聲子之善伍舉，吴札之見子産。《襄廿》〔二〕：『楚伍參與蔡太師子朝友，其子伍舉與聲

〔一〕　今按：此句，《十三經注疏》本《禮記·檀弓》作『曾子曰：朋友之墓，有宿草而不哭焉』，是。

〔二〕　今按：『襄廿』，當爲『襄廿六』。

子子朝子相善也。伍舉奔鄭，聲子將如晉，遇之於鄭郊，班荆相與食，布荆藉地而坐。而言復故。』《襄廿九》：『吴公子札聘於鄭，見子産，如舊相識，與之縞带，子産獻紵衣焉。吴地貴縞，鄭地貴紵。謂子産曰：「鄭之執政侈，亂將至矣！政將及子。子爲政，慎之以禮。」』韓《祭李使君文》曰『授縞紵以托心，示兹誠之不謬』是也。

吴札之於史鰌，張趯之於太叔。吴札適衛，説蘧瑗、史狗、史鰌，公子荆、公叔發、公子朝，曰：『衛多君子，未有患也。』《昭三》：晋張趯使謂子〔一〕太叔曰：『自子之歸也，小人糞除先人之敝廬，曰：「子其將來。」』

晏平仲之公截越石甫，申叔儀之乞有山氏。晏子之晋，見披裘負芻息於道者，使人問焉，曰：『曷爲而至？』對曰：『齊人累之，吾名曰越石甫。』晏子曰：『嘻！』遽解左驂以贖之，載而與歸。至舍，不辭而入。越石甫怒而請絶，晏子使人應之曰：『嬰未尝得交也，今免子於患，吾於子猶未可耶。』越石甫曰：『吾聞君子，詘乎不知己而信乎知己者，吾是以請絶也。』晏子遂以爲上客。《新序》。《哀十三》：吴申叔儀乞粮於公孫有山氏。中叔儀，吴大夫。有山氏，魯大夫。舊相識。曰：『佩玉橤兮，余無所繫之。而棰反，而水反。橤然服飾也，已獨無以繫佩。旨

〔一〕今按：『子』字衍。

酒一盛兮，余與褐之父寒賤之人睨之。』一盛，一器也。但得視，不得飲。對曰：『粱則無矣，粗則有之。若登首山以呼曰，庚癸乎！則諾。』庚，西方，主穀。癸，北方，主水。

朋友

《公羊傳》：『同門曰朋，同志曰友。』

《曲禮》：『君子不盡人之歡，不竭人之忠，以全交也。』

廣安游氏曰：『吴公求玉於吴叔，又求其寶劍，此尽人之歡也。楚共王歸知罃，而問何以報我，知罃不應，而責以必報，是竭人之忠也。不尽人之歡，如管敬仲樂飲。不竭人之忠，若孔子出行不假雨具於子夏。』

《表記》：『君子之交淡如水，小人之交甘若醴。』

《學記》：『相觀以善謂之摩。』

《檀弓》子夏曰：『離群而索居，亦已久矣。』

《學記》：『獨學而無友，則孤陋而寡聞。』

《儒行》：『儒有合，志同方，營道同術，其交友有如此者。』『寡婦之子不與友。』『士有争友，則身不離於令名。』

《曲禮》：『僚友稱其弟也，執友稱其仁也，交遊稱其信也。』

『古語有之：「白頭如新，傾蓋若舊。」顧意氣之何如？寧一時〔一〕之足究。』『予取友於天下，將歲行之兩周。上何高之不即，下何深之不求。紛擾擾其既多，咸喜能而好修。寧安顯而獨裕，顧厄窮而共愁。惟知心之難得，斯百一以爲收。』韓《別知》。

《家語》：『不知其人，視其友。』

《王吉傳》〔二〕：『交道之難，未易言也。世稱管、鮑，次則王、貢。張、陳凶其終，蕭、朱隙其末，故知全之者鮮矣。』

《表記》子曰：『君子之接如水，小人之接如醴。君子淡以成，小人甘以壞。』

莫逆交，楊寧、陽城。忘言契，山濤、嵇康、阮籍。

餓樹中之伯桃，尋夢中之張敏。《列士傳》：『羊角哀、左伯桃結爲死友，聞楚王賢，往尋。道遇雨雪，計不俱全，并衣粮與角哀，入樹中死。』六國時，張敏與高惠友，便於夢中往尋，但行至半路即迷，不知路。

同門友之鄭崇、傅喜，同師友之盧植、鄭立。鄭崇弟立，與傅喜同門友善。西漢。盧植

〔一〕今按：『寧一時』，上海古籍出版社版《韓昌黎文集校注·祭郴州李使君文》作『何日時』。

〔二〕今按：『王吉』，當爲『王丹』。

子幹，小師馬融，與鄭立同師相友〔一〕。

相見恨晚，謂堅不如。魏其、灌夫，相得甚驩，恨相見晚也。雷義舉茂才，讓於陳重，刺史不聽。義陽狂披髮，走不聽命，語曰：『膠漆自謂堅，不如雷與陳。』

爲忘年之交，有青雲之交。禰衡未滿二十，孔融已五十。鄭當時年少，所交者皆大父行。王戎少阮籍二十歲，韓愈少孟郊十七年，張鎰、陸贄、山濤、嵇康爲竹林之交，著忘年之契。江淹曰：『袁炳與余有青雲之交，非直銜杯酒而已。』

張堪卒而把朱暉之臂，巨源在而謂嵇紹不孤。朱暉與張堪友，把暉臂曰：『欲以妻子託朱生。』堪卒，暉聞其妻子貧困，自往候視，厚賑給之。嵇康誅，謂紹曰：『巨源在，汝不孤。』杜詩曰『嵇康有故人』是也。

『王陽在位，貢禹彈冠。』王吉貢禹爲友，時稱云云。

『蕭、朱結綬，王、貢彈冠。』蕭育、朱博爲友，語曰云云。言相薦達也，後有隙。

『艱難之際，頗懷朋友。何時相與抵掌一笑，滌我塵冗？』曹脩交劉損曰云云。

〔一〕　今按：末三句，《後漢書補逸》作『盧植字子幹，少事馬融，與鄭玄同門相友』，是。前句中的『鄭立』，亦當爲『鄭玄』。

每常與談，暮不食。常宴，晝即至夜，撤朝〔一〕。尹敏、班彪。劉峻書曰：『尹班陶陶於永夕。』

如期而至，遇賊不避。《後漢》：范式巨卿、張邵元伯爲友，式謂元伯曰：『後二年當拜尊親。』至期，元伯告母請設饌。母曰：『二年之別，千里結言，何相信之審耶？』曰：『巨卿信誓〔二〕。』至日果到，必爲而逆升堂拜母〔三〕，盡歡而別。

荀巨伯遠［看友］人疾，值賊攻郡，不忍去。賊知其賢，旋軍而還。

每一相思，千里命駕。呂安服嵇康高致，每一相思，千里命駕從之。

升堂拜母，有無通共。周瑜、孫策同年友善，推道南大宅以舍。策升堂拜母，有無通共。

有總角之好，骨肉之分。孫策曰：『公瑾與孤有總角之好，骨肉之分。』

若飲醇醪，不覺自醉。《江表傳》程普與周瑜交曰：『若飲醇醪，不覺自醉。』

夏潘連璧，嵇阮若金。夏侯湛、潘岳同與接茵，京師謂之連璧。山濤、嵇康、阮籍一面，

〔一〕今按：此語，《東觀漢記》作『尹敏與班彪相厚，每相與談，常晏暮不食，晝即至暝，夜徹旦』。
〔二〕今按：『信誓』，《後漢書》作『信士』。
〔三〕今按：『必爲而逆』四字，《後漢書》無。

契若金蘭。

奈何與小人共載，此人非凡人器也。陶侃詣楊晫，與同乘，温雅謂晫曰：『奈何與小人共載？』晫曰：『此人非凡人器也。』

遇有勝日，時請一言。衛玠遇有勝日，親友時請一言。爲刎頸交，廉頗、藺相如。爲耐久朋。魏元同、裴炎。

元賓既没，其文益可貴。思元賓而不見，見元賓之所與者，則如元賓焉。

《宋》：『出謁更僕，更相爲傳。』《邵氏録》：『韓億、李若谷赴試京師，有氊一席，一割分之，每出謁，更爲僕。李登第，授許州長社縣主簿，自控妻驢，韓負一箱。將至長社，箱中有錢六百，李以半遺韓，相持大哭，别。韓亦登第，皆至參政。』君實景仁，相得歡甚。約更相爲傳，而後死者則誌其墓。用舍大節，不謀而同。君實謂人曰：『吾與景仁兄弟也，但姓不同耳。』至於論鐘律，則反復相非，終身不能相一。君子是以知二公非苟同者。

公與三子，情如金石。范文正公《王元之畫像序》：『王文正公，天下謂之大雅。寇萊公，天下謂之大忠。樞密馬公，天下謂之大直。公與三子，情如金石。』

劉峻書：『王陽登則貢公喜，罕生子皮逝而國子子産。悲。心同琴瑟，言鬱鬱於蘭茝，道協膠漆，志婉孌於塤篪。匠人輟成風之妙巧，伯子〔一〕息流波之雅引。范、張款款於下泉，尹、班陶陶於永夕。組織仁義，琢磨道德。』

揚子或問交，曰仁。問餘耳，陳餘、張耳。曰光初。竇灌，竇嬰、灌夫。曰凶終。

張胥鄙，譚夫吾。吳有士曰：『張胥鄙、譚夫吾，前交而後絶。張胥鄙有罪將死，譚夫吾合徒而取之出。辭曰：『與吾因子而生，不若反拘而死。』觸墻而死。譚夫吾曰：『我任而不受，佞也，不知而出之，愚也。人惡以吾力生，吾亦以此立於世。』絶頸而死。君子曰：『譚夫吾其以失士矣，張胥鄙亦未爲得也。可謂剛勇矣，未可謂得節也。』《新序》。

仁者無餘愛，忠臣無餘禄。智伯嚻之時，有士曰長兒子魚，絶智伯而去之，三年將東之越，而道聞智伯嚻之見殺也。將死之，曰：『仁者無餘愛，忠臣無餘禄，吾聞智伯之死，而動吾心，餘禄之加於我者，至今尚存。』反而死。

孔子曰：『吾死之後，則商也日益，賜也日損。』曾子曰：『何謂也？』子曰：『商也好與賢己者處，賜也好與不若己者處，故曰與善人居，如入芝蘭之室，久而不聞其香，即與之化矣；與不善人居，如入鮑魚之肆，久而不聞其臭，亦與之化矣。』

〔一〕今按：『伯子』，《梁書》作『伯牙』。

朱震之於陳蕃，胡騰之於竇武。陳蕃被殺，蕃友朱震收葬蕃尸，匿其子逸。事覺繫獄，震受考掠，誓死不言，逸得免。竇武自殺，掾胡騰殯斂武尸，亦坐禁錮。武孫輔年二歲，詐爲己子，得免。

方翼之葬長孫，竇襲〔一〕之絶繁欽。唐高顯慶四年，凉州刺史趙持滿，其舅長孫銓，無忌族弟也。銓坐，無忌流嶲州。許敬宗恐持滿作難，誣以同叛，下獄訊掠，終無異辭，曰：『身可殺，辭不可更！』死於城西，親戚莫敢視，友人王方翼收而葬之。杜襲、繁欽避難荆州，劉表俱待以賓禮。欽數見奇於表，襲曰：『子數見能不已〔二〕，非吾徒也，吾與子絶矣！』欽慨然曰：『請敬受命！』

子曰：『晏平仲善與人交，久而敬之。』『朋友信之。』『無友不如己者。』『有朋自遠方來，不亦樂乎？』『與朋友交而不信乎？』『與朋友交，言而有信。』『朋友數，斯疏矣。』『匿怨而友其人，左丘明耻之，丘亦耻之。』『故舊不遺。』『朋友切切偲偲。』朋友死，無所殯，曰：『於我殯。』『朋友之饋，雖車馬，非祭肉，不拜。』子貢問友，子曰：『忠告而善道之，不可則止，無自

〔一〕今按：『竇襲』，當爲『杜襲』。
〔二〕今按：『子數見能不已』，《資治通鑑》、《通志》作『子若見能不已』。

辱焉。』『君子以文會友，以友輔仁。』

『友其士之仁者。』『友多賢友〔一〕，益矣。』『益者三友，損者三友。友直、友諒、友多聞、益矣；友便辟、友善柔、友便佞，損矣。』

《中》：『所求乎朋友先施之，未能也。』《大》：『與國人交止於信。』

《孟》：『伯夷非其友不友。』『尹公端，端人也，其取友必端也。』『責善，朋友之道也。』『信於友有道，事親不悦，不信於友矣。』『一鄉之善士，斯友一鄉之善士。一國之善士，斯友一國之善士。天下之善士，斯友天下之善士。以友天下之善士爲未足，又尚論古之人。頌其詩，讀其書，不知其人可乎？是以論其世也，是尚友也。』

《襄卅一》北宫文子曰：『《周詩》曰：「朋友攸攝，攝以威儀。」言朋友之道，必相教訓以威儀也。』『隨武子言善，不失其友。』

《莊九》鮑叔來言曰：『管、召，讎也，請受而甘心焉。』管仲請囚，鮑叔受之，及堂阜齊地。而脱之。歸以告曰：『管夷吾治於高傒，才多於敬仲。使相可也。』公從之。

《易・豫》九四：『朋盍簪。』《咸》九四：『朋從爾思。』子曰：『二人同心，其利斷金。同

〔一〕今按：《論語・季氏》作『乐多賢友』。

心之言，其臭如蘭。』《繫辭》：『君子上交不諂，下交不瀆。』《損》六三：『一人行則得其友。』《兑・象》：『澤兑，君子以朋友講習。』

《詩》：『卬須我友。』『我友敬矣。』『每有良朋。』『不如友生。』『怨及朋友。』『惠于朋友。』『習習谷風，維風及雨。將恐將懼，維予與汝。將安將樂，汝轉棄予！習習谷風，維風及頹。將恐將懼，置予于懷。將安將樂，棄予如遺！習習谷風，維山崔嵬。無草不死，無木不萎。忘我大德，思我小怨。』朋友相怨之詩。

《河上歌》：『同病相憐，同憂相救。』

韓：柳子厚召至京師，而劉夢得當詣播州。子厚曰：『播州非人所居，而夢得親在堂，吾不忍。』夢得於是改刺連州。嗚呼，士窮乃見節義！平居里巷，詡詡强笑，臨小利害，若不相識，落井下石。聞子厚之風，亦可小愧。詡詡强言笑，握手出肺肝。』

杜詩：『已忝歸曹植，何知對李膺。鴻寶寧全秘，丹梯庶可陵。』

庾信《演聯珠》：『平生故人，灌夫不去；門下賓客，任安獨存。』

『終始任安義，荒蕪孟母鄰。聯翩匍匐禮，意氣死生親。嚴公没，老母在堂。張老論〔二〕家

〔一〕　今按：『論』，《杜詩詳注》、《九家集注杜詩》作『存』，是。

事，嵇康有故人。文子家事之存以張老也，猶嚴公之有蕭使君也。塤箎鳴自合，金石瑩猶新。』杜。

友義 林駉

觀昌黎誌子厚之碑，則知朋友相處之義不容變。觀丙吉貽弱翁之書，又知朋友相規之義不苟同。《漢史》。噫！《伐木》須友以成，民德至于歸厚。《谷風》朋友道絶，天下至於俗薄。程嬰杵臼全趙，孤於辛苦之中。《左傳》。張儉、李篤，脱黨禍於危疑之頃。《漢黨錮傳》。不然，杯酒論交，傾倒肺腑。少臨利害，若不相識。履滿於炙手可熱之時，羅設於一貧一賤之日。酈生賣友，耳餘交兵。勃樸平智，不害爲交歡之約，《周勃傳》。巡戰遠守，不失爲戮力之親。《唐本傳》。不然，舉坐稱善，徒示貌親；同聲讚美，唯恐咈情。有擠井相害之私，無推車協濟之意。東都黨錮，唐人分朋。張、寇，布衣交也。寇公雖貴，而忠定面折，略不小恕，此不以富貴易其心。韓、李，莫逆交也。韓公既仕，而李公相從，不忍小離，此不以窮達變其節。仲淹去國，正黨論方熾之秋，士夫畏禍，少有送者，而王質載酒祖餞，留語數夕。禍福果足動乎？大年補外，正人言下石之隙，士夫首鼠，無有卞者，而王曾面排謗議，賡咏詩什，危疑果足累乎？鄒浩言事而去也，田畫毅然切責，顧無以此舉自滿，其贈之厚矣。梅聖俞既没而貧也，劉敞未嘗爲人書銘，特書碑以助其乏，其愛之至矣。平居相處，則稱美之不暇。爲國論事，則廷争而無私。杜衍、范仲淹、韓琦、富弼。上殿争事，各持異議，以自聘下殿，相善不失，和氣而如故。韓忠獻與希文彦，正如推車子。君實、景仁，異姓兄弟耳。鍾律一事，終身相非。韓公、杜公，指爲朋黨耳，舉兵一事，彼此異見。水洛之城，議及尹洙，洙、孫甫所善也。甫非咈洙，正愛洙也。劉滬城水洛將誅，尹洙以渭於國家利。差役之害，言咈温公，東坡、温公所契也。東坡非戾，温公正厚公也。欲宥宗諒，仲淹曰『可』，杜公曰『不可』，不曰杜公、仲淹之所愛？宗諒守慶州，欲公使錢，杜公則欲致重法，范公則欲薄其罪。欲宥晁仲約，仲淹曰『可』，富公曰『不可』，不曰仲淹、富公之所黨？高郵知軍晁仲約迎勞劫盗張海，富弼欲誅仲約，范公欲宥。夫何，陳升之，荆公推轂矣，既登揆席，忍爲操戈之計。吕惠卿，荆公愛友矣，既入參政，遂肆彎弓之巧。程明道，與荆公同學於濂溪也，以不樂新法而絶。韓持國，與荆公同受薦於文潞公也，以不合新法而疏。鄭俠師事於荆公，錢景諶素交於荆公，一論新法，終身相棄。司馬君實素厚於荆公，劉道原雅善於荆公，一議新法，屏迹不容。

劉錡與李常友，楊佐欲薦李常，李常願先劉錡，佐曰：『不見此風久矣！』並薦之。

僧友

韓退之留衣别太顛，李德裕贈杖甘露寺僧。

《贈蜀僧閭丘師兄》：『大師銅梁秀，籍籍名家孫。世傳閭丘筆，峻極逾崑崙。我住錦官城，兄居祇樹園。夜闌接軟語，落月如金盆。唯有摩尼珠，可照濁水源。喻法往圓明，不爲污濁所累。』

『從來支許遊，興促江湖迫〔一〕。晋人許詢與僧支遁遊。』

『赞公釋門老，放逐來上國。異縣逢舊友，初欣寫胸臆。』

定交

一見如舊。《房玄齡傳》。傾蓋若舊。

傾蓋相語，杵臼定交。子華子程本反自郯，遭孔子於塗，傾蓋而顧，相語終日，甚相親也。《後漢》：『公沙穆來遊大學，無資粮，變服客傭爲吴祐賃舂，與語大驚，遂共定交於杵臼之間。』

『隋朝大業末，房、杜俱交友。長者來在門，荒年自糊口。自陳剪髻鬟，鬻市充杯酒。上云天下亂，宜與英俊厚。向竊窺數公，經綸亦俱有。』王砅母，杜氏。

《易·豫》九四：『朋盍簪。』

〔一〕今按：此句，《杜詩詳注》作『興趣江湖迥』。

擇交

《表記》：『輕交易，君子所耻。』

《易》：『比之匪人，不亦傷乎！』

《論》：『無友不如己者。』

《文子》：『君子先擇而後交，故寡尤；小人先交而後擇，故多怨。』『以勢交者，勢傾則絶；以利交者，利窮則散。』

韓：『懷道守義，非其人不交。』

李白：『四坐無凡賓。』

杜詩：『清關塵不雜。』

孟浩然審友：『門庭無雜賓。』

《論》：『子夏之門人問交於子張。子夏曰：「可者與之，其不可者拒之。」子張曰：「我之大賢與，於人何所不容？我之不賢與，人將拒我，如之何其拒人也？」』

《家語》：『賜也好友勝己者，商也好友不勝己者。』

『閉門却掃，非德不交。趙典。』《續漢書》。『李膺性簡亢，無所交接，唯以荀淑陳實爲友。』『至陳則師韓子助，潁川則宗陳仲弓，汝南則交范孟博，涿郡則親盧士幹。』《魏志・邴原》。『適陳留則友符偉明，遊太學則師仇季智，之陳國則親龐德公，入汝南則交黄淑度。』《郭泰傳》。

何與兵子語，不與流俗交。劉巴不與張飛語，曰：『大丈夫處世，當友四海群英，何與兵子共語？』陸龜蒙不喜與流俗共交。

孟郊《審交》：『種樹須擇地，惡土變木根。結交若失人，中道生謗言。君子芳桂性，春農〔一〕寒更繁。小人槿花心，朝在夕不存。』『獸中有人性，形異遭人隔。人中有獸心，幾人能真識？古人形似獸，皆有大聖德。今人表似人，獸心安可測。面結口頭交，肚裏生荆棘。』

故交

故舊無大故，則不棄也。杜詩：『中散舊交疏。』『卿若升車我戴笠，他日相逢下車揖。我若戴笠〔二〕卿乘馬，他日相逢馬當下。』《風土記》：越人結交，白犬丹鷄盟曰云云。

〔一〕今按：『農』，中華書局《全唐詩》作『榮』。

〔二〕今按：『戴笠』，《錦綉萬花谷》、《翰苑新書》作『步行』，是。

潛明：『哀哉練裙子，負薪躡破履。豈無故交親，逝去如覆水。』

韓：『朋友日凋謝，存者逐利移。』

杜：『故舊誰憐我，平生鄭與蘇。存亡不重見，凶問一年俱。』『厚禄故人書斷絶。』『綵筆昔曾干氣象。』『良友昔相於。』『親朋無一字。』

柳渾詩：『洞庭有歸客，瀟湘逢故人。』

延陵季子聘晋過徐，徐君觀劍，不言而色欲之。心許之矣。致使於晋，反，則徐君死於楚。以劍帶徐君墓樹而去。徐人嘉而歌之曰：『延陵季子兮，不忘故；脱千金之劍兮，帶丘墓。』

不棄踦屨，不棄著簪。《賈子》：『楚昭王與吴戰，忘其踦屨，行三十步，返取之，曰：「吾悲之，與俱出而不與之俱返矣。」於是楚俗無相棄者。』《韓詩外傳》：『孔子遊少原之野，有婦人哭於澤中，甚哀，曰：「向刈著薪亡吾著簪，吾是以哀，非傷亡簪，吾所以悲，不忘故也。」』

重見故人，慰此去國戀戀之心。景差至蒲騷見宋玉。綈袍戀戀，有故人之意。范雎謂須賈。

劉峻之逢練裙，見先友。陳勝之斬故人。陳勝既王，嘗與傭耕者之陳言故情，勝斬之，諸故人皆引去。

錢敷之勞買臣，公孫之食高賀。朱買臣爲會稽太守，懷章綬至舍亭，而國人未知也。

錢敷無罷乎，遺以紈扇。買臣至郡，以爲上客。公孫弘爲丞相，食故人高賀，以脱粟飯覆以布被。賀怒曰：『内厨五鼎，外膳一肴，其儉詐也！』弘慚，曰：『寧逢惡賓，不見故人！』

今夕蘇孺文，今日張鎮周。故人清河太守曰：『人皆有一天，我獨有二天。』章曰：『今夕蘇孺文與故人飲酒者，私恩也。明日，冀州刺史按事者，公法也。』正奸贓之罪。懷朔鎮將元泥須與元懷〔一〕舊交，貪贓狼藉。源懷曰：『今日源懷與故人飲酒之坐，非鞠獄之所也。明日，公庭始爲使者撿鎮將罪狀之處耳。』竟抵罪。唐張鎮周贈以金帛，泣與之别曰：『今日張鎮周猶得與故人歡飲，明日之後，則徐州都督治百姓耳。』見黄金。

樓護之同食，范雲之迎喪。《漢》：『樓護有故人吕公無子，歸護。身與吕公、妻與吕嫗同食。妻子頗厭，護流涕責曰：「故舊窮老托身於我，義所當奉。」』范雲少與王駭善，駭亡于官舍，貧無宅居，雲迎喪還其家，躬迎〔二〕唅斂。

嵇叔夜之書，魏文帝之語。嵇康曰：『時時與親舊叙離闊，陳説平日〔三〕，志願畢矣。』魏文帝曰：『昔日遊處，百年可長，數年之間，零落殆尽。撰其遺文，已爲鬼録。』

〔一〕今按：『元懷』，當爲『源懷』。

〔二〕今按：『迎』，當爲『營』。

〔三〕今按：『平日』，《晋書》、《通志》作『平生』，是。

道淵之與子南，向柳之與顔峻。南陽翟道淵與汝南周子南少相友，共隱潯陽。周仕，翟秉志彌堅。周詣翟，翟不與語。《楊公筆録》：『宋［向］柳與顔峻友善，及峻貴，柳猶貧。顔曰：「名位不同，禮有異數。」柳曰：「我與士遜心期久矣。」及柳爲南唐郡繫獄，屢密請峻，求相申救，竟不助之。』

宿與有舊者，多擢用之。何晏遷侍中。

温大雅弟彦博與顔師魯〔一〕弟愍楚，同直内史省。温大雅弟彦博〔二〕與顔愍楚弟遊秦，典校秘書閣。

雖羈賤必鈞禮，不以私傷至公。岑文本生平故人，雖羈賤必鈞禮。裴垍爲相，有故人求京兆尹判司，垍曰：『公才不稱此官，不敢以故人之私，傷朝廷至公。』

《停雲》，思親友也。『靄靄停雲，濛濛時雨，良朋悠邈，搔首延佇。』陶潛。

樂天《送侯權》：『凡歷四朝，才朽命剥。青衫未解，白髪已多。嗟乎！侯生文才志氣，我爾不相下，余猶少得遇。子卒無成，命實爲之。』

〔一〕　今按：『師魯』，《舊唐書》作『思魯』，是。
〔二〕　今按：『彦博』，《舊唐書》作『彦將』，是。

曹顔遠詩：『富貴他人合，貧賤親戚離。』

樂天：『曩昔膠漆契，邇來雲雨睽。』元微之爲御史，鞫獄梓潼。白樂天爲尚書，在都下遊慈恩寺，花下小酌，詩曰：『花時同醉破春愁，聊把花枝當酒籌。忽憶故人天際去，計程今日到凉州。』元至褒城，寄詩曰：『夢君兄弟曲江頭，又向慈恩寺裏遊。驛吏唤人驅馬去，忽驚身已在凉州。』千里神交，若合符節。

章子厚、劉子先有場屋之舊。子先守姑蘇，以《新醖洞庭春》寄之。子厚詩曰：『洞簫宫裏一閑人，東府西樞老舊身〔一〕。多謝姑蘇賢太守，慇勤分送洞庭春。』其後隔十年，子厚拜相，亦不通問，寄書謂〔二〕其相忘遠引之意。子先謝詩曰：『故人天上有書來，責我疏愚唤不回。兩處共瞻千里月，十年不寄一枝梅。塵泥自與雲霄隔，駑馬難追德驥才。莫謂無心向門下，也曾終夕望三臺。』公召爲宰屬，遂遷户侍。

《少儀》曰：『不道故舊。』

朱子曰：『舊事既非今日所急，且或揚人宿過，以取憎惡。如陳勝賓客言勝故情，爲勝

〔一〕今按：『身』，《漁隱叢話》、《竹莊詩話》作『臣』。

〔二〕今按：『謂』，《漁隱叢話》、《竹莊詩話》作『誚』。

所殺之類也。』

杜詩：『徐庶舊〔一〕交友。』

元稹《寄樂天》詩：『榮辱升沉影與身，世情誰是舊雷陳。唯應鮑叔偏憐我，自保曾參不殺人。』

市交

揚子問余、耳，曰『光初』。竇、灌，曰『凶終』。

崔造、韓會、盧東美、張正則以王佐自許，時人謂之四夔。奈無格致之推，空有諂諛之態。陳禾詩：『衆手劇雲雨，四夔照河濱。』胡氏曰：『四夔以王佐自許，獨造至宰相。所施設者，罷轉運一事而所以易之者，卒於無成，多虛而少實也如此。古人之修王佐之業者，必始於格物致知，誠意正心，其身治然後可直而及人。己之道術不明，君之邪辟不去，而能成善治者未矣。』晉惠時，賈謐與石崇、陸機等號二十四友，石崇、潘岳尤謟，及郭槐出〔二〕，皆降車路左，望塵而拜。

〔一〕今按：『舊』，《杜詩詳注》、《九家集注杜詩》作『高』。

〔二〕今按：此語删略嚴重，《資治通鑑》卷八十二作『崇與岳尤諂事謐，每候謐及廣城君郭槐出』。

《易》：『比之匪人，不亦傷乎？』

徐進齊曰：『隗囂降蜀，至於殺身亡宗。』

《抱朴子》：『奴顔婢膝爲曉解，岳峙獨立爲澀吝。』

《表記》：『君子不以色親人。情疏而貌親，在小人則穿窬之盜也與？』

『權交者不久，貨交者不親。』魯連。

『初則許之以死殉，體面俱柔，終乃背之，而飽飛身名已遂。』張九齡。

《揚子》：『朋而不心，面朋也。友而不友〔一〕，面友也。』

馮驩之喻，廉頗之怒。孟嘗君廢，諸客皆去。馮驩曰：『富貴多士，貧賤寡交。君獨不見夫朝趨市者乎？明且側肩争門而入，日暮之後，過市朝者掉臂而不顧。今君失位，賓客皆去，事固然也。』廉頗歸故里，客盡去。復用爲將，客又至。頗曰：『客退矣。』客曰：『吁，君何見之晚也。』夫天下以市道交，君有勢則我從，君無勢則去。此一死一生，乃知交情；一貧一富，乃知交態；一貴一賤，交情乃見。』

『翟公爲廷尉，賓客填門。及廢，門外設雀羅。』後爲廷尉，客欲往，翟書門曰云云。

〔一〕今按：『不友』，當爲『不心』。

宋坡：『歐陽公好士，爲天下第一。士之負公者，亦時有之。』

余道安《送江秀才書》：『富貴多士，貧賤寡友。嘗聞大將軍青任遇既衰，而故人門下多去，任安不去。感君千里遠相過，晤語經句接粹和。上客杯盤祇炊黍，主人門巷正張羅。海山霧暗紅塵少，嶺路梅黄細雨多。日暮津亭送歸恨，唯知極目望烟霞[一]。』

杜詩：『翻手作雲覆手雨。』『當面輸心背面笑。』

楊次公《勿去草行》[二]：『勿去草，草無惡，若比世俗，俗浮薄。君不見長安公卿家，公卿盛時客如麻，公卿去後門無車。又不見千里萬里江湖濱，觸目凄凄無故人，唯有芳草隨車輪。』天下以酈奇爲賣友，爲見利忘義也。

李：『惻惻泣路歧，哀哀悲素絲。路歧有南北，素絲易變移。萬事固如此，人心無定期。田竇相傾奪，賓客互盈虧。世途多翻覆，交道方嶮巇。斗酒强然諾，寸心終自疑。張陳竟使滅，蕭朱亦星離。衆鳥集榮柯，窮魚守枯池。嗟嗟失歡客，勤問何所規。』

[一] 今按：『煙霞』，余道安《武溪集》作『煙波』。
[二] 今按：『行』字，衍。

息交

樂毅：『君子絶交，不出惡聲。』陶潛：『歸去來兮，請息交以絶游。』『天下俗薄，朋友道絶。』『伐木廢則朋友缺矣。』《詩序》。

著《絶交論》。《後漢》：朱穆字公叔，著《絶交論》，亦矯时而作。穆與劉伯宗書：『咄劉伯宗，道何其薄哉！詩曰：北山有鴟，不潔其翼。飛不正向，寢不定息。飢則木攬，飽則泥伏。饕餮貪污，臭腐是食。填腸滿嗉，嗜欲無極。長鳴呼鳳，謂鳳與德。鳳之所趣，與子異德〔一〕。永從此訣，各自努力。』

父戒其交，通閉其門。《世説》：王恭、王都素相友善。恭父曰：『恐非子之福。』後遂不終。江淹賦：『敬通見抵，閉關却掃。』

劉峻書：『王陽登則貢公喜，罕生逝而國子悲。势交、賄交、談交、窮交、量交，桓譚比之於闤闠，林回喻之於甘醴。』

杜詩：『親朋無一字。』『四海絶隨肩。』

〔一〕今按：『異德』，《東漢文紀》卷一六作『異域』，是。

父執先友

《坊記》子云：『於父之執，可以乘其車，不可以衣其衣，君子以廣孝也。』

《少儀》：『尊長於己逾等，不敢問其年。侍坐，不使，不執琴瑟，不畫地，手無容，不翣也。』

《曲禮》：『見父之執，不謂進，不敢進；不謂退，不敢退。』『年長以倍，則父事之。』

崔南甫：『丈人，吾父之友。』

杜詩：『怡然敬父執。』

父黨，父友。班彪家有賜書，父黨揚子雲莫不造門。劉孝標〔一〕年十四，父繪掌制誥，常使代草，父黨沈約等造門。梁松來候，謁拜牀下，馬援以父友，不答拜。父友候問，父黨命駕。陳蕃少時，父友薛勤來候之，曰：『何不洒掃？』蕃曰：『大丈夫當掃天下，安事一室乎！』劉孝標〔二〕，父黨沈約樂，聞名命駕。往見優孟，泣撫其子。優孟，楚樂人，孫叔敖善待之。叔敖死，其子負薪往見優孟，優

〔一〕今按：『劉孝標』，當爲『劉孝綽』。據《記纂淵海》卷四十。

〔二〕今按：『劉孝標』，當爲『劉孝綽』。

孟曰：『即爲叔敖衣冠，抵掌談語。』莊王大驚，以爲叔敖復生，欲以爲相。優孟請歸，與婦計之，三日來曰：『婦言［慎］無爲，楚相不足爲也。叔敖爲相盡忠，今死，其子無立錐之地。』莊王謝，叔敖子封寢丘。叔向見司馬候之子，撫而泣之曰：『自此父之死也，吾蔑與比事君也。昔者，此其父始之，我終之；我始之，夫子終之。』

托以妻子，賑其妻子。《孔叢子》：郈城子自魯聘晋，過于衛，右宰穀臣止而觴之。陳樂而不作，酣畢，而送以璧。成子曰：『夫止而觴我，親我〔一〕也。陳樂不作，告我哀也。送我以璧，托我也。』行三十里而衛亂作，右宰穀臣死之，成子迎其妻子，還其璧，隔宅而居。

朱暉歲送穀五十斛，帛五十匹，見朋友。

養鄰人之子，請嵇康之子。處士樊英有鄰人子止家，每醉呴呼。曰：『其父臨死委屬，故收養之。』嵇紹以父得罪，靖居私門。山濤謂武帝曰：『父子罪不相及，嵇紹賢侔却缺，請爲秘書郎。』帝曰：『如卿所言，乃堪爲丞，何但郎也。』乃爲丞。

矜其着裙，憐其牧豕。梁任昉子東里、西華、南容、北叟，並無學術，墜其家聲。西華冬

〔一〕今按：『親我』，《續修四庫全書》本《孔從子》作『歡我』。下文『托我也』，《續修四庫全書》本《孔叢子》作『寄之我也』。

着陂練裙，道逢劉孝標，泫然矜之，曰：『我當爲卿作論。』著《廣絶交論》，譏其舊友。陳祐年二十而孤，家貧，牧豕於長垣澤。其父友曰：『二千石子而牧豕。』

教師魯之子，嫁吴奎之子。《聞見録》：『韓魏公少善尹師魯，師魯貶死，其子朴方襁褓。既長，公聞於朝命之官。公判北京，薦爲屬，教育如子。所爲或過，掛師魯像哭之。』吴奎初與鄉人王彭年善，彭年客死京師，奎使長子主喪，周恤其家，嫁二女焉。

記先友於碑陰，拜父友於北京。柳子厚記其先友六十七人於其墓碑之陰。《聞見録》：韓魏公留守北京，李稷以博士爲漕，頗慢公，公不爲較。俄潞公代魏公爲留守，未至，揚言：『稷之父絢，我門下士也。聞稷敢慢魏公，必以父死失教至此！』公至北京，李稷謁見，公着道服出，語曰：『而父吾客也，只八拜！』

《送張盥赴舉》：即同年之子。『爾生始懸弧，我作座上賓。今成一丈夫，坎軻走風塵。依依見眉睫，嘿嘿含悲辛。』

杜詩：『范雲堪結友，嵇紹不自孤。』梁范雲與王駭善，駭死，雲迎殯其家。康與濤友，康臨誅，謂紹曰：『山公在汝，不孤矣。』

交契

文章四友，三友一龍。杜審言、李嶠、崔融、蘇味道。華歆龍頭，邴原龍腹，管寧龍尾。

指囷定分，傾蓋贈帛。魯肅指囷與周瑜，定僑禮之分。杜詩曰『贈粟囷應指』是也。孔子遇程子，傾蓋相悦，顧子路取束帛以贈之。見上。

先與紀友，後與群交。孔融年陳紀、陳群之間，先與紀友，後與群交。

前有管、鮑，後有慶、廉。廉范、慶鴻。

大兒孔文舉，小兒楊德祖。禰衡惟善孔融。楊脩常稱『大兒孔文舉，小兒楊德祖』。

宋永叔嘗曰：『百歐陽脩何敢望韓公？』歐陽公篤於朋友，尹師魯、梅聖俞、孫明復［卒］，表其子于朝。

范文正子堯夫，付石曼卿麥舟。韓：『明白純粹，輝光日新，惟吾崔群一人。』《選》：『心照神交，惟我與子。』

劉賓客：『攜手慚聯璧，同心許斷金。』

駱賓王：『意氣一言合，風期萬里親。』

白：『與君與我合，堅固如金石〔一〕。』

題名雁塔，蒹葭叨倚玉之榮；被接龍門，棠棣辱聯華之許。少陵之生意蕭然，慚非紈

〔一〕今按：此語，《白氏長慶集》、《白香山詩集》作『唯君於我分，堅久如金石』。

袴；范叔之一寒如此，恃有綈袍。觀富韓同日之拜，孰不欣然？論管鮑貧時之交，兹由幸甚。青衫謾仕，雲泥雖隔於升沉；黄卷遺文，草木實同於臭味。

王元美曰：『連城隱璞，卞生動容。流水難絃，鍾子拊心。』古人重知己，而薄感恩。杜詩《送顧八分》：『早通交契密，晚接道流新〔一〕。』『甚愧丈人厚，甚知丈人真。竊效貢公喜，難堪〔二〕原憲貧。』『塤篪鳴自合，金石瑩逾新。』

世契

有家世事分，有累世之交。我是李君通家子弟。孔融十歲造李膺門曰：『我是李君通家子弟。先君孔子與李老君相師友。』

張説之蘇瓌，孫京之沂公。張説既失執政，内自惧。雅與蘇瓌善，時瓌子爲相，作《伍君咏》獻頲。頲嗚咽，見帝陳説大勛，不宜居〔三〕外，遷荆州長史。王沂公與孫沖同榜，冲子京往辭沂公，公留食。

〔一〕今按：『早通』二句，《送顧八分文學適洪吉州》詩無此句，實爲杜甫《寄張十二山人彪三十韵》詩句。
〔二〕今按：『堪』，《杜詩詳注》、《九家集注杜詩》作『甘』。
〔三〕今按：『居』，中華書局版《新唐書》作『棄』。

『識中散於鷄群，夙有通家之好。懷少府之鵠峙，未諧識面之期。』先世同文靖之，第一榜得人。賤子登元禮之門，通家有舊。尚記喬公之約，或憐嵇紹之孤。定知嵇紹之不孤，或許孔融之自叙。念伯父曾忝交承，夙有通家之好，則賤子雖無介紹，此爲藉手之階。山公若在，既知嵇紹之不孤。楚國未亡，肯使子文之無後。頃緣先世，嘗聯雁塔之名。敢曳長裾，得篚龍門之末。先覺於後覺，寧無警悟之言。吾翁即若翁，儻念交游之契。

先容附

《孟》：『夷之，因徐辟求見孟子。』張華性好人物，稱咏延譽。古今用人，必因媒介。揚興説史高曰：『匡衡才智有餘，經學絶倫，觀其所有，必爲國器。』

精：『蟠木爲萬乘器者，以左右先爲之容也。先談，則枯木朽株植功而不忘。』鄒陽。

『溝中之木，與犧尊〔一〕同體，追琢不至，坐成枯薪。朱而藍之，足以爲器。願爲庭燎，以照嘉客。』劉賓客。

『士非玉璧，談者爲價。』王褒《物理論》。『莫爲之前，雖美而不彰；莫爲之後，雖盛而不

〔一〕 今按：『犧尊』，《劉賓客文集》作『犧象』。

傳。』『無公輔一言之薦，無左右爲容之介〔一〕。』《馬援傳》。

詩：『瓦礫暫拂拭，光掩連城珍。唇吻咨談鑠，黃金成灰塵。』《文粹》。

折白雲之封，坐驚雲漢。揖紫芝之宇，行款風姿。登李膺之舟，恍如昨夢。遊公孫之閣，尚覬兹時。欸乃西江之水，已辯鷁舟。呢喃文杏之梁，尚趨燕賀。雖交一臂而遠，夫子不覺悵然。乃得今日而禦，李君已爲榮矣。

皇極　四二章

附：同寮僚屬

《書》：『百僚師師，庶績其凝。』《書》：『愼簡乃僚，其惟吉士。』『惟暨乃僚，罔不同心。』荀林父之僚，庾杲之之僚。《左・文七》：先蔑之使也，荀林父止之，曰：『同官爲僚，吾嘗同僚，敢不尽心乎？』爲賦《板》之三章。及亡，荀林父尽送其帑及其器用財賄於秦，

〔一〕今按：『介』，中華書局版《後漢書》作『助』。

曰：『爲同寮故也。』王儉用庾杲之爲衛將軍長史。蕭緬與儉書：『盛府元僚，每〔一〕難其選。使杲得〔二〕泛緑水，依芙蓉，何其麗也。』時以儉府爲蓮花池。

竇憲之於班固，陳蕃之於徐穉。竇憲平匈奴，班固典文章。陳蕃設一榻，接徐穉。

庾亮之於殷浩，陶侃之於參佐。庾亮鎮武昌，殷浩之徒乘月登南樓。陶侃見參佐廢事，取樗蒲博具悉投江。

郤超之於桓温，子猶之於桓冲。郤超爲桓温謀主，謝安曰：『郤生可謂入幕賓。』王子猶爲桓冲參軍，以手板柱頰云：『西山西來〔三〕致有爽氣。』從冲值雨，下馬入冲車中，曰：『豈有獨擅一車，不容國士乎？』爲桓温將軍〔四〕，蓬首散帶，不綜府事。爲桓冲騎兵參軍，問：『卿署何曹？』曰：『似是馬曹。』問以『管幾馬？』曰：『不知馬，何由知數？』問：『馬比死多少？』曰：『未知生，焉知死。』

不知是司馬，爲是司驢。晋謝超宗坐失儀，爲南郡主司馬云云。

〔一〕今按：『每』，中華書局《南史》作『實』。
〔二〕今按：『使杲得』，中華書局《南史》作『庾景行』。庾杲之字『景行』。
〔三〕今按：『西來』，中華書局《晋書》作『朝來』。
〔四〕今按：『將軍』，中華書局《晋書》作『參軍』。

婁師德調江都尉，揚州長史盧承[業]異之，曰：『台輔器也，欲以子孫相委。』編躁放恣，醉登其牀。杜甫爲嚴武參軍。人謂小朝廷，言名士之多也。《唐僖記》：鄭王從讜充河東節度使，長安令調爲副使，劉崇龜修撰爲判官，崇魯進士。爲推官。判官是紗籠中人，公義豈池中之物。張建封鎮徐州，李藩爲判官。新網僧能相人，曰：『判官是紗籠中人，宰相冥司，潛以紗籠護之，恐爲異物所擾。』藩果爲相。左肅機皇甫公義檢校沛王府長史，引韋思謙爲倉曹，曰：『公義豈池中之物〔一〕。』杜詩曰『豈是池中物』是也。

記論辨之語，鬻一馬而歸。范文正公爲廣德軍司理，與太守争是非，歸必記往復論之語于屏上。比去，貧止一馬，鬻馬徒步歸。

石、温河陽之幕，錢、歐洛陽之官。韓：『河陽烏公以石生爲才，以禮爲網，網而致之幕下。以温生爲才，以禮爲羅，又網而致之幕下。』錢希深、歐陽永叔官洛陽，日遊嵩山，暮抵

〔一〕　今按：『曰：公義豈池中之物』，中華書局版《舊唐書》作『謂思謙曰：「公豈池中之物，屈公爲數旬之客，以望此府耳。」』據此，『公義』之『義』字承上文「皇甫公義」衍。『公』指韋思謙。

『山行良勞，小留龍門賞雪，龍門，香山雪作，留守錢文。僖公遣吏以厨傳歌伎至，勞之曰：府事簡，無遽歸也。』

徐州書記，成都參軍。韓：『南陽公鎮徐州，掌書記者許孟容、杜兼、李博，蔚乎其相扶，炳乎其相輝，志同而氣合，魚川泳而鳥雲飛。』《言行録》：『張咏鎮成都，有參軍老病，公責之曰：「何不歸？」參軍以詩别：「秋官〔一〕都似宦情薄，山色不如歸興濃。」公驚嘆，薦之。』

杜詩《高書記》：『答云一書記，所愧國士知。』『白頭趨幕府，深覺負平生。』『豈知臺閣舊，先拂鳳凰雛。』『同時趨幕府〔二〕，此日望塵迎。』韋應物。『陳琳書記好，王粲從軍樂。』劉長卿。『幕中俊乂閑刀筆，帳下驍雄冷劍鐔。』臨川。『好是鴛鴦侶，正夢〔三〕霄漢秋。玉珂聲瑣瑣，錦帳夢悠悠。』『清瑣陪雙入。』『爲僚記腐儒。』

〔一〕今按：『秋官』，當爲『秋光』。
〔二〕今按：『趨幕府』，《韋蘇州集》作『趨府客』。
〔三〕今按：『夢』，《御定全唐詩》作『逢』。

皇極二　四三章

同官

《左》：韓獻子將斬人，郤克將救之。至，則斬之矣。使速以殉，曰：『以分謗也。』

《侯鯖録》：陸長源、韓愈同在使幕，或戲年輩相違。長源曰：『大蟲老鼠俱是十二相屬，何怪之有？』

《唐太宗記》：『蕭瑀性狷介，與同寮多不合。』『尹洙與狄青同經，略招討事，洙貶死，厚恤其家。』

《周禮》：『冢宰以八法治官府。』『三曰官聯，以會官治。』『國有大事，一官不能獨治，六官共治之。』

《昭廿八》成鱄曰：『戊之爲人也，近不逼同。同位。』

《感别賦》，《同官記》。晉傅咸《感别賦序》：『友人魯叔虎與之遊，同班同事，天下之遇，未有如此。』韓《河南府同官記》：『將同其後，先同其初。』

《詩》：『我雖異事，及爾同寮。』《詩》柳：『憲府初收迹，丹墀共拜嘉。』韓：『同官盡才傑。』鄭谷：『曾與伏青蒲。』杜：『分符同〔一〕令望，同舍有輝光。』岑參：『聯步趨丹陛，分曹限紫微。』韓：『濁水污泥清路塵，還曾同制掌絲綸。』鄭谷：『星臨南省陪仙步，春滿東朝接佩聲。』韓偓《與子華同年玉堂同直》：『往年鶯谷接清塵，今日鰲山侍從臣〔二〕。』劉賓客：『册庭相〔三〕接武，書殿忝連衡。』介甫《張唐公》：『公乘白鳳知何處，我適新年值白鷄。』仁宗皆爲知制誥。

皇極二　四四章

君子不黨，同官爲寮。同舟共濟，豈惟利害之均。鑿壁分光，寧復富貴之問。

同列相和

《書》：『同寅協恭，和衷哉。』

〔一〕今按：『同』，《杜詩詳注》《九家集注杜詩》作『先』。
〔二〕今按：『侍從臣』，《御定全唐詩》《唐詩紀事》作『作侍臣』。
〔三〕今按：『相』，《劉賓客文集》作『嘗』。

周召不疑，廉藺相避。周公曰：『君奭在昔成湯，時則有若伊尹，格于皇天。』召公悦。相如引車避匿曰：『先國家之急而後私仇也。』廉頗肉袒負荆詣門謝罪。

寇賈極歡，李郭相勉。賈復部將殺人，寇恂戮之，二人後卒極歡。唐安思順爲朔方節度使，郭汾陽、李臨淮俱爲牙門都將，二人不相能。及汾陽代思順，臨淮欲亡，去計未決，詔臨淮、汾陽率兵東出趙魏。臨淮入曰：『一死固甘，乞免妻子。』汾陽持手曰：『國亂主遷，豈懷私忿！』執手泣别，訖平劇賊。

萬年尉之代直同舍，三子者之争事上前。《唐》：竇參爲萬年尉，同舍夕直者，聞親疾遑遽，參代之。失囚，京兆〔一〕。參曰：『彼以不及謁而往，參當坐。』被貶，人皆義之。慶曆中，韓魏公范希文、韓彦國同在西府，上前争事，議論各别，下殿各不失和氣，如未嘗争。如推車，子心主於車，可行而已，不爲車也。

光世在馬家，張浚在采石。光世軍在馬家渡，張浚軍在采石，詔光世以兵援世忠，三將私隙，莫肯協心。上詔魏矼，諭光世三將協心，世忠之受兩鎮節鉞也。高宗手書《郭子儀傳》賜之，張浚奏中又諭以子儀事。

〔一〕　今按：此處删略嚴重。中華書局《新唐書》作『會失囚，京兆按直簿劾其人』。

相遇於道始交歡。東坡勇於爲義，劉器之酧以典故，東坡發怒，器之曰：『子瞻固所畏也，若恃其才，變亂典常則不可。』又朝中語云：『閩蜀同風，腹中有蟲，以二字各從蟲也。』劉器之曰：『中人以下，多繫土地風俗。』元符末各謫嶺海，相遇於道始交歡。器之云：『浮華盡去，非昔日子瞻也。』東坡曰：『器之，鐵石人也。』

皇極二　四五章

同列相軋

未相同堂，不得共坐。袁盎不好晁錯，兩人未嘗同堂語。賈復因鄧禹得見。復馬羸，光武解左驂賜之。復與段孝共坐，孝曰：『君將軍，我大司馬，不得共坐。』復曰：『俱劉公吏，有何尊卑？』

怨望同列，不與同列。汲黯爲右内史，公孫[弘]、張湯爲小吏，已而弘丞相，湯御史，黯丞史，曰：『陛下用群臣如積薪，後來者居上。』上曰：『人不可以無學，觀黯之言，日益甚矣。』關羽爲前將軍，聞黄忠爲後將軍，怒曰：『大丈夫終不與老兵同列！』不肯受拜。費詩云云，羽感悟受拜。

同列相傾，中書碎硯。王羲之與王述齊名，述爲會稽，以母喪居郡境，羲之代述，止一吊，遂不重詣。述深以爲恨。及述爲揚州刺史，不過羲之，羲之愧嘆。述檢察會稽，羲之耻之，稱病去郡，父母墓前自誓。鄭畋、盧携同在中書，議政喧競撲碎硯。王繹嘆曰：『不意中書，有瓦解之事。』

怨位居下，何功居上。劉文静位在裴寂下，酒酣怨望，拔刀擊柱，曰：『會當斬裴首！』尉遲敬德侍宴慶善宮，有班其上者，敬德云：『爾何功居我上？』任城王道宗喻之，敬德擊道宗目，幾眇。

耻同新進，相仇同列。王仲舒爲中書舍人，視同列新進，居[不樂]，曰：『豈可復治筆研於其間！』《麈史》李文定、丁晋公議多不合，一日以笏擊晋公，並罷相。章獻垂簾，晋公挾前忿，貶文定衡州。行制誥，晋公曰：『《春秋》之義，君臣〔一〕無將，漢法所謂大不道耳。』宣獻怪之，命以別辭。晋公增兩句云：『罹此震驚，遂至沉隕。』未幾，晋公以擅移山陵，貶崖州。宣獻行制，首云：『無將之戒深著於魯經，不道之誅難逃於漢法。』文定孫世美言。

〔一〕今按：『君臣』，《四庫全書》本《麈史》作『君親』。

皇極二　四六章

寓公

《禮》：『諸侯不臣寓公。』

《家語》子貢曰：『禮居是邦，不非其大夫。』

許行踵門，蓋公避殿。《孟》：許行踵門，而告文公曰：『願受一廛而爲氓。』曹參爲齊相，膠西有蓋公，善治黄老言，厚幣請之，言治道貴清净，而民自定。參避正殿，［舍］蓋公。

薤一本，水一盂。《後漢》：龐參爲漢陽守，郡人任棠有志節，參到候之，棠不與言，但以薤一本水一盂置屏前，抱孫伏户下。參思微志，曰：『水欲吾清，薤一本擊强宗，抱孫當户欲吾開門恤孤。』

待吕公之良厚，訪郭君之隱居。吕公著在潁，歐陽爲守，待公良厚而未甚重也。劉敞、王回好古君子也，皆寓潁。公日與相從。後脩入翰林，薦公文學行義，宜在左右。錢文僖公自樞密留守西都，與諸公行樂。一日步至午橋，訪郭君隱居。郭君名延卿，年逾八十，少從張文定、吕文穆公遊，二公相繼入相，薦于朝，命以職官。不出。《孟》：『諸侯失國而後託於諸侯，禮也。』古者諸侯出奔他國，食其廩餼，謂之寄公。《記・郊特牲》：『諸侯不臣寓公，故古者寓公不繼世。』《喪大記》：『君之喪大〔一〕小斂，爲寄公、國賓出。』

韓《盧同》：『玉川先生洛城裏，破屋數間而已矣。』

杜詩《嚴公仲夏枉駕》：『竹裏行厨洗玉盤，花邊立馬簇金鞍。非關使者徵求急，自識將軍禮數寬。百年地僻柴門迥，五月江深草閣閑〔二〕。看弄漁舟移白日，老農何有罄交歡。』《嚴中丞枉駕》：『元戎小隊出郊坰，問柳尋花到野亭。川合同〔三〕西瞻使節，地分南北任流萍。扁舟不獨如張翰，皂帽應兼似管寧。寂寞江天雲霧裏，何人道有少微星。』

吕希哲晚歸宿州，不以毫髮事託州縣，日讀《易》一爻。

〔一〕今按：『大』，《十三經注疏》本《禮記・喪大記》作『未』。
〔二〕今按：『閑』，《杜詩詳注》《九家集注杜詩》作『寒』。
〔三〕今按：『同』，《杜詩詳注》《九家集注杜詩》作『東』。

皇極二　四七章

交代

合符而出，及瓜而代。《左》：『瓜時而往，及瓜而代。』

合符而出，及瓜而代。范津薦傅燮，及津爲漢陽，與燮交代，合符而出。

舊尹新尹，子産太叔。《論》：『令尹子文。舊令尹之政，必以告新令尹，何如？』子曰：『忠矣。』《左》子産謂子太叔曰：『我死子必爲政，惟有德者以寬服民，其次莫如猛。』

猥承君後，恥居子前。任尚代班超。

承前代人，不易其政。《晋》：謝方明承前代人，不易其政，以次漸移。

賈龕之代張軌，延之之代張緒。《晋》：賈龕代張軌秦州，何德以堪之。《齊》：王延之代張緒中書令，後接之者實未爲易。

願以舊政，告於新令。《南史》：傅翽代劉元明山陰令。

代何爲相，以獄爲寄。曹參爲齊相，使者召參，參曰：『以齊獄市爲寄。』

精：『沙之汰之，瓦石在後。簸之揚之，糠粃在前。』

歐陽詩：『後功掩前羞。』王元之詩：『古人重交代，子孫不相忘。』『操觚學步，敢論臭味之同。合墁代庖，强附交承之契。』『登畿入幕，濫同賓客之聯。授印合符，將托子孫之契。』『封府庫以代憪，焉如望歲之勤。揚糠粃於前端，有冀匿瑕之賜。』

快漢殿之先登，作梁園之末至。念舊尹必新尹之告，而前事非後事之師。偶然承乏，遂供越俎之勞。正爾失真，久抱佩環之愧。蕭何爲法，較若畫一。曹參代之，守而勿失。載其清淨，民以寧壹。《漢民之歌》。

《揚子》：『蕭規曹隨，功若泰山。』『前有召父，後有杜母。』南陽。

騎劫代樂毅而燕復爲齊，任尚代班超而西域反亂。

韓延壽代蕭望之爲左馮翊，望之問延壽在東郡時放散官錢，延壽按望之在馮翊時放散官錢，望之無事實，延壽竟棄市。

潘岳賦曰：『感市閭之菆井，嘆尸韓之舊處。燕屬號而守闕，人百身以納贖。豈生命之易投，誠惠愛之洽著。訏望之以求直，亦予心之所惡。思夫人之政術，實幹時之良具。苟明法以釋憾，不愛才以成務。弘大體以高貴，非所望於蕭傅。』

吴人歌之曰：『紞如打五鼓，鷄鳴天欲曙。鄧鄧攸。侯挽不留，謝令推不去。』

戴若思之代祖逖，王曇聰之代江革。祖逖預州刺史，戴若思爲都督。感激發病，有妖星見。梁江革爲廬陵王長史，行江州府事，正直自居，不與典籤趙道智坐。道智還都，言革惰事好酒，以王曇聰代。南州語曰：『故人不道智，新人佞散騎。莫知度不度，新人不如故。』

同寮之契，交承之分，有兄弟之義。

各任所長，爲代懷怨。包孝肅公知開封府，以威嚴御下。歐陽公代，簡易循理，不求赫赫之譽。曰：『强其所短，勢必不逮，吾亦任吾所長耳。』詹大和堅老來京師，李傳正端初爲少卿，堅老哀鳴，端初詬曰：『子嘴尖，誠奸人也。』後十年，端初爲淮南轉運副使，及瓜，堅老爲代。端初曰：『風采堂堂，非曩日比也。』堅老曰：『比往時，嘴不尖不？』

王文正曾送李文定迪：『錦標得雋曾相繼，金鼎調元亦踐更。』

眉州守視事三日，作大排樂人口號：『爲報士民須慶賀，灾星去了福星來。』

皇極二　四八章

故吏

故吏炎凉，故吏先達。大將軍青日退，驃騎故吏日益，故人去事驃騎，任安不肯。楊洪爲蜀郡太守，舉書佐何祇，數年爲廣澤太守。洪曰：『君馬何駛？』祇曰：『故吏馬不敢駛。』

王戎避故吏，故吏戒郎君。王戎故吏多至大官，相逢，戎輒下馬避之。許田鎮作長短句上韓少師，報云：『願損有餘之才，補不足之德，不勝門下老吏之望。』

故吏同列，故吏有聲。權德輿作杜預〔一〕誌曰：『嘗忝府辟，晚聯台坐，每荷同升之義，盍陳無愧之辭。』其有聲者，皆劉晏之故吏也。

特抑故吏，奔喪故吏。鞠咏受知於王公化基，王公知杭州，咏知仁和縣。公略不加禮，曰：『鞠咏之才，不患不達，氣俊而驕，故我抑之。』《魏・常林傳》：『吉黄爲長陵令，時禁擅

〔一〕今按：『杜預』，當爲『杜佑』。

去官，而黄門司徒趙温薨，自以爲故吏，奔喪，遂伏法死。』

竇武自殺，胡騰掾。斂尸。見朋友。

杜喬暴尸，楊匡護喪。梁冀殺李固、杜喬，暴尸。喬故掾楊匡着故赤幘，託爲夏門亭吏，守護尸喪。詣闕上書，並入二公骸骨。太后許之。匡送喬喪訖行服，隱匿不仕。

韓：『觀道德於前後，聽教誨於左右，可謂親薰而炙之矣。』周子充：『受知於今日，圖報於異時。』袁氏舊吏遍天下。劉晏没後，韓洄、李衡皆門下。

並爲三司，復浩本官。胡廣與故吏陳蕃、陳咸〔一〕並爲三司。殷浩被黜卒，故吏顧悦之上疏訟浩，復浩本官。

市藥遺鄧訓，奏封授王徽。漢鄧訓故吏念訓所嘗〔二〕服藥，好青泥封書，濟陽〔三〕市藥，趙國易[陽]并載青泥遺訓。辛相徐商奏授王徽判官。

羅隱詩：『遺簪墮履曾留念，門下如今只下僚〔四〕。』

〔一〕今按：『陳咸』，中華書局版《後漢書》、《資治通鑒》作『李咸』。
〔二〕今按：『所嘗』，《東觀漢記》、《後漢書補遺》作『常所』。
〔三〕今按：『濟陽』，《東觀漢記》、《後漢書補遺》作『洛陽』。
〔四〕今按：此詩句，《御定全唐詩》作『遺簪墮履應留念，門客如今只下僚』。

古靈蒿中，衮字屢蒙於題品。姑蘇臺上，綉衣重睹於光華。鶯入新年，燕尋故壘。甫離幽谷，喜傍連雲。春風巢燕，既嘗爲大厦之依。曉雨鳴鷄，當不改平生之度。谷鶯初出，惚鶯遷木之榮。海燕重來，深認捲簾之意。生雖父母，而知者鮑叔，已竊慕於古人。願爲弟子，而出於韓門，詎敢忘於後日。

皇極二　四九章

附：交際

《表記》子曰：『無辭不相接也，無禮不相見也，欲民之無相褻也。』《曲禮》：『其次務施報。』又曰：『禮尚往來。』子言之：『報者，天下之利也。』應氏曰：『報之爲禮以交際往來，彼感此應而有不容已者，所以使人有文以相接，有思以相愛，其何利如之。』

子曰：『以德報德，則民有所勸；以怨報怨，則民有所懲。詩曰：「無言不讎，無德不報。」』子曰：『以德報怨，則寬身之仁也；以怨報德，則刑戮之民也。』以《論語》『以直報怨以德報德』之言觀之，此章恐非夫子之言。

方氏曰：『以德報怨，則忘人之怨，雖不足以有懲，而衆將德之，而有裕矣，故曰『寬身之仁』；以怨報德，則忘人之德，既不足以有勸，而衆且怨之，而不容矣，故曰『刑戮之民』。《論》或曰：『以德報怨，何如？』子曰：「何以報德？以直報怨，以德報德。」』

《孟》萬章問曰：『敢問交際何心也？』孟子曰：『恭也。』曰：『却之爲不恭，何哉？』曰：『尊者賜之。曰：其所取之者，義乎？不義乎？而後受之，以是爲不恭，故不却也。』曰：『請無以辭却之，以心却之。曰：其取諸民之不義也。而以他辭無受，不可乎？』曰：『其交也以道，其接也以禮，斯孔子受之矣。』萬章曰：『今有禦人於國門之外者，其交也以道，其饋也以禮，斯可受禦與？』曰：『不可。《康誥》曰：「殺越人于貨，閔不畏死，凡民罔不敦。」是不待教而誅者也。言如之何其受之？』曰：『今之諸侯取之於民也，猶禦也。苟善其禮際矣，斯君子受之，敢問何説也？』曰：『孔子之仕於魯也，魯人獵較，孔子亦獵較。獵較猶可，而況受其賜乎？』曰：『然則孔子之仕也，非事道與？』曰：『事道也。』『事道奚獵較也？』曰：『孔子先簿正祭器，不以四方之食供簿正。』曰：『奚不去也？』曰：『爲之兆也。兆足以行矣，而不行，而後去，是以未嘗有所終三年淹也。孔子有見行可之仕，有際可之仕，有公養之仕。於季桓子，見行可之仕也。於衛靈公，際可之仕也。於衛孝公，公養之仕也。』見行可，見其道之可行也。際可，接遇以禮也。公養，國君養賢之禮也。

《周禮》：『掌交，掌以節與幣巡邦國之諸侯及其萬民之所聚者，道王之德意志慮，使咸知王之好惡，避行之。使和諸侯之好，達萬民之説。掌邦國之通事而結其交好。以諭九税之利，九禮之親，九牧之維，九禁之難，九戎之威。』《周禮・地官》：『師氏，掌以美詔王。以三德教國子：一曰至德，以爲道本；二曰敏德，以爲行本；三曰孝德，以知逆惡。教三行：一曰孝行，以親父母；二曰友行，以尊賢良；三曰順行，以事師長。居虎門之左，司察。王朝。掌國中失之事，以教國子弟。王舉則從。』『保安。氏，掌諫王惡。而養國子以道，乃教之六藝：一曰五禮，二曰六樂，三曰五射，四曰五馭，五曰六書，六曰九數；乃教之六儀：一曰祭祀之容，二曰賓客之容，三曰朝廷之容，四曰喪紀之容，五曰軍旅之容，六曰車馬之容。王舉則從。使其屬守王闈。闈，宫中之巷門。』

皇極二　五〇章

師道

哀公曰：『五帝有師乎？』子夏曰：『有，臣聞黄帝學乎太真，顓頊學乎緑圖，帝嚳學乎赤松子，帝堯學乎務成跗，帝舜學乎尹壽，禹學乎西王國，湯學乎威子伯，文王學乎鉸時子斯，武王學乎郭叔，周公學乎太公，仲尼學乎老聃，此十一聖人，未遭此師，則功業不著乎天下，名號不傳乎萬世。』《新序》。

呂子曰：『神農學悉老，黄帝學太真，顓頊學伯夷父，帝嚳學伯招，帝堯學州文父，帝舜學許由，禹學大成執，湯學小臣，文王武王學太公周公，齊桓公學管仲隰朋，晋文公學舅犯隨會，秦繆公學百里奚公孫支，楚莊王學孫叔敖沈尹竺，吴王闔廬學伍子胥文之儀，越王勾踐學范蠡大夫種。此皆聖王之所學也。且夫，天生人而使其耳可以聞，不學，其聞則不若聾；使其目可以見，不學，其見則不若盲；使其口可以言，不學，其言則不若喑；使其心可以智，不學，其智則不若狂。故凡學非能益之也。達天性也，能全天之所生，而勿敗之，可謂善學者矣。』同。

《揚子》：螟蛉之子，殪而逢蜾蠃，祝之曰：『類我，類我。』久則肖之矣！速哉，七十子之肖仲尼也。學以治之，思以精之，朋友以磨之，名譽以崇之，不倦以終之，可謂好學也已矣。孔子習周公者也，顔子習孔子者也。師哉，師哉，桐子之命也。太甲。務學不如務求師，師者，人之模範。模不模，範不範，爲不少矣。多不得道。一哄之市，不勝異意焉；一卷之書，不勝異説焉。一哄之市必立之平，一卷之書必立之師。睎驥之馬亦驥之乘也，睎顔之人亦顔之徒也。昔顔常睎夫子矣，正考甫常睎尹吉甫矣，公子奚斯常睎正考甫矣。如不晞則已矣，如欲晞，孰禦焉？』

或問：『小每知之，可謂師乎？』曰：『是何師歟？是何師歟？天下小事爲不少矣，巧靡可不算。每知之，是謂師乎？師之貴也，知大知也。小知之師亦賤矣。』『春木之芚兮，援我手之鶉兮。孔子啓導人，有似援手而進。去之五百歲，其人若存兮。呱呱之子，各執其親；譊譊之學，各習其師。』

《書》：『背師保之訓，弗克于厥初。』《太甲》。『德無常師，主善爲師。』《咸有一德》。

《論》：『就有道而正焉。』『傳不習乎？』『温故而知新，可以爲師矣。』『誨人不倦，何有於我哉？』『自行束脩以上，吾未嘗無誨焉。』『三人行，必有我師焉。擇其善者而從之，其不善者而改之。』『正惟弟子不能學也。』『有鄙夫問於我，空空如也，我叩其兩端竭焉。』『顔淵喟然嘆曰：「夫子循循然善誘人，博我以文，約我以禮。」』『子曰：當仁不讓於師。』『子曰：有教無類。』

《詩》：匪面命之，言提其耳。誨爾諄諄，聽我藐藐。匪用爲教，覆用爲虐。

《論》：『夫子焉不學？而亦何常師之有？』

《左·昭十七》：『郯子來朝，仲尼聞之，見於郯子而學之。既而告人曰：『吾聞之，天子失官，官不修職。學在四夷，猶信。』傳言聖人無常師。

《襄十四》：初，尹公佗學射於庚公差，庚公差學射於公孫丁。二子追公，佗、差。公孫丁御公。子魚曰：『射爲倍師，不射爲戮，射爲禮乎？』禮射不求中。射兩軥而還。尹公佗曰：『子爲師，我則遠矣。』乃反之。佗不從丁學，故言遠。公孫丁射之，貫臂。

《孟》：『願安承教。』梁惠。『明以教我。』齊宣。『學不厭智也，教不倦仁也。仁且智，夫子既聖矣乎。』『教人以善，謂之忠。』

陳良，楚産也，悦周公、仲尼之道，北學於中國。子許行之兄弟事之數十年，師死而遂倍之。

昔者孔子没，三年之後，門人治任將歸，入揖於子貢，相嚮而哭，皆失聲，然後歸。子貢反築室於場，獨居三年，然後歸。他日，子夏、子游、子張以有若似聖人，欲以所事孔子事之，曾子曰：『不可，江漢以濯之，秋陽以曝之。』倍子之師而學之，亦異於曾子矣。

弟子耻受命於先師，人之患在好爲人師。

逢萌〔一〕學射於羿，盡羿之道，思天下惟羿愈己，於是殺羿。孟子曰：『是亦羿有罪焉。』鄭人使子濯孺子侵衛，衛使庚公之斯追之。子濯孺子曰：『今日我疾作，不可以執

〔一〕今按：『萌』，《十三經注疏》本《孟子》作『蒙』。

弓，吾死矣夫！』問其僕曰：『追我者誰也？』其僕曰：『庾公之斯也。』曰：『吾生矣。』其僕曰：『庾公之斯，衛之善射者也。夫子曰吾生，何也？』曰：『庾公之斯學射於尹公之他，尹公之他學射於我。夫尹公之他，端人也，其取友必端矣。』庾公之斯至，曰：『夫子何爲不執弓？』曰：『今日我疾作，不可以執弓。』曰：『小人學射於尹公之他，尹公之他學射於夫子，我不忍以夫子之道反害夫子。雖然，今日之事，君事也，我不敢廢。』抽矢扣輪，去其金，發乘矢而後反。

伊尹幡然改曰：『天之生此民也，使先知覺後知，使先覺覺後覺也。予天民之先覺者也，予將以斯道覺斯民也，非予覺之而誰也？』

孟子曰：『今夫弈之爲數，小數也，不專心致志，則不得也。弈秋，通國之善弈者也，使弈秋誨二人弈，一人專心致志，惟弈秋之爲聽；一人雖聽之，一心以爲鴻鵠將至，思援弓繳而射之，雖與之俱學，不若之矣。』

《孟》：羿之教人射，必至〔一〕於彀。學者亦必志於彀。大匠誨人，必以規矩。學者亦必以規矩。』

〔一〕今按：『至』，《十三經注疏》本《孟子》作『志』。

曹交曰：『交得見於鄒君，可以假館，願留而受業於門。』曰：『夫道，若大路然，豈難知哉？人病不求爾。歸而求之，有餘師。』朱子曰：『言道不難知，歸而求之，事親敬長之間。性分之内萬理皆備，隨處發見，無不可師，不必留此而受業也。』

孟子曰：『教亦多術矣，予不屑之教誨也者，是亦教誨之而已矣。』

孟子曰：『聖人，百世之師也，伯夷、柳下惠是也。』『聞伯夷之風者，頑夫廉，懦夫有立志。聞柳下惠之風者，薄夫敦，鄙夫寬。奮乎百世之上，百世之下，聞者莫不興起也，非聖人而能若是乎？而況於親炙之者乎？』

孟子曰：『得天下英才而教育之，三樂也。』

孟子曰：『君子之所以教者五。有如時雨化之者，若孔、孟之於顔、曾是已。有成德者，成德如孔子之於冉、憫。有達材者，達材如孔子之於由、賜。有答問者，若孔、孟之於樊遲、萬章。有私淑艾者。若孔、孟之於陳亢、夷之。此五者，君子之所以教也。』聖人施教，各因其才，小以成小，大以成大，無棄人也。

《孟》：『大匠不爲拙工改廢繩墨，羿不爲拙射變其彀率。君子引而不發，躍如也。中道而立，能者從之。』

孟子之滕，館於上宫。有業屨於牖上，館人求之不得。或問之曰云云。曰：『殆非也。』『夫子之設科也，往者不追，來者不拒。苟以是心至，斯受之而已矣。』《學記》：『凡學之道，嚴師爲難。師嚴然後道尊，道尊然後民知敬學。大學之禮，雖詔於天子，無北面，所以尊師也。善學者師逸而功倍，不善學者師勤而功半。』『記問之學，不足爲人師。』

《曲禮》：『席問函丈。函，容也。容杖足以指畫。』

《學記》：君子知至學之難易，而知其美惡，然後能博喻；能博喻然後能爲師；能爲師然後能爲長；能爲長然後能爲君。故師也者，所以學爲君也，是故擇師不可不慎也。《記》曰：『三王、四代惟其師。』

《周官·太宰》：『長以貴得民，師以賢得民。』長者一官之長，君者一國之君。周子曰：『師道立則善人多，善人多則朝廷正，而天下治矣。』

孟嘗之請學，憫子之無往。孟嘗君請學於憫子，使車往迎憫子。憫子曰：『禮有來學，無往教。』明日袪衣，請受業。《韓詩外傳》。

《穀梁傳》：『學問無方，心志不通，師〔一〕之罪也。』

〔一〕今按：『師』，《十三經注疏》本《穀梁傳》作『身』，是。

《史·鄭世家》：『前事不忘，後事之師也。』

孔子師老聃，孟子師子思。《家語》：『吾聞老聃，博古知今，通禮樂之原，明道德之歸，則吾師也。』孟子師孔子之孫子思。

太子之受業，開元之侍讀。章帝爲太子，受書於張酺，至是東巡，酺爲東郡太守，先備弟子之仪，使酺講《尚書》一篇，然後修君臣之禮。開元三年置侍讀官，上謂宰相曰：『朕讀書有疑，無從質問，可選儒士入内侍讀。』盧懷慎舉馬懷素爲左散騎常侍，與右散騎常侍褚無量更日侍讀。聽肩輿乘馬於宫中。以無量羸老，爲造腰輿，使内侍輿之。親送迎之，待以師傅之禮。書法：『侍讀之名，始見于此。』

孔融之事鄭玄，侯芭之從揚子。北海太守孔融尊事鄭玄，執弟子禮。易其鄉名曰『鄭公鄉』。巨鹿侯芭從揚雄受《太玄》《法言》。

董舒弟子，馬融諸生。董子下帷，弟子傳以久次相受業。馬融諸生千數，坐高堂施絳紗帳，前授生徒，後列女樂。

武子不忘其師，鬼谷捭闔之術。隨武子納諫，不忘其師。注：諫則言聞之於師。蘇秦張仪事鬼谷先生，受捭闔之術十二章，復受轉丸祛篋一章。復往見，言所受於師者，行之少有，口吻之驗耳，未有傾河填海移山之力。先生曰：『爲子陳言至道。』齊戒擇日而往，先生乃正席而坐，嚴顔而言告以全貞之道。

張禹之於戴崇，張禹之於彭宣。張禹弟子尤著者，彭宣、戴崇。崇愷悌多智，禹將崇入堂，飲食極樂。宣之來，禹見之便坐，日晏賜肉，講論經義。

田何之於丁寬，馬融之於鄭玄。田何受《易》於丁寬，學成，寬東歸，何曰：『《易》已東矣。』鄭玄事馬融，辭歸，融曰：『鄭生今去，吾道東矣。』

應劭之贊鄭玄，邴原之詣孫崧。汝南應劭自贊於鄭玄曰：『太山太守應仲遠，北面稱弟子何如？』玄曰：『仲尼之門考以四科，回、賜之徒不稱官閥。』邴原詣長安孫崧，崧曰：『君鄉里鄭君，君知乎？誠學者之師模也。君乃舍之，所謂以鄭爲東家丘也。』原曰：『人各有志，有登山而採玉者，有入海而探珠者，君謂僕以鄭爲東家丘，則君以僕爲西家之愚夫耶。』

吳商通經學者負笈，賈逵通經門徒來學。吳商學通五經百氏，四方學者擔囊負笈。吳商，故障人。賈逵通經，門徒來學，獻粟盈倉，或云逵非力耕，所謂舌耕。

問非一師，負笈從師。夏侯勝始從始昌，後事簡卿，又從歐陽氏，所問非一師。李固，郃子也。改易姓名，杖策騎驢，負笈從師，爲世大儒。每到太學，密入公府，定省父母，不令同業知爲郃子也。

賈瓊曰：『夫子十五爲人師。文中子。陳留王孝先〔一〕，白首北面，豈以年乎？』

王福時《雜録》：先君門人魏徵布在廊廟，曰：『嘗與諸君侍文中子，謂徵及房杜曰：「生輩雖聰明特達，然非董薛程仇之比。雖逢明主，必愧禮樂。」』

《李德裕集》：『前試宣州溧水縣尉胡震，博通六經，華皓一志。臣童幼之時，於震受業，豈謂年逾四紀，位列三公，雖自君恩，亦由儒訓。臣幸因家門舊事，輒敢薦聞。』

唐韋表微以學者薄師道，不如聲樂賤工能尊其師，乃著《九經師授譜》以詆其違。

韓愈《師説》：『古之學必有師。師者，所以傳道受業解惑也。人非生而知之者，孰能無惑？惑而不從師，其爲惑也，終不解矣。生乎吾前，其聞道也固先乎吾，吾從而師之；生乎吾後，其聞道也亦先乎吾，吾從而師之。吾師道也，夫庸知其年之先後生於吾乎！是故無貴無賤，無長無少，道之所存，師之所存也。嗟乎！師道之不傳也久矣，欲人之無惑也難矣。古之聖人，出其人也遠矣，猶且從師而問焉；今之衆人，其下聖人也亦遠矣，而耻學於師。是故聖益聖，愚益愚；聖人之所以爲聖，愚人之所以爲愚，其皆出於此乎！愛其子，擇師而教之，於其身也，則耻師焉，惑矣！彼童子之師，授之書而習其句讀者，非吾所謂傳其

〔一〕 今按：『王孝先』，《舊唐書》卷一百八十三作『王孝逸』。

道解其惑者也。句讀之不知，惑之不解，或師焉，或否焉，小學而大遺，吾未見其明也。巫醫樂師百工之人，不耻相師，士大夫之族。曰師曰弟子云者，則群聚而笑之。問之，則曰：「彼與彼年相若也，道相似也。位卑則足羞，官盛則近諛。」嗚呼！師道之不復可知矣！巫醫樂師百工之人，君子不齒。今其智乃反不能及，其可怪也歟！聖人無常師，孔子師郯子、萇弘、師襄、老聃。郯子之徒，其賢不及孔子。孔子曰：「三人行，則必有我師。」是故弟子不必不如師，師不必賢於弟子，聞道有先後，術業有專攻，如是而已。李氏蟠年十七，好古文，六藝經傳皆通習之。不拘於時，學於余。余嘉其能行古道，作《師説》以貽之。』

韋表微之《師譜》，以學者之薄師不如賤工；韓退之之《師説》，謂大夫之曰師不及百工。濂溪之爲曹掾，有兩程之相從；伊川之隱龍門，止四方之來學。明道、伊川少侍父珦，通守南安軍。周濂溪爲理曹掾，相從講學，紹千載不傳之緒。伊川隱居龍門，止四方學者曰：『尊所聞行所知可矣。不必及吾門也。』

横渠之見二程，龜山之學明道。張横渠年十八以功名自許，又訪釋老之書，反求六經，見二程于京師，涣然自信。贊曰『早悦孫吴，晚逃佛老』是也。楊龜山時中立，尋醫調官京師，往潁昌學明道。明道曰：『楊君最會得容易。』及歸，謂客曰：『吾道南矣。』

吕希哲之事伊川，游定夫之見伊川。吕希哲原明與伊川鄰齋，首以師禮事先生，而四方從遊者日益衆。游定夫、楊中立見伊川，伊川瞑目而坐。及出門，雪深三尺。

朱公掞之見明道，劉執中之學安定。朱公掞見明道于汝，歸謂人曰：『光庭在春風中坐了一個月。』李薦書：胡安定翼之在湖學，劉彝執中往從之，凡綱紀於學者，彝之力爲多。後召對，上問：『從學何人？』對曰：『臣少從學於安定胡公。』上曰：『與王安石孰愈？』曰：『瑗以道德仁義教東南諸生，安石方在場屋修進士業。臣聞聖人之道，有體有用有文，君臣父子仁義禮樂歷世不變者，體也。詩書史傳子集乘法後世者，文也。學而措之天下，潤澤其民歸于皇極者，用也。』

李薦之書，瑩中之書。翻禺大商遣子就學，其子儇宕所齎千金，染病甚瘠，其父至京，携其子謁胡安定，曰：『是宜先儆其心，而後誘之以道者也。』乃取一帙書曰：『汝讀可知養生之術，知養生而後可以進學矣。』其書黃帝《素問》也，讀之未竟，惴惴然惧。召而誨之曰：『知愛身則可以修身，自今洗心向道，取聖賢之書次第讀之，然後爲文則可以成名。』其人穎鋭善學，二三年登上第而歸。

陳了瑩中《責沈》：『適越而北轅，越不可至。徙越人而置齊里，越語可易而爲齊。思誠之道，莫先於學，務學之要，在於求師。葉公問孔子於子路，不知仲尼，孔門之所不對也。陳良，楚産也，孟子以爲豪傑之士，爲其悦周公、孔子之道而已。予生長東南，未知程伯淳，兄孫漸，就學楊時門。舉修步於南溟，觀洪瀾於北極。心遠而莫禦，然後氣融而無間。物格而不惑，然後養熟而道凝。

杜詩：『鄙夫奉末眷，佩服自早年。義均骨肉地，懷抱罄所宣。』陳無己《妾薄命》：『忍著主衣裳，爲人作春妍。』爲曾南豐作，見不更他師。陳無己《究文忠公》：『生世何用早，我已後此翁。神文渙王度，喜色見天容。黄蘗兩大字〔一〕，一覽涕無從。』

安定教學蘇湖。永叔：『吴興先生富道德，詵詵弟子皆賢才。』介甫：『先收先生作梁棟，以次收拾桷與榱。』

顔淵之喪，夫子哭之慟。顔淵之喪，孔子受之肉。方氏曰：『出受之，仁也。彈琴而后食之，義也。』

師道 林駉

愚嘗退而静思，士君子以身立天地間，其不可負不可慢者三：曰君，曰父，而師與焉。夫生而爲人，業而爲士，戴天履地，而靈於萬物，不至於斫喪磨滅，擯棄凋落，是誰之力？與

〔一〕今按：『黄蘗』《後山集》、《宋文鑒》作『黄絹』。

富貴安佚我者，君也；鞠育覆護我者，父也；誘掖訓導啓迪成就我者，師也。孔子以布衣匹夫而衣冠禮樂，足以師表一世，其門人弟子不遠數千里而從，雖飢寒流落擯於死而不去，寧從陳蔡之厄，而不忍棄絃歌之誨；寧處匡人之圍，而不敢叛聖門之教；寧有漢兵之圍，魯共王之難，而詩書金石之聲不敢忘也。木鐸響絶，杏壇迹荒，授子夏之學者，虚無其説。田子方。傳荀卿之業者，刑名其家。李斯。操戈入室，百年于兹矣。漢之諸儒争開户牖，唐之諸儒吠噬狂走。漢家蠹簡，有所師承。守《穀梁》者不敢從《左氏》，歆習《左氏》不從《公》《穀》。習《韓詩》者不敢尚《齊》《魯》。然劉歆受學方進，矛盾户庭，其視《左氏春秋》之學謂何？林吉從師周堪，失身匪人。其視夏侯《尚書》之學安在？嗚呼！習羿之射〔一〕，弯弓反射，漢儒何忍哉？唐尚儒術，願承模楷。從武公之教者，升堂而游，抱琴而歌。薰陽城之德者，詣闕而留，抗疏而請。然昌黎一代，山斗百川，東之且不能保籍，湜之不叛。子厚衡湘以南亦皆師之，《答韋中立書》，恐恐然群怪聚罵之譏。嗚呼！見雪而走，望日而吠，唐儒何怪哉！爲天地立心、爲生民立極者，師也。爲前聖繼絶學、爲天下開太平者，師也。河汾王氏，一時從遊，謀如房，斷如杜，直如魏，智如李。方布衣窮悴之時，直期以公輔之器。異時以論諫

〔一〕今按：『射』，《四庫全書》本林駉《古今源流至論》作『藝』。

稱，以征伐顯，以輔贊彌縫著，稽其夙志無不酬。然孔、孟而下而能得師友淵源者，河汾一人而已。

安定之在湖，以體用之學也；康節之在洛，以象數之學也；明復之在泰山，以經義之學也。學《春秋》。自周而程，自程而張，又以性理之學也。安定先生其體仁義禮樂，其文詩書史傳，其用則潤澤生民，歸于皇極。道德賢才侈爲歌咏，歐詩見上。棟梁桷榱極口稱美。王詩見上。錢藻之淵篤，孫覺之純明，純仁之直温，藹然爲一時之盛。康節先生先天易數，以發乾坤之藴，皇極經世，以續彝倫之傳。其得之李挺之穆，伯長之源流，蓋非一日。衛之學者，捨學而學；洛之士夫，薰德而化。王預。章子厚欲傳其學，而不之許；邢和叔欲傳其學，而亦不之許。太山先生不惑，傳注不爲曲説，自著尊王發微之書，道德高邁，李丞相迪、孔給事道輔皆尊事之。一時學者如石守道、張洞，北面授經，講問不怠。親執杖屨，從容左右。至若濂溪，太極一圖，洞窺秘奥，通書數篇，萬世所宗。遊濂溪之門者，則有二程諸君子焉。程氏春風和氣，使人愛慕。門外立雪，氣像森嚴。遊程氏之門者，則有如游如杨如張如馬焉。張思叔、馬時中。橫渠訂頑砭愚，其言醇正。《正蒙》一書，學者指南。伊川改訂頑曰西銘，砭愚曰東銘。游橫渠之門者，則有吕與叔、蘇季明焉。嗚呼！此未足見師教淑人之深也。不觀宋衛之辱，無以知孔門弟子從道之堅；不觀齊梁之沮，無以知孟氏諸弟尊師之篤；不觀黨禍之慘，無以知伊川門人薰德之久。方黨事之起也，根連株繫，禍發如矢，而張繹屹然砥柱，甘心溝壑而不變。張繹字思叔，伊川歸自涪陵，思叔始見先生。方學禁之嚴也，遠遁深逝，不敢親承，而馬時中歲寒不改，執贄十反而不已。馬伸字時中，元祐學禁，執贄凡十反。吾道可行，而夷狄之法不可殉，伊川自涪歸，獨龜山、顯道不變。呂原明、游定夫皆從佛教。則謝顯道其人也。進士可棄，而元祐之學不可議，則尹焞其人也。尹焞師事伊川，應進士舉，策問議誎元祐黨人，焞不對而出。若夫王安石从师濂溪，而新經等作，與向時所學大戾。郭忠孝受經伊川，而黨事叛去，至死不相往來。噫！長者絶子乎？子絶長者也。

皇極二 五一章

附：師門議昏

妻以其子，妻以兄子。《論》：子謂公冶長：『可妻也，雖在縲絏之中，非其罪也。』以其子妻之。子謂南容：『邦有道，不廢；邦無道，免於刑戮。』以其兄之子妻之。

摯恂之於馬融，昌黎之於李漢。京兆摯恂儒術教授，隱於南山。馬融遊學，妻之以女。昌黎没，門人李漢收拾遺文。《文集序》。太山先生孫明復，李丞相迪以其弟之女妻之。

皇極二　五二章

附：爲師服喪

皆家于墓，行心喪之禮。《家語》：『仲尼既葬，弟子皆家于墓，行心喪之禮。三年喪畢，或居或留。』《孟》：『失聲然後歸，反築室於場。孔子没三年之外，門人治任將歸，入揖於子貢，相向而哭，皆失聲，然後歸。子貢反築室於場，獨居三年，然後歸。』

心喪三年，喪之三年。事師無犯無隱，左右就養無方。服勤至死，心喪三年。《檀弓注》：『爲師心喪三年，於朋友期可。』揚雄卒，侯芭起墳，喪之三年。孔子之喪顔淵，若喪子而無服，喪子路亦然。《檀弓》。

皇極二　五三章

附：三師

官制：太師、太傅、太保，古官。太甲時，伊尹太傅。帝辛時，胥餘太師。《漢儀注》。《書》：『周官立太師、太傅、太保，兹惟三公。成王。』漢承秦制，闕三師之位。《百官表》。三帝元始，始置太師、太傅、太保。太師號上公，東漢後常曰上公。《初學記》。

後魏三師，後周三公，隋三師，唐因之。宋三師。《六典》。政和二年詔爲三朝。《職略》。宣和末，太師三人，太傅四人，太保十一人。紹熙後，朝野未嘗備官。

魁下六星，杓南三星。《天官書》：『魁下六星兩兩相比者，名曰三能。音台。』三能色齊君臣和，不齊爲乖戾。杓南三星，魁第一星，西三星曰三公。主宣德化，調七政，和陰陽。《韓非子》：『背私曰公，象三公也，數三者法三光。』

事實：面槐。夢松。《周禮・秋官》：『朝士掌建邦外朝之法。面三槐，三公位焉。』《吴志》：『丁固夢松生腹上，曰：『松字十八公也，後十八歲吾其爲公乎？』卒如夢。

在人曰三公，在天曰三臺。三臺六星，兩兩而居。一曰天柱，三公之位也。在人曰三公，在天曰三臺，主開德宣符。

上應臺階，下同元首。《後·郎顗傳》。

泰階者，三階也。泰階者，天之三階也。三階平則陰陽和，風雨時。《黄帝泰階六符經》。

『泰階，三臺也。』《漢書音義》。

三公鼎司，三足象鼎。《楊秉傳》：『三公鼎司，無所不統。』《環濟要略》：『象鼎三足，共承其上也。』永平六年，王洛山出寶鼎。詔曰：『鼎象三公，豈公卿奉職，得其理邪。』《後·顯宗記》。

委任三府，於赫三事。《郎顗傳》：『選舉牧守，委任三府。』《韋賢傳》：『於赫三事，匪俊匪作。』

山玄玉，朱組綬。《記·玉藻》：『公佩山玄玉而朱組綬。』金章紫綬。《齊職仪》云：『三師，品第一，金章紫綬。進賢三梁，冠絳朝服。』

三公八命，復加一命。『三公八命，復加一命，則服衮冕。』《王制》。『桓圭九寸，繅藉九寸，冕服九章，建常九斿，樊纓九就，貳車九乘。』《禮·秋官》上公之禮云云。

黄閤鴟尾，黄閤内屏。陳舊制：三公黄閤聽事，置鴟尾。《隋·百官志》：『三公府三門，當中開黄閤，設内屏。』

槐鼎之任，公輔之臣。光武信讖，以王梁登槐鼎之任。高柔曰：『公輔之臣，國之梁棟。』

輔善相導，正争百僚。《師丹傳》：『三公者，朕之腹心也。輔善相過，正率百僚，和合天下者也。』

股肱元首，鼎足居職。《劉愷傳》：『上則臺階，下象山岳。股肱元首，協和陰陽。鼎足居職，調齊〔一〕五品。』

『天理在斗，中司三公如人喉在咽，以理舌語。』《春秋合誠圖》。

『承天象極，岩石具瞻。』李固詩。

大儒三公，上賢三公。《荀》：『大儒者，天子三公也。』《荀》：『上賢，使之爲三公。』

訓導之官，論道之官。六典三司，訓導之官也。徐邈拜司空，嘆曰：『三公，論道之官，豈可以老病處之哉？』不受。

國之輔佐，必得賢聖。漢成時，何武建言：『國之輔佐，必得賢聖，猶天之三光，備三公

〔一〕今按：『調齊』，《後漢書》作『調訓』，是。

官，各有分職。宜建三公官，分職授政，以考功效。』

臺輔之任〔一〕，實和陰陽。李固。

賈誼之疏，陳忠之傳。賈誼曰：『召公太保，周公太傅，太公太師。保，保其身體；傅，傅之德義；師，道之教訓。三公之貴，皆天子之所改容而禮貌之也。』《陳忠傳》：『三公稱曰冢宰，王者待以殊敬，在輿爲下，御坐爲起，入則參對而議政事，出則監察而董是非。』前代三公策拜，皆設小會，所以崇宰輔之制。魏末以後，廢不復行。石鑒拜司徒，有詔令會，遂以爲常。

太傅之朝，三公之拜。太傅鍾繇有膝疾，拜起不便，朝見載輿車。虎賁升就坐，遂爲故事。《魏志》。唐張延賞奏：『故事册拜三公，中書令讀策，侍中奉禮如闕，即以宰相攝之。』

論道經邦，坐而議政。《書》：『論道經邦，燮理陰陽。官不必備，惟其人。』《漢・百官表》：『蓋參天子，坐而議政。』

佐王論道，論道興化。孔安國曰：『三公之任，佐王論道，經緯國事，和理陰陽，不必備員，有德乃堪之。』晋庾純表：『論道興化。』

〔一〕　今按：『任』，《後漢書》作『位』，是。

『總方略，美風俗。』《王尊傳》。『三公總方而議則，天子共已而已矣。』《荀》。命獄成於三公，訪刑獄於三公。《王制》：『大司寇以獄之成告於王，王命三公參聽之。三公以獄之成告於王。』魏高柔疏曰：『古者刑獄有疑，議於槐棘之下。自今朝有疑，議刑獄大事，宜咨訪三公。三公朝朔望之日，可延入講論，文帝嘉納。』『內與王論道，中參六官之事，外與六鄉之教。』《地官注》。五年制書，三公奏事。蔡邕疏曰：『五年制書，令三公謡言奏事，聽察長吏臧否，條奏人所疾苦，是謂舉謡言也。』

『銓時論道。』《袁宏贊》。『道以德義。』《百官表》。『明糾非法，宣振威風。』《章帝詔》。『冠冕百辟，從容議論。』《齊職品令》。『調陰陽，節風雨。』《説苑》。『職典天地，寶〔一〕掌人物。』衛瓘。『統萬類。』王嘉。『象五岳。』《春秋孔演圖》。號萬石。《百官表》號稱萬石。秩萬石。梁制上公班第十八，秩萬石。『考功量才，以序庶僚。』《劉愷傳》。『天子之毗，諸侯之師。』韓。『百僚之率，萬民之表。』太史公。

乃一代之偉人，自一公之共選。魏文帝曰：『此三公者，乃一代之偉人，後人殆難繼

〔一〕今按：『寶』，《晉書》作『實』。

矣。』華歆、王郎、鍾繇。晋劉實曰：『一公缺，三公預選之，不如令三公自共選一公。』

漢楊寶之雀環，晋吕虔之佩刀。《續齊諧記》：弘農楊寶見一黄雀爲螻蟻傷，食以黄花百日，毛羽成，放之。後有黄衣童子再拜曰：『我王母侍臣。』以白環四枚與寶曰：『令公子孫，潔白登三公。』寶生震，震生秉，秉生賜，賜生彪，四世爲三公。晋吕虔佩刀，工相之曰：『當爲三公。』虔賜。王祥曰：『有台輔之望。』故相贈。後爲太保，臨薨授弟覽，覽後歷世多才。杜詩曰『左將吕虔刀』是也。

陶侃手文，魏舒馬聲。《異苑》：『陶侃左手有文，直達中指，至横文上節便絶。占者以爲此文通位無極。侃鍼挑令撤，血流仍作公字。』《晋書》：魏舒未達，嘗詣野王，主人妻夜産，聞車馬之聲，相問：『寢者誰？』曰：『魏公。』果爲司徒。

衣不華飾，食唯一肉。長孫道生身爲三師〔一〕，而衣不華飾，食不兼味。一熊皮障泥，十年不易，時人比晏嬰。荀爽，食不過一肉，脱粟飯。

父子上公，累世三公。晋司空〔二〕望，安平王孚之子，父子上公位，百代未有。楊彪自

〔一〕今按：『三師』，《通志》作『三司』，是。
〔二〕今按：『司空』，《晋書》作『司馬』。

以累世三公，耻爲魏臣，乃不復行。

四世五公，黑頭三公。袁宏[一]四世五公。晋諸葛恢，名亞王導、庾亮，曰『當作黑頭三公』。後魏宗室元[彧]，崔光曰：『黑頭侍中，當此人也。』

三公封侯，廿年公台。崔邑司空封安陽亭侯，三公封侯自此始。胡廣在公台三十餘年，禮任甚優。天下[二]所師法，無所總職。《唐百官志》。

『明王聖主，曷嘗無師傅哉！宜依古道置三公官。』《唐大詔》。

『名[三]雖天子，必有所師。』《唐六典》：『漢哀平間，始尊師傅之位。』『師範一人，儀刑四海。』《職略》。

《記》曰：『三公無官，言有其人，然後充之。』《百官表》。『上公，非勛德宗者不居。』《隋百官志》。『三公無所不統，不以一職名官。』《唐六典》。『三公不必備，惟其人。語使能也。』《記·文王世子》。『宰夫掌治朝之法，以正王及三公之位。』《禮·天官》『典命王之三公八命，及其出

[一] 今按：『袁宏』，當爲『袁安』。《説郛》載：『袁安爲司徒，子敞爲司空，敞子湯爲司徒，湯子逢爲司空，逢弟隗爲司空太尉。』

[二] 今按：『天下』，《新唐書》作『天子』。

[三] 今按：『名』，當爲『明』。

封，皆加一等。』《春官》。

『古者刺史，入爲三公。』《張九齡傳》。『周成王立三公，兼領六卿，未嘗特置。』《容齋隨筆》。『漢制，三公府分部九卿。』《唐六典》。

宋歐陽脩《晝錦堂記》：『高牙大纛，不足爲公之榮；桓圭衮冕，不足爲公之貴。德被生民，功施社稷。』

公枳維卿，或維公枳。《逸書》：『公枳維卿，言上下相維，遞爲藩蔽也。其數有八，予嘗考之，乃九枳也。』宋景文啓：『式維公枳。』

同日除制，並除雙員。真宗天禧元年，司徒王旦、彭王元儼同日除制，加太保三公，並除雙員。

與富弼等爲耆英會。文彦博凝簡莊重，兩以太師致仕，與富弼等爲洛陽耆英會。

『寵辭上宰，歸榮故鄉。兼兩鎮之節麾，備三公之典策。』安石《上魏公啓》。『備物典策，首冠三公。』東坡《上文潞公》。『尚父秉旄仗鉞，猶未告老。』坡。『衛武公百年，猶箴儆於國。義重股肱，望隆堂陛。奥廉遠則堂陛峻，股肱逸而元首安。』同上，文彦博批答。『欲聞仁人之言，與天下之大計，非此元老，將安取斯。』同上，吕公著批答。同上《三槐堂銘》：『於乎休哉！魏公之業，與槐俱萌。封植之功〔一〕，必世乃成。既相真宗，四方砥平。歸視其家，槐陰滿庭。吾儕小人，朝不謀〔二〕夕。相時射利，皇恤厥德。庶幾僥倖，不種而穫。不有君子，其何能國？王城之東，晉公所廬。鬱鬱三槐，惟德之符。於乎休哉！』

康寧福壽，世罕其比。張齊賢以三公就第。

『司馬主天，司徒主人，司空主土。是謂三公。』《漢・百官表》。

自叙：『王喬若過江，我不獨拜公。』《世説》王丞相拜司徒，嘆曰云云。『叔度若在，吾不敢先佩印綬。』陳蕃爲三公，臨朝嘆曰云云。『位總鼎司，委事寮宷。』王戎云云。見者不知爲三公也。

《易》：『鼎折足，覆公餗，其形渥。』象曰：『覆公餗，信如何也。』

『以我爲三公，是天下爲無人。』陸玩。『布被釣名。』公孫弘。『履行田園。』沈慶之。廢帝給三望車，每朝，［乘］犢鼻〔三〕無幰車，履行田園，遇之者不知爲三公。慶之曰：『每遊田園，有人時與馬成三，無人時與馬成二，今乘此，安之。』

〔一〕今按：『功』，《東坡全集》作『勤』。

〔二〕今按：『謀』，《東坡全集》作『及』。

〔三〕今按：『犢鼻』，《宋書》作『猪鼻』，是。

江馮上言，宜令司隸校尉督察三公。陳元上疏，不宜令有司察公輔之名。雖置三公，事歸臺閣。三公之職，備員而已。光武時。以吏事責三公。光武。一足不任，覆亂美實。《彭宣傳》：『三公鼎足承君，一足不任，覆亂美實。』『三公非其人，則三光爲之不明。』《蕭望之傳》。『三公非人，實傷和氣。』《衛瓘傳》〔一〕。用賈詡爲三公，孫權笑之。魏文帝。

詩句：『鍾鼎勛庸大，河山誠誓長。一言歸社稷，九命備圭璋。道協陶鈞力，恩同日月光〔二〕。公望冠岩廊。』楊巨源。『明君越義軒，天老坐三臺。』李。杜詩：『五雲多處是三臺。』

三公 林駉

以太師、太傅、太保爲三公者，周也。以丞相、大司馬、御史大夫爲三公者，漢也。以太尉、司徒、司空爲公者，後漢至唐大抵然也。國朝始取隋唐之制，命太尉、司徒、司空爲之，後復成周之名，以太師、太傅、太保爲之。

〔一〕　今按：《晋書・衛瓘傳》無此語，《晋書・鄭袤傳》有此語。

〔二〕　今按：《唐百家詩選》楊巨源《上劉侍中》，詩句『道協陶鈞力，恩同日月光』在『一言歸社稷，九命備圭璋』之前。另，『歸』字作『弘』。

按《周官》曰：『立太師、太傅、太保，兹惟三公。論道經邦，燮理陰陽。』然三公之位，實兼六卿之職。成王，周公以公兼冢宰。召公，以公兼宗伯。蘇忿生，以公兼司寇。康王即位，召太保奭、芮伯、彤伯、畢公、衛侯、毛伯，則六卿之中，召公、畢公、毛公兼三公之職。

杜佑《通典》：『司馬主天，司徒主人，司空主土。王根爲大司馬，杜鄴言根前爲三公比周。王尊劾御史大夫譚，位三公，負下罔上。按丙吉爲丞相，自謂三公，調和陰陽。

丞相、太尉、御史大夫，漢之三公。然太尉本主兵之職，御史太尉特副丞相之官。自武帝寵假大司馬之權，而冠以大將[軍]之號。自成帝從何武之請，以御史大夫爲大司空。杜佑《通典》以丞相、大司馬、御史大夫爲三公。按《後漢志》太尉公主天，司馬公主人，司空公主土。太尉、司徒、司空，東漢之三公，然多以九卿爲之。且周以三公而兼六官，後漢以三公而部九卿，然三公之外，復以太傅爲上公。若三公災異，策免則始於徐防。三公在外，册拜則始於張温。靈帝。三公封爲列侯，則始於崔林。魏則拜太尉、司徒、司空之外，而增置太保。黄初。晋則加太宰、太傅、太保、司馬、將軍之官而爲八公。晋武。宋則仍八公之官，而不名言爲八公。並《通典》。齊之三公唯有太傅。《通典》。梁之三公復置七員。梁有太宰、太傅、太保、大司馬、大將軍、太尉、司徒、司空，開府儀同三司。陳之三公並爲贈官。陳以丞相、太宰、太傅、太保、大司馬、大將軍並爲贈官。由魏而齊，由隋而唐，無所更革。國初，太師、太傅、太保爲三師，太尉、司徒、司空爲三公，仍唐之制也。政和更制，詔三師爲三公，三公爲三少，效周之制也。宣和之末，以三公只爲階官，不復總領三省，復祖宗之制也。王溥以昭文館大學士兼司空。太平興國八年。范質以昭文館大學士進司徒。建隆元年。此以宰相兼之。符彦卿爲太師，高保融自守太保爲太傅。此以使相兼之。趙韓王開國，舊勛一代柱石，其勛孰高焉？文潞公三朝元老，聖世蓍龜，其年孰尊焉？於是以太師除之。王文正公旦，自景德三年相，至祥符十年免，凡十餘年。吕文靖公夷簡，天聖七年相，至寶元三年再相，凡十五年，於是以太尉拜之。政和二年易師爲公，若復古矣。蔡京爲太師，總三省事。宣和七年不領三省，若復古矣。皇子官率至太傅。紹興權臣，以太師而固位。高宗。開禧權臣，以太師而竊政。寧宗。

皇極二　五四章

太師

《周官注》：『師，天子所師法也。文王世子師也者，教之以事，而喻諸德者也。』

《詩》：『太師維垣。』『赫赫師尹，民具爾瞻。尹氏太師，維周之氐。秉國之均，四方是維。天子是毗，俾民不迷。』

《書》：『王若曰：父師。』

《選》：『蔚爲帝師。』『篤學博聞，宜備國師。』《續漢書·趙典》。『軒轅聖人，仗師臣而授。』《晋書》。『寵既極於維師。』《贈裴度太師》。『太師，官之極。』後唐《詔》。

『天子，禮樂無經，學業不法，凡是之屬，太師訓之。』『帝入太學，承師問道。』《大戴禮》。

『太師孔光，道術通明，宜居四輔職，訓導帝躬。』《漢官儀》。

『首三公之職，太師居上。』《宋百官志》。『冠三公之首，爲四逸之儀。』《六帖》。『師範一人，儀刑四海。』

隋帝之禮李穆，漢帝之詔孔光。隋高祖受禪，李穆來朝，高祖降坐禮之，拜太師，贊拜不名。平帝詔孔光曰：『國之將興，尊師而重傅，其令太師毋朝，賜靈壽杖，十日一賜食。』

周之尚父，魏之淮陽。文王得尚父於磻溪，以爲師。《詩》：『維師尚父，時維鷹揚。』《左》：『太公股肱周室，世祚太師，以表東海。』魏淮陽王欣，再爲太師。

宋除皇叔制，登拜師垣。除皇叔制，以一品之貴。除鄭冲制，躋上公之品秩。楊大年德茂師台。坡勛在廟社，名聞華夷。公師帝師，維師極品。公師極品，帝師維垣。

文潞公，趙韓王。《文潞公詔》：『一月兩赴經筵，六日一入朝。』淳化，遣右正言張綱〔一〕齎太師趙普，生辰器幣鞍馬賜之。普爲太師，優拜之西京養疾，非常例也。

文潞公之以舊，趙韓王之以勛。《元祐詔》：『太師致仕，文彦博赴闕，獨班起居減拜，肩輿至下馬處，子弟一人扶掖出入。國朝三公之官尤重，太師趙韓王以勛，文潞公以舊。故事太師，未嘗並除。紹聖初，文彦博、吴顥；宣和中，蔡京、童貫、鄭紳；靖康初，燕王俁、越王偲；紹興中，秦檜、張俊；紹興末，史浩秀、王伯圭。

特拜加恩，特拜優禮。文彦博五人，楚王元佐等，王文正公，吕文靖公，以太尉致仕，可見國家重太師之官也。趙普告老，宰相給俸。璽書賜普曰：『朕以居守之重，慮煩耆耋，維師之命，用表尊賢。仍賜銅羊上尊酒禮太師，其愛精神，以副眷注之意。』

坡《次韓太師》：『我公厭富贵，常苦勛業寻。』

韓《和裴公》：『文武成功後，居爲百辟師。』

〔一〕今按：『張剛』，當爲『張康』。

皇極二　五五章

太傅

《文王世子》：『太傅審父子君臣之道以示之。』

《漢書》：『太傅一人，掌以善道。』

《史記》：『周畢之任。』

孔安國：『相天子於德義。』

《國語》：『晋悼公知士貞子之師，博聞宣惠於教也。』

練達事體，明解朝章。後漢胡廣字伯始，爲太傅，年八十四，練達事體，明解朝章。京師語曰：『萬事不理問伯始，天下中庸有胡公。』『群言繫口，典誥總心。研核是非，惟所用之，遂拜太傅。曹植論。

東向之見，禁中之舍。鄧禹，先帝元功，拜爲太傅，進見東向。注：臣當北向，尊如賓，故東向。後漢張禹，拜太傅。劉蒼以殤帝幼，欲令重臣居禁内。

詔令劒履，乘輿上殿。晋何曾爲太傅，乞遜位，詔令劒履乘輿上殿，如鍾繇故事。

女樂十人，果園千畝。北齊高歸彦作亂，段紹、婁叡討平之，賜女樂十人，並歸彦果園一千畝。

『敬其事則備其禮，宜有金石之樂。』武成臨軒遣使拜太尉，蔡謨議云云。

賜關内侯，封褒德侯。鄧彪賜關内侯，恩寵之異，莫與爲比。密令卓茂名冠天下，當受天下重賞，封褒德侯，賜几杖車馬。

三讓彌高，鄧彪。三爲太傅。魏淮陽王欣。三世在位，爲國元老。繼母在堂，言不稱老。章帝詔。

韜德深粹，履行潔高，可謂朝之元老。就第並同保傅，几杖不朝。晋鄭冲詔。

行常單馬，門不施戟。奚達武〔一〕行常單馬，門不施戟，曰：『天下未平，國恩未報，東山之志，始末不渝。』謝傳。

宋歐《李昭亮制》：『增其帝傅之崇。』《梁師伐〔二〕制》：『乃加公傅之崇。』《童貫制》：『仍公傅之崇貴。』《皇子楷制》：『衮舄位徑拜之傅。』

上章請老，就拜太傅。致仕宰相謝事，自士遜始也。張士遜。

〔一〕今按：『奚達武』，當爲『達奚武』。

〔二〕今按：『梁師伐』，當爲『梁師成』。

杜門謝客，縱遊西湖。紹興，韓世忠以太傅奉朝請。秦檜主和，世忠求退。杜門謝客，絶口不言兵，騎驢携酒，從一二童奴遊西湖以自樂，將佐罕見其面。

鄧張作傅，無咎無譽。《胡廣贊》：『胡公庸庸，飾情恭貌。朝章雖理，據正則〔一〕撓。』

詩：謝靈[運]《述祖德》詩：『高揖七州外，拂衣五湖裏。』謝安辭七州之命，隱於五湖。

皇極二　五六章

太保

《文王世子》：『保也者，慎其身以輔翼之，而歸諸道者也。』

《通典》：『訓護人主道以德義者也。』

有若保衡，對掌朝政。《書》：『在太甲時，則有若保衡。』伊尹也。天下所取乎。晋太保衛瓘、尚書王亮對掌朝政。

用訓于王，克敬以予。《書》：『太保作《旅獒》，用訓于王。』《書》：『保奭其汝，克敬

〔一〕今按：『則』，《後漢書》作『或』。

以予。』

魏二司之上，唐輔導之秩。魏置太保，鄭沖爲之，在二司之上。欲養老，蜀太保。蜀李雄母兄李始爲太保，善撫士，時人語曰：『欲養老，蜀太保。』『耆艾元老，高行清粹。朕所倚毗，以崇道弘化。』王祥拜太保制。明允篤誠，有匪躬之志。衛瓘。尚德依仁，明允篤誠。何曾。翼贊先皇，光濟常業。晉帝詔。司徒致仕即其家，拜太保封齊國公。非朝廷之賢，則親舊故吏而已，門無雜進之賓。王戎嘆曰：『太保可謂清達矣！』晉王祥薨，奔赴者云云。衛瓘給千兵。宋熙寧，文彦守太保，兼侍中。

自：《晉書》贊：『鄭沖含素，王祥遲暮。』沖與祥俱曾爲太保。岑參《送李太保》：『詔出未央宮，登壇近總戎。上公周太保，副相漢司空。弓抱關西月，旗翻渭北風。弟兄皆許國，天地荷成功。』

槐位，鼎鉉，衮席，師垣，上衮，上台，公台，輔衡。疏寵宸旒，躋榮公衮。當寧眷隆，維垣望重。功嘉元老，國建上公。祗奉白麻，晉登黄閣。黄麻敷告，赤舄躋榮。恪持一德，孰高柱石之元臣；進長百僚，獨應臺階之上象。天子必有所師，進顓槐面；廷臣無出其右，聳聽麻音。社稷蓍龜，邦家柱石，任天下重，爲帝者師。位莫高於象極，禮特重於改容。鎮重有符於鼎象，崇高式副於岩瞻。陶侃指紋之貫，丁固夢松之符。壯列屏之三槐，貞擎天之一柱。泰階兩兩以相比，維石岩岩而具瞻。人言得君如彼，上恨無官可酬。几舄衮衣國之元老，金章紫綬祚以太師。黑頭玄冕，足觀鼎盛之榮；玉帶金魚，更覺官高之貴。長我國家，四世畢公之弼亮；敬天基命，萬年元聖之誨言。民瞻師尹，示四海之儀刑；國賴保衡，基萬年之柱石。心腹股肱之注委，皆社稷臣；陰陽政化之調和，曰耆舊俊。臺階之符，兩兩上應天躔；泰山之瞻，岩岩下符人望。官不必備惟人，雖百曹參何敢；上所改容而禮，捨二仲父其誰。身如尚父，獨闗天下之安危；心似武侯，終使老臣而開濟。祝公難老，豈特中書二十四考之云乎？與國同休，蓋將三代千七百年而未已。

皇極二　五七章

附：三少

《官》：『周以少師、少傅、少保爲三孤，貳公弘化，寅亮天地。』孤，特也。卑於公尊於卿，特置此三人。秦漢以下，後周置三孤。

《政和二年詔》：『立三孤之官，乃次輔之任，爲次相之任。

『三公三少，是爲六卿。』《漢百官表》。

『少師孤卿，比干也。』《史記》。

『以三少爲孤卿，與六卿爲九焉。』《通典》。

『司士正朝儀之位，孤卿特揖禮。』《夏官》。

『朝士掌建邦外朝之位〔一〕，左九棘，孤卿位焉。植棘爲位，取赤心而外刺。』《秋官》。

『孤之服，自弁冕而下〔二〕。』《春官·司服》。

『大夫爵弁自祭家廟，惟卿〔三〕爾。』《雜記》。

『禽作六摯，孤執皮虎。帛。碧繒。』《大宗伯》。

『貳三公，弼一人。』《通典》。

副貳三公，弘大道化，敬信天地之教，以輔我一人之治。

《劉元傳》：『九卿下括河海。』《百官志》：『九卿通寒暑。』

《夏官·射人》：『孤卿以三耦射一侯，一獲一容，樂以《采蘋》，五節二正。』

〔一〕今按：『位』，《十三經注疏》本《周禮》作『法』。

〔二〕今按：此句，《十三經注疏》本《周禮》作『孤之服，自希冕而下如子男之服』。

〔三〕今按：『卿』，《十三經注疏》本《禮記》作『孤』。

皇極二一　五八章

少師

《百官表》：『少師爲孤卿。』

《除童貫制》：『極二公之位叙。』

《百官志注》：『天子燕業反其學，左右之習詭其師。答諸侯、遇大臣，不知文雅之辭、已諾之適。簡文少誦不博習，此少師之責。』

《除楊戩制》：『俾陟亞師之列。』

《除藍從熙制》：『視秩亞師。』

皇極二　五九章

少傅

《文王世子》：『少傅奉世子以觀太傅之德行而審諭之。』

《百官表》：『少傅爲孤卿。』

《百官志注》：『天子居處出入不以禮，衣服冠帶不以制，御器列側不以度，采服從好不以章，忿悦不以義，與奪不以節，此少傅之責。』

《除錢景臻制》：『玄衮赤舄，進次府之崇名。』

《除余深制》：『俾公弘化，越陞亞傅之班。』

皇極二　六〇章

少保

《百官表》：『少保爲孤卿。』

《百官志注》：『天子居處燕私，安而易，樂而耽，飲食不時，醉飽不節，寢起早晏無常，玩好器弄無制，此少保之責。』

宋《除余深制》：『峻陞亞保，位孤棘於外朝。』

貳公，次相，孤卿，公副，左棘，列棘，棘位，纂車。選避公魁，升魁師棘。雄麻涣命，孤棘升班。誕告昕朝，延登亞保。涓吉宣麻，敷恩升棘。于蕃四國，力宣禦侮之威；兹曰三孤，爰侈褒功之典。理陰陽遂萬物，既資宅揆之良；亮天地弼一人，爰設貳公之峻。貳公弘化弼一人，赫岩石之具瞻；亮采惠疇宅百揆，問孤卿而特置。姑循次棘之階，即正顓槐之面〔一〕。冠孤棘外朝之位，旌鈞陳上將之功。二弘化以弼一人，位外朝而陞亞保。傅者

〔一〕今按：此二句，《翰苑新書》的順序是：『宜亟正專槐之面，乃姑循次棘之階。』

傅之德義，臣哉臣作股肱。九重尊李泌以先生，四海戴子儀爲尚父。置奉□□之對，即躋左棘之華。基命定命，父師少師。正倚弼諧，何拘等級。萬世策定，盍徑躋萬石之班；三臺色齊，乃退位三孤之長。衮冕篆車，益聳具瞻之望；圭畲井賦，優加申錫之恩。舜帝右皋，共以享無爲之治；成王保奭，持而收拯溺之功。統百官均四海，望聳面槐；曰三槐弼一人，班隆左棘。文平章之官極品，竟遂懇辭；韓忠獻之國大名，終然退托。周官之寅亮天地，職尤謹於三公；漢官之居處燕私，責具存于三少。國有元老，詎容坐席之温；民方具瞻，行即維垣之拜。黄河如帶山如礪，豈難拒于公圭；青欞有洞石有窗，合紹開于王社。

皇極二　六一章

附：太子六傅總六傅

《文王世子》：『三王，太傅在前，少傅在後，入則有保，出則有師。』

《大戴禮》：『成王幼在襁褓，太公爲太師。』

西漢有太傅、少保，後漢太傅禮如師，不領官屬，少傅悉主太子官屬。後齊爲三師三少。唐官不必備惟其人。本朝李文定以參政兼賓客，及相進兼少傅。天禧首相兼少師，樞使兼賓客。
『選天下端士以輔翼之，左右前後皆正人也。』《大戴禮》。
『孝仁禮義以道習之。』賈誼。
『前後出入，教諭而德成也。』《文王世子》。
『言語視聽，皆有以焉。』《通典》。
唐太宗曰：『太子既生，即置輔弼。』仁宗爲太子，丁謂等請，師傅十日一赴資善堂，賓客以下，隻日互陪侍，講學從之。

皇極二　六二章

太子太師

銀印青綬。晋。『忠謇貴重，羽翊擁全。』唐太宗謂魏徵。
『輔翼春闈，是資教諭。』陸宣公《李勉制》。
『師範國儲。』陸集。
『贊翼皇儲。』《岐王制》。

太公爲鄭覃兼。

魏徵乃就職，無忌爲太師。無忌爲太子太師，同中書門下三品，同三品自此始。

『傅道元子，師長庶僚。』《孫逖制》。

『晨謁金墀，事切於忠謇；夜隨銀啓，義先於調護。』《許敬宗制》。

『宜優天秩之榮，俾極宫臣之位。』《孫逖制》。

《岐王制》：『來儀博望。』

皇極二　六三章

太子太傅

『進賢兩梁冠，黑介幘，五時朝服，佩水蒼玉。』《晋書》。

『銀章青綬，佩水蒼玉。』《輿服志》。

石奮恭謹無與比，太傅缺，皆推奮拜太傅。石慶循〔一〕行孝謹，自沛守爲太傅。

〔一〕今按：『循』，《史記》作『馴』。

程秉，孫權聞其名儒，以禮召拜太傅。張佚，顯宗曰：『爲天下則，宜用天下之賢才。』一時儒宗，晋賀循。當今無比。吴張温。

『審父子君臣之道以示之。』《賈誼策》。

『躬訓儲宫，默而成化。』晋《賀循詔》。

『太傅立草，少傅書真，以爲儲訓。』《晋禮》。

『日就月將，琢磨玉質。』《漢官儀》。

魏之太傅，漢之太傅。魏太傅於太子不稱臣。後漢太傅一人職掌，輔導太子，禮如師。

晋二傅之入見，魏太傅之入見。《晋東宫舊事》：『皇太子於二傅執子弟禮，二傅入見太子，詣崇賢門迎，太子拜，答拜，入坐，對坐。』《魏志》：『何夔字叔龍，爲太傅，每月朔入見，太子正法服而禮焉。』

『崇禮二傅以尊敬〔一〕，前世之令典也。』《晋記》。

『太傅一人，位視尚書令。』《隋志》。

漢鄧禹之拜太傅，晋王導之領太傅。漢明帝以鄧禹拜太傅，晋王導以大將軍領太傅。

〔一〕今按：此句，《職官分紀》引《晋紀》作『崇敬師傅，所以尊教』。《翰苑新書》引《晋紀》作『崇敬二傅以尊教』。

晋齊王攸爲太傅，獻箴太子曰：『輔相之林，必擇賢明。』

精：『寵極腰銀，榮深佩玉。』『灼灼英台，峩峩德傅。』沈約。

皇極二　六四章

太子太保

『慎其身以保翼之而歸諸道者也。』《文王世子》。『三師以德道太子者也。』蕭瑀爲太保，太宗曰云云。

帝曰：『直臣也。』遂爲太保。　魏顯祖將禪位於京兆王子推，陸馥抗言：『太子聖德承基，臣請刎頸。』帝曰云云。

精：『春宫保氏，春宫三太，名秩甚尊。』

宋：『令分臺省班於東西。』王溥乾德二年罷爲太傅〔一〕。　故事，一品班於臺省之後。太祖見溥，曰：『舊相，當寵異之。』即令分臺省班於東西。

〔一〕　今按：『太傅』，中華書局《宋史》作『太保』。

皇極二一　六五章

太子少師

『陳父子君臣之道，問寢侍膳之方。』《貞觀政要》。

『吐論發言，辭色慷慨。』李綱。

『深自卑損，不敢修謁。』房玄齡。

皇太子將行拜禮，備禮以待之，深自卑損，不敢修謁。

梁三少各一人，掌奉皇太子，以觀三師之德。

選舊德保護東宮，以少師召蕭俯。

太子師保，古難其選。　玄齡遜位，詔不許云云。

太宗特賜步輿，令乘至閣下。　又令輿入東宮，太子引上殿親拜。　唐李綱素有脚疾云云。　特令乘小馬入禁門至内省。　許敬宗乾封初年老不能行步云云。

自：　持一黄觚出奉之，謗者號黄觚少師。　魏郭祚從世宗幸東宫，明帝幼弱，祚持一黄觚出奉之，謗者號黄觚少師。

精：『必擇九德之師，六行之傅。』薛綜《讓表》。

皇極二　六六章

太子少傅

『秉德冲素，清虚履道，有古人之風。』《山濤詔》。

『羊祜秉德尚義，克己復禮。』《山公启》。

『名德重於當時，謇謇正直。』漢王丹。

《唐・鄭畋制》：『得傅承華。』

《晋》：『華廙得輔導之義。』

《晋》：『周顗有不言之益。』

《魏》：『太子未定，臨淄侯植有寵，太祖問邢顒，對曰：『以庶代宗，先世之戒也。』

漢祖謂張良，子房雖疾，强卧傅太子。『太傅少傅，不朝朔望。』《漢故事》。

何曾議：『少傅准古不拜。』《晋書》。

『王儉拜少傅，朝議，太子接少傅，以賓友之禮。』《南史》。

桓榮賜輜車乘馬。榮大會諸生，示其車馬印綬曰：『今日所蒙，稽古之力也。』三傑之賦，三世之傅。源乾曜爲少傅，與左右相宋璟、張説賜宴尚書省，帝賦《三傑詩》以賜。吴薛綜、榮〔一〕、兼，三世傅東宫。

自：内管銓衡，外參傅訓。質輕蟬翼，事重千鈞。周顗疏。

精：『漢擇名儒任先疏廣，晋取耆德選在山濤。實資六傅之賢，弘用三善之益。』《嚴綬制》。『可領調護之任。』同上制。『正人在側，德義盈堂。鮑肆先入，蘭室不芳。傅臣司計，敢告君王。』《少傅箴》。『愛惜日力，寸陰毋棄。視膳再飯，寢門三至。小心翼翼，大孝烝烝。詢謀計慮，問對疑丞。安樂必敬，毋忘战兢。』後周《蕭圓箴》。

皇極二一　六七章

太子少保

『知公直臣，勉弼我兒。』唐高祖、李綱。

〔一〕 今按：『榮』，當爲『瑩』。《晋書・薛兼傳》謂薛兼『祖綜』『父瑩』。

『東朝保傅，歷代尊榮。』《白集・嚴綬制》。『以隋名臣，甚加優禮。手敕未嘗稱名，其見重如此。』高祖、李綱。王欽若以輔臣兼領三少，品序非便，蒙換故，爲司空。

皇極二　六八章

太子賓客

《唐》：『太子賓客，四人。掌侍從規諫，贊相禮儀。』

《宋》：『執政兼東宫官。』

事：『卿等可盡心調護，如師傅之禮。』宋朝李至、李沆，並兼賓客。仁皇爲太子，李文定爲賓客。

杜詩：『羽翼怀商老。』『羽翼商山起。』『商山議得失。』『名參漢望苑。』

附：賓師

問賓師如何？朱子曰：『當時有所謂客卿是也。大概尊禮之而不居職任事，但召之則不往。』

『孟子之于齊，處賓師之位，非當仕有官職者，故其言如此。』范氏。故將大有爲之君，必有所不召之臣。湯之于伊尹，學焉而後臣之，故不勞而王；桓公之于管仲，學焉而後臣之，故不勞而霸。朱子曰：『賓師不以趨走承順爲恭，而以責難陳善爲敬；人君不以崇高富貴爲重，而以貴德尊士爲賢。上下交而德业成也。』

卷之三十四

皇極三　一章

斂時五福，用敷錫厥庶民。惟時厥庶民于汝極，錫汝保極。

君仁莫不仁

《孟子》曰：『君仁莫不仁。』慶源輔氏曰：『此章言人君富以正己爲先，亦《大學》其機如此之説也。』

仁民

《大學》：『一家仁，一國興仁。』朱子曰：『一家仁以上，是推其家以治國；一家仁以下，是人自化之也。堯舜師天下〔一〕以仁，而民從之。』

《孟子》曰：『先王有不忍人之心，斯有不忍人之政矣。以不忍人之心行不忍人之政，治天下可運之掌上。』『王如施仁政於民，故曰仁者無敵。』『今王發政施仁其如是，孰能禦之？』『行仁政而王，莫之能禦也。』『堯舜之道，不以仁政不能平治天下。』『繼之以不忍人之政，而仁覆天下矣。』

《易・文言》：『君子體仁，足以長人。』『仁以行之，君德也。』

《書》：『民罔常懷，懷于有仁。克寬克仁，彰信兆民。』

《禮記・表記》：『子言之，君子之所謂仁者，其難乎？《詩》云：「凱弟君子，民之父母。」凱以强教之，弟以悦安之。樂而無荒，有禮而親，威莊而安，孝慈而敬，使民有父之尊，有母之親。如此而后，可以爲民父母矣。非至德，其孰能如此乎？』

『强教之者，佚道使民；悦安之者，悦以犯難。』

《孟》：『君子於物也，愛之而弗仁。於民也，仁之而弗親。親親而仁民，仁民而愛物。』『仁言不如仁聲之入人深也，善政不如善教之得民也。』

〔一〕今按：『師天下』，《朱子語類》作『率天下』，是。

帝堯之仁，夏禹之仁。《説苑》曰：『堯，一民飢，曰我飢之也；一民寒，曰我寒之也；一民有罪，我陷之也。百姓戴之如日月，親之如父母。仁昭而義立，德博而化廣。』《外紀》：『堯，其仁如天，其智如神，就之如日，望之如雲。』《緇衣》子曰：『百姓以仁遂焉，豈必盡仁？』豈必尽仁者，不必朝廷尽是仁人，而後足範民也。得一仁人，爲民之表，則天下皆仁矣。所謂君仁，莫不仁也。此所以禹以一仁君立三年，而百姓皆以仁遂。

成王之問，史佚之對。成王問於史佚曰：『何德而民親其上？』對曰：『使之以時，而敬順之，忠而愛之，布令言而不食言。如踏深淵，如履薄冰。』王曰：『惧哉？』對曰：『天地之間，四海之内，善之則臣，不善則讎也。夏殷之臣讎桀紂而臣湯武，若之何？其不惧也。』《外紀》。

漢惠帝之省法令，漢文帝之詔定令。惠帝四年，省法令妨吏民者，書，予之也。文帝元年三月，詔定賑窮養老之令，詔曰：『方春和時，草木群生，皆有以自樂，而吾百姓鰥寡孤獨或阽於危亡，而莫之省憂。爲民父母將何如？其議所以賑貸之。』又曰：『老者非帛不暖，非肉不飽。今歲首，不時使人存問長老，又無布帛酒肉之賜，將何以佐天下子孫孝養其親哉？具爲令。』有司請，八十已上，月賜米肉酒。九十已上，加帛絮。

後元年之佐民，初元年之恤民。後元年詔議可以佐百姓者，詔曰：『數年不登，又有水旱疾疫之灾，朕甚憂之。意朕之政有所失而行有過與？何以致此？夫度田非益寡，計民事之益〔一〕，而食之甚不足者，無乃百姓之從事於末以害農者蕃，爲酒醪以靡穀者多，六畜之食焉者衆與？其與丞相列侯吏二千石博士議之，有可以佐百姓者，率意遠思，無有所隱。』孝元初元元年，以公田及苑賑業貧民，賦貸種食。書法：『書嘉，恤民也。』

元年之詔，二年之詔。大疫詔：『損膳、減樂府員、省苑馬以賑困乏。』書法：『書救灾也。』罷宮館希幸者，減穀食馬肉食獸。二年以禁囿，假貧民。

孝章帝之仁民，孝和帝之恤民。孝章皇帝建初元年詔：『以上林池籞賦與貧民。』書法：『元帝之篇，書以公田及苑賑業貧民矣。於是復書，志仁民也。』漢初民産子復，勿事二歲。書法：『志仁政也。此書産子復勿事二歲，書詔賜民胎養穀，皆仁政也。章帝。』孝章皇帝元和二年春正月詔：『賜民胎養穀，人三斛。復其夫勿算一歲。』書法：『漢初令，民産子復，勿事，志仁政也。於是復書，帝誠長者矣。』三年春正月詔：『嬰兒無親屬及有子不能養者，廩給之。』書法：『志仁政也。』和帝永元十一年春二月，遣使循行廩貸。書法：『志恤民也。』

〔一〕今按：『計民事之益』，中華書局《漢書》卷四作『而計民未加益』。

『勾踐養胎以待用，昭王恤病以雪仇。』魏蔣濟疏。《吴越春秋》：『勾践遂令國中壯者無娶老妻，老者無娶壯婦。女子十七未嫁，丈夫二十不娶，父母有罪。將免身者，以告於孤，令醫守之。生男一，賜以壺酒、一犬；生男二，賜以壺酒、一豚；生男三，孤以乳母〔一〕。其子欲仕，量其居，好其衣，飽其食而簡鋭之。』

昭王吊死問孤，與百姓同甘苦。

始元年之貸種食，炎興年之復半租。始元二年三月，遣使賑貸貧民種食。秋，詔所貸勿收，除今年田租。書法：『除者，何全免也。』始元六年，詔問賢良文學民所疾苦。書法：『前書遣使行郡國舉賢良，問民疾苦矣。於是再書霍光，可謂有志於民矣。』炎興元年，魏赦益州，復半租五年。書法：『書，善魏也。滅國復其民，終《綱目》凡再書。』是年，隋開皇九年，復陳境九年〔二〕。

晋中書之疏，吴中書之諫。魏叡時，中書侍郎王基疏曰：『古人以水喻民曰：「水所以

〔一〕今按：『生男一』至『孤以乳母』，天津古籍出版社《吴越春秋譯注》作『生男二，貺之以壺酒、一犬；生女二，賜以壺酒、一豚；生子三人，孤以乳母』。

〔二〕今按：『九年』，《御批資治通鑒綱目》卷十六作『十年』。

載舟，水所以覆舟。」顔淵曰：「東野子之御，馬力盡矣，而求盡〔一〕不已，殆將敗矣。」今事役勞苦，男女離曠，願陛下深察東野之敝，留意舟水之喻。』吴中書賀邵諫曰：『何定妄興事役，發江邊守兵以驅麋鹿。』傳曰：『國之興也，視民如赤子；其亡也，以民爲草芥。』今法禁轉苛，賦調益繁，吁嗟之聲，感傷和氣。

秦建元之問疾，魏太和之給衣。秦建元十二，堅遣使臣分遣郡縣問民疾苦。魏太和十六，魏主南伐至肆州，見民有跛眇者，停駕慰勞，給衣食。安定王休執軍士爲盜者將斬之，魏主曰：『王者時有非常之澤，可特赦之。』司馬公曰：『人主之於其國，譬如一身，視遠如視邇，在境如在庭，彼廢疾者冥養，當命有司均之境内，今獨施於所遇，則所遺者多矣。況赦罪人以撓有司之法，尤非人君之體也。』

武德七年之還士，貞觀二年之贖子。唐武德七年，上以隋末戰士多没於高麗，賜高麗王建武書，使悉還。亦索高麗人在中土者，遣歸建武。遣還前後萬數。貞觀二年，關内旱饑，民多賣子。詔出御府金帛，贖以還之。

魏孝文之賞絹，唐太宗之給絹。魏孝文宏在淮南行兵，禁士卒無得踐傷粟稻，或伐民

〔一〕今按：『盡』，中華書局版《三國志》卷二十七《魏书·王基傳》作『進』。下句『殆將敗矣』，作『是以知其將敗』。

樹，皆留絹賞之。貞觀九年，太宗詔：『民遭突厥暴踐者，計口給絹。』

魏蘇綽之言，唐太宗之語。魏蘇綽曰：『爲國之道，當愛人如慈父，訓人如嚴師。』唐太宗曰：『君依於國，國依於民，刻民以奉君，猶割肉以充腹。然人君之患不自外來，常由身出。蓋欲盛，則費廣；費廣，則賦重；賦重，則民愁，而國危。』謂公卿曰：『禹鑿山治水而民無謗讟者，與人同利故也；秦皇營宫室而民怨叛者，病人而利己故也。朕欲營宫殿，鑒秦而止。由是，風俗樸素，公私富足。』

贖男女於突厥，贖虜民於諸軍。貞觀五年，以金帛賜突厥，贖男女八萬口。隋末，國人多没於突厥，突厥降以金帛贖之。書法：『「贖」也，書「賜」何？尊中國也。特書而備録之，深嘉之也。』十九年，贖諸軍所虜高麗民萬四千口。書法：『前書贖突厥男女八萬口，華人也；此書贖高麗民萬四千口，予之與予之也，亦傷之也。曷爲傷之？高麗之俘得以生還，何其幸也。戰亡士卒不可復贖矣，何其不幸耶。《綱目》聯書之予之之意，不如傷之之深也。』上愍其父子夫婦離散，命有司平其直，悉以錢布贖爲民，歡呼之聲三日不息。

李義之諫，替否之疏。景龍二年，中宗詣江淮贖生。中書舍人李義諫曰：『江南鄉人採捕爲業，魚鱉之利，黎元所資。江淮生育無限，府庫供支易殫，與其拯物，豈若優人！且鬻生之徒，惟利斯視，錢刀日至，網罟年滋，施之一朝，營之百倍。未若迴救贖之錢物，減貧無之徭賦，活國愛人，其福勝彼。』二年，左拾遺辛替否疏曰：『君以人爲本，本固則邦寧，邦寧則陛下之夫婦母子長相保矣。』

越之振貧，晋之吊民。錢鏐克越州，董昌伏誅，庫有金帛雜貨五百間，倉有粮三百萬斛。鏐散金帛以賞將士，開倉以賑貧乏。梁普通二年，書法：『漢高之入關也，書除秦苛法。世祖之初至河北也，書除莽苛政。於是書曰：除吴苛政。其予晋以吊民之辭也。』正月置獨孤園，以收養窮民也。

貞觀二年之瘞骸，貞觀五年之爲墳。二年詔：收瘞隋末暴骸。書法：『自漢高祖戊戌，書令軍士死者，吏爲棺斂，送其家。至是八百餘年未有書者，於是再見。然高帝之恩及其士卒，而太宗之恩及於天下，仁矣哉！』貞觀五年詔：諸州剗削京觀，加土爲墳。王幼學集覽：『猶春秋楚莊王不立京觀之意。』見大獲。書法：『二年書收瘞暴骸，仁矣；於是復剗削京觀加土爲墳，以禮於死者，仁之至也。』

貞觀年之葬戰士，貞觀年之祭戰士。貞觀五年，遣使詣高麗葬隋戰士。書法：『二年收瘞隋末暴骸境内也，於是念及高麗戰士，而遣使葬之，可謂仁也已矣，可謂遠也已矣。』貞觀十五年祭戰士。

漢爲棺而斂士，漢遣使而瘞骸。漢王高祖。吏爲棺，令軍士死者，斂送其家。乾祐三年，漢五代遣使收瘞河中鳳翔遺骸。書法：『漢人及此，亦近厚矣。』

子夏問於孔子曰：『何如斯可謂人之父母？』孔子曰：『四方有敗，必先知之，斯可謂人之父母矣。』蓋以君人之道，子育爲心，雖深居九重而慮周四表，雖恒處安樂而憂及困窮。見危致命，先哲攸貴，掩骼埋胔，禮典所先。陸贄。

杜詩：『指揮安率土，蕩滌撫洪爐。』『宵旰憂吴軫。』『煩苛法令蠲。』《題桃樹》：『高秋總喂貧人實，來歲還收滿眼花〔一〕。』此仁民之心。

《孟》：『三代之得天下也，以仁；其失天下也，以不仁。天子不仁，不保四海；諸侯不仁，不保社稷；卿大夫不仁，不保宗廟；士庶人不仁，不保四體。』

文王之澤朽骨，文宗之降繫囚。文王作靈臺，及爲池沼，掘地得死人之骨。文王曰：『有天下者，天下之主也；有一國者，一國之主也。寡人固其主，又安求主？』遂令民以衣冠更葬之。天下聞之，皆曰文王賢矣。澤及朽骨，又况於人乎？或得寶以危國，文王得朽骨以喻其意，而天下歸心焉。

〔一〕今按：此句，中華書局《全唐詩》作『來歲還舒滿眼花』。

皇極三　二章

勞民

《易》：『木上有水，井，君子以勞民勸相。勞來其民而勸勉以相助之道。禹一饋十起。《史》：『禹一饋十起，以勞天下之民。』《淮南子》：『一饋十起，一沐三捉髮，以勞天下之民。』

《論》孔子曰：『先之勞之。』

《孟》放勛曰：『勞之來之。』

皇極三　三章

馭民

唐太宗之持土，周世宗之取石。貞觀十九，征高麗。上至遼東城下，見士卒負土填塹，即分其尤重者，自於馬上負之。從官争負土致城下，遂克之。以其城爲遼州。顯德三年，周世宗至淝橋，自取一石馬上持之，至寨以供礮。從官過橋者人賫一石。礮俗作砲。范蠡《兵法》：『飛石重十二斤，爲機法，行三百步。』

《周禮》：『太宰之職，以八統詔王馭萬民：一曰親親，二曰敬故，不慢舊也。三曰進賢，四曰使能，五曰保庸，功。六曰尊貴，七曰達吏，八曰禮賓。以九職任萬民：一曰三農，生九穀；二曰園圃，毓草木；三曰虞衡，作山澤之材；四曰藪牧，養蕃鳥獸；五曰百穀〔一〕，飭化八材；六曰商賈，阜通貨賄；七曰嬪婦，化治絲枲；八曰臣妾，聚斂疏材；草木可食。九曰閑民，無常職，轉移執事。以九兩協耦萬民。繫邦國之民：一曰牧，以地得民；二曰長，以貴得民；三曰師，以賢得民；四曰儒，以道得民；五曰宗，以族得民；六曰主，以利得民；七曰吏，以治得民；八曰友，以任得民；九曰藪，以富得民。』

《傳》曰：孔子曰：『美哉顔無父之禦也，馬知後有輿而輕之，知上有人而愛之。如使馬能言，彼將必曰：『樂哉，今日之騶也！』至於顔淪，少衰矣。而馬知後有輿而輕之，知上有人而敬之。馬親其正而敬其事，如使馬能言，彼將必曰：『騶來，其人之使我也！』至於顔夷而

〔一〕今按：『百穀』，《十三經注疏》本《周禮注疏》作『百工』。

少衰矣。馬知後有輿而重之，知上有人而畏之。如使馬能言，彼將必曰：『騶來，騶來，汝不騶，彼將殺汝。』故禦馬有法矣，禦民有道矣。法得則馬和而歡，道得則民安而集。

皇極三　四章

得民

《左·成二》：晉避楚，畏其衆也。君子曰：『衆之不可以已也。大夫爲政，猶以衆克，況明君而善用其衆乎？』

趙襄子將出，曰：『吾何走乎？』從者曰：『長子近，且城厚完。』曰：『民罷力以完之，又斃死以守之，其誰與我？』從者曰：『邯鄲之倉庫實。』曰：『浚民之膏澤以實之，又因而殺之，其誰與我？其晉陽乎，先君之所屬也，尹鐸之所寬也，民必和矣。』乃走晉陽。三家圍而灌之，城不浸者三版。沉竈産蛙，民無叛意。凌子廣曰：『凡舉大事，應本人情。』

《易·屯》九《象》：『以貴下賤，大得民也。』

《大學》：『有德此有人。得衆則得國，失衆則失國。』

《易·隨》上六：『拘繫之乃從。維之。王用享于西山。』曰：『拘繫之，上窮也。』

《論》：『四方之民襁負其妻子而至矣。』

《孟》：『如有不嗜殺人者，則天下之民皆引領而望之矣。誠如是也，民歸之如水之就下。』『陳相與其弟辛負耒耜而自宋之滕，曰：「聞君行聖人之政，是亦聖人也。願爲聖人氓。」』『民之歸仁也，猶水之就下、獸之走壙也。爲淵敺魚者獺也〔一〕，爲叢敺爵者鸇也。爲湯武敺民者，桀與紂也。』『得天下有道，得其民，斯得天下矣。得其民有道，得其心，斯得民矣。得其心有道，所欲與之取之，所惡勿施爾也。』『善政得民財，善教得民心。』『得乎丘民，而爲天子。』

《檀弓》：魯人有周豐也者，哀公執摯請見之，曰不可。公曰：『我其已夫。』使人問焉，曰：『有虞氏未施信於民，而民信之。夏后氏未施敬於民，而民敬之。何施而得斯於民也？』對曰：『墟墓之間，未施哀於民而民哀。宗廟社稷之中，未施敬於民而民敬。殷人作誓而民始畔；周人作會而民始疑。苟無禮義忠信誠慤之心以莅之，雖固结之，民其不解乎！』

《緇衣》子曰：『長民者，衣服不貳，從容有常，以齊其民，則民德一。』詩云：『彼都人士，狐裘黄黄。其容不改，出言有章。行歸于周，忠信。萬民所望。』狐

〔一〕　今按：『歐』，同『敺』，『驅』的古字。驅逐。

裘黄黄，服其服也。其容不改，文以君子之容也。出言有章，遂以君子之辭也。行歸于周，實以君子之德也。

子曰：『有國家者章善癉惡，以示民厚，則民情不貳。』

胡氏曰：『天之立君，以保民也。君之求臣，以行保民之政也。臣之事君，以行安民之術也。』

王吉曰：『民者，弱而不可勝，愚而不可欺也。安上治民，莫先於禮。』

蕭望之等以爲：民涵陰陽之氣，有仁義欲利之心，在教化之所助，導民不可不慎也。

鮑宣曰：『治天下者，當用天下之心爲心，不得自專快意而已。』

劉陶疏曰：『夫天之與帝，帝之與民，猶頭之與足，相須而生也。』

晋劉弘曰：『夫治一國者，宜以一國爲心。』

段紹曰：『所謂衆者，得衆人之死。所謂强者，得天下之心。』

子昂之疏，陸贄之奏。嗣聖三年，麟臺正字陳子昂疏曰：『天下有危機，禍福因之而生，百姓是也。百姓安則樂其生，不安則輕其死。輕其死則天下亂矣。』陸贄曰：『立國之本在乎得衆，得衆之要在乎見情，是以聖王必以其心從天下之心，而不敢以天下之人從其欲。』

盧攜之言，跖跋恒之言。僖宗乾符元年，翰林學士盧攜上言曰：『國家之有百姓，如草木之有根柢。若秋冬培根，則春夏滋榮。』五代楚跖跋恒曰：『足寒傷心，民怨覆國。』可以德勝，難以力服。漢鍾離意疏曰：『百姓可以德勝，難以力服。《鹿鳴》之詩，必言燕樂者。以人神之心洽，然後天氣和也。』

徙冀州之卒，斶樂工爲民。魏主丕欲徙冀州，士卒實河南，時旱蝗民饑，侍中辛毗求見。毗〔一〕作色待之曰：『卿謂徙民非耶？』毗曰：『誠以爲非。』丕不答，入内。［毗］隨引其裾。丕奮衣而去，良久乃出，曰：『佐治，卿持我何乃急耶？』毗曰：『今徙既失民心，又無以食，必將爲寇，故臣不敢不力争。』丕乃徙其半。唐武德九年，斶太常樂工爲民，詔以樂工皆前代因罪配没，並斶爲民，且令執事，若仕官〔二〕入流，勿更追集。入流，流内品流外品之流。《書》：非商求于下民，惟民求于一德。』

杜詩：『蒼生倚大臣。』『蒼生可察眉。』

東方朔曰：『蒼生憂樂，見其眉可察。』『萬國尚同心。』『蒼生壽域開。』

〔一〕今按：『毗』，當爲『丕』。

〔二〕今按：『官』，《資治通鑑》卷一百八十九作『宦』。

皇極三　五章

養民

《周禮·大司徒》：『以保息六養萬民：保息，安之使蕃息。一曰慈幼，二曰養老，三曰振窮，四曰恤貧，五曰寬疾，平徭。六曰安富。』

《書》：『德惟善政，政在養民。』『奏庶鮮食。』『奏庶艱食鮮食。』『烝民乃粒。』『奉畜汝衆。』『永底烝民之生。』『不克開于民之麗。』『散鹿臺之財，發巨橋之粟。大賚于四海，而萬姓悦服。』『引養引活，田功康功。』

《詩》：『民之質矣，日用飲食。』『粒我蒸民，莫匪爾極。』論子産其養民也。

《孟》：『不違農時，穀不可勝食也。數罟不入污池，魚鱉不可勝食也。斧斤以時入山林，材木不可勝用也。穀與魚鱉不可勝食，材木不可勝用，是使民養生喪死無憾也。養生喪死無憾，王道之始也。五畝之宅，樹之以桑，五十者可以衣帛矣。鷄豚狗彘之畜，無失其時，七十者可以食肉矣。百畝之田，勿奪其時，數口之家可以無飢矣。謹庠序之教，申之以孝悌之義，班白者不負戴於道路矣。七十者衣帛食肉，黎民不飢不寒，然而不王者，未之有也。』對梁惠。『是故明君制民之産，必使仰足以事父母，俯足以畜妻子，樂歲終身飽，凶年免於死亡。然後驅而之善，故民之從之也輕。今也制民之産，仰不足以事父母，俯不足以畜妻子，樂歲終身苦，凶年不免於死亡，此惟救死而恐不贍，奚暇治禮義哉！王欲行之，則盍反其本矣！五畝之宅，樹之以桑，五十者可以衣帛矣。鷄豚狗彘之畜，無失其時，七十者可以食肉矣。百畝之田，勿奪其時，八口之家可以無飢矣。謹庠序之教，申之以孝弟之義，斑白者不負戴於道路矣。老者衣帛食肉，黎民不飢不寒，然而不王者，未之有也。』對齊宣。

所謂西伯善養老者，制其田里，教之樹畜，導其妻子，使養其老。五十非帛不暖，七十非肉不飽。不暖不飽，謂之凍餒。文王之民，無凍餒之老者，此之謂也。易其田疇，薄其稅斂，民可使富也。食之以時，用之以禮，財不可勝用也。民非水火不生活，昏暮叩人之門户求水火，無弗與者，至足矣。聖人治天下，使有菽粟如水火。菽粟如水火，而民焉有不仁者乎？

荀悦曰：『人不畏死，不可懼以罪。人不樂生，不可勸以善。故先豐民財，以定其志，是謂養生。』

《韓詩外傳》：『能制天下者，必能養其民也。能養民者，爲自養也。用不靡財足以養其生，而天下稱其仁也。養不害性足以成教，而天下稱其義也。』

皇極三　六章

坊民

《周禮・地官・司救》：『救，禁也。以禮防禁，人之過者也。』『掌萬民之衺作邪。惡過失而誅讓之，以禮防禁而救之。凡民之有衺惡者，三讓而罰，三罰而士加明刑，耻諸嘉石，役諸司空。其有過失者，三讓而罰，三罰而歸于圜土。』

《記・經解》曰：『禮，禁亂之所由生，猶坊止水之所自來。』子言之：『君子之道，譬則坊與？坊民之所不足者也。大爲之坊，民猶逾之。故君子禮以坊德，刑以坊淫，命以坊欲。』天之命令，人力莫施，以是坊之，則覬覦者塞，羡慕者止。

皇極三　七章

愛民

《周禮・大司徒》：『以本俗六安萬民：一曰微宮室，二曰族墳墓，類生近死迫。三曰聯兄弟，四曰聯師儒，五曰聯朋友，六曰同衣服。』

《左・隱四》衆仲曰：『臣聞以德和民，不聞以亂。以亂，猶治絲而棼之也。』

《書・皋陶謨》皋陶曰：『都！在安民。』帝曰：『安民則惠，黎民懷之。』

《孟》：『愛人，不親，反其仁。治人，不治，反其智。禮人，不答，反其敬。』

晉之息民，鄭之得民。《襄九》：『晉侯歸，謀所以息民。魏絳請施捨，施恩惠，捨勞役。輸積聚以貸。自公以下，苟有積者，盡出之。國無滯積，亦無困人。公無禁利，與民共。亦無貪民。禮讓行。行之期年，國乃有節。三駕而楚不能與爭。』《襄廿九》：『鄭子展卒，子皮即位，於是鄭饑而未及麥。子皮以子展之命，餼國人粟，户一鍾，六斛四斗曰鍾。是以得鄭國之民。罕氏常掌國政，以爲上卿。宋司城子罕聞之，曰：「鄰於善，鄰，近也。民之望也。」』

宋之貸民，齊之愛民。《襄・廿九》『宋亦饑，請於平公，出公粟以貸，使大夫皆貸。司城氏貸而不書，爲大夫之無者貸。宋無飢人。叔向聞之，曰：「鄭之罕，宋之樂，子罕氏。其後亡者也，二者其皆得國乎？民之歸也，施而不德，樂氏加焉，其以宋升降乎！升降，隨宋盛衰。」』《昭公三年》晏子曰：『公棄其民而歸於田氏。其愛之如父母，而歸之如流水。』

吴闔廬之勤恤，陳桓子之私與。《哀元年》子西曰：『昔闔廬勤恤其民，而與之勞逸，是以民不罷勞，死知不曠。』《昭公十年》：『陳桓子，國之貧弱孤寡者，私與之粟。』

沈尹戌之言，陳逢滑之言。《昭十九》沈尹戌曰：『吾聞撫民者，節用於内而樹德於外，民樂其性而無寇讎。宫室無量，民人日駭，勞罷死轉，忘寢與食，非撫之也。』《哀元》陳逢滑曰：『國之興也，視民如傷，是其福也；其亡也，以民爲土芥，是其禍也。』《傳》曰：『國之興也，視民如赤子。』《書·康誥》：『若保赤子，惟民其康乂。』《大學》：『康誥曰：「如保赤子。」心誠求之，雖不中，不遠矣。』

師曠之言，史佚之對。《襄十四》師曠曰：『良君養民如子。』成王問於史佚曰：『何德而民親其上？』對曰：『使之以時而敬順之，忠而愛之。』《外紀》。

《孟》：『不仁哉！梁惠王也。仁者以其所愛，及其所不愛。不仁者以其所不愛，及其所愛。』公孫丑曰：『何謂也？梁惠王以土地之故，糜爛其民而戰之，［大败］。將復之，恐不能勝，故驅其所愛子弟以殉之，是之謂以其所不愛及其所愛也。』朱子曰：『仁人之恩自内及外，不仁之禍由疏逮親。』

皇極三　八章

説民

《易・觀・彖》：『有孚顒若，下觀而化也。』『地中有水，師。君子以容民畜衆。』『澤上有地，臨。君子以容保民無疆。』《益・彖》：『損上益下，民説無疆。自上下下，其道大光。』九五：『有孚惠心，勿問元吉。有孚，惠我德。』《象》曰：『有孚惠心，勿問之矣。惠我德，大得志也。』《兑・彖》：『説以先民，民忘其勞；説以犯難，民忘其死。説之大，民勸矣哉！』注：『禹之隨山刊木，非説而忘勞者乎？湯之東征西怨，非説而忘死者乎？』《中孚》九五《象》：『有孚攣如，位正當也。』

《書》：『惟動丕應徯志。』『攸徂之民，室家相慶，曰：「徯我後，後來其蘇。」民之戴商，厥惟舊哉！』『兆民允懷。』『萬姓悦服。』『萬邦惟懷。』『罔不率俾。』『民服厥命，罔有不悦。

並其有邦厥鄰，乃曰：「徯我後，後來其〔一〕無罰。」』『非商歸〔二〕于下民，惟民歸于一德。』『四海之内，咸仰朕德。』『彼裕我民，無遠用戾。』『至于海表，罔有不服。』『民其允懷。』『永康兆民，萬邦惟無斁。』『萬民靡不承。』『民懷其德。』『無思不服。』

《論》：『近者悦，遠者來。』

《孟》：『而民歡樂之欣欣然有喜色，若大旱之望雲霓，若時雨降，民大悦。親其上，死其長。民之悦之，猶解倒懸也。以德服人者，中心悦而誠服也。天下之民皆悦而願爲之氓矣，鄰國之民望之若父母矣。天下之士悦之，人之所欲也，而不足以解憂。』

《韓詩外傳》：『衣服中容貌得，則民之目悦矣；言語遜應對給，則民之耳悦矣；就仁去不仁，則民之心悦矣。故中心存善而日新之，則獨居而樂，德充而形。』

〔一〕今按：『其』，《十三經注疏》本《尚書·太甲中》無此字。
〔二〕今按：『歸』，《十三經注疏》本《尚書·太甲下》作『求』。

皇極三　九章

寬民

《易》：『寬以居之，君德也。』《書》：『御衆以寬。』『代虐以寬。』『撫民以寬。』『寬綽厥心。』『寬而有制，從容以和。』『寬則得衆。』『居上不寬，何以觀之哉？』『寬而栗。』『克寬克仁。』『寬兮綽兮，綽綽有裕。』『寬裕温柔，足以有容也。』『寬柔以教，不報無道。』《易・泰》九二《象》：『包荒，得尚于中行，以光大也。』

皇極三　一〇章

安民反

《易・泰・象》：『天地交，泰。后以財成天地之道，輔相天地之宜，以左右民。』《剥・象》：『山附於地，剥。上以厚下安宅。』《益・象》：『損上益下，民説無疆。自上下下，其道大光。天施地生，其益無方。』《夬・象》：『澤上於天，夬。君子以施禄及下。』

《書・堯》：『平章百姓，百姓昭明，協和萬邦，黎民於變時雍。』『予欲左右有民，汝翼。』《皋陶謨》。『以康兆民。』『綏爰有衆。』『承汝俾汝，惟喜康共。』『永綏民。』『民其康乂。』『綏厥兆民。』『康濟小民。』『永康兆民。』『惠康小民。』

《詩》：『民亦勞止，汔可小康。民亦勞止，汔可小休。民亦勞止，汔可小息。民亦勞止，汔可小愒。民亦勞止，汔可小安。』

《周禮・地官》：『大司徒之職，以本俗六安萬民：一曰美宮室，二曰族墳墓，三曰聯兄弟，四曰聯師儒，五曰聯朋友，六曰同衣服。』

凋弊惜邦本，哀矜存事常常法。元元歸始終。鴻雁美周宣。將有所歸，爲王之臣安集流民。

宵旰憂旲軫，黎元疾苦駢。

杜詩：『蒼生瑞未蘇。』『蒼生未蘇息。』『黎民困逆折。』『三峽星河影動搖。東方朔曰：『星辰摇動，民勞之應。』』『魚飢費香餌。』『亂世誅求急，黎民糠籺窄。』『庶官務割剥，誅求何多門。』『國馬竭粟豆，官鷄輸稻粱。擧隅見煩費，引古惜興亡。擧此事衆費可知，引古訂今興亡可知。』

《孟》：『狗彘食人食而不知撿，道有餓殍而不知發。』

皇極三　一一章

畏民

《書》：『可畏非民。』『用顧畏于民嵒。』『予視天下，愚夫愚婦，一能勝予。予臨兆民，懔乎若朽索之馭六馬，爲人上者，奈何不敬？』

《左》：『楚自克庸以來，其君無日不討國人而訓之。于民生之不易，禍至之無日，戒懼之不可以怠。』

《禮記・緇衣》子曰：『小人溺於水，君子溺於口，大人溺於民，皆在其所褻也。夫水近於人而溺人，迹〔一〕易狎而難親也，易以溺人。口費而煩，易出難悔，易以溺人。夫民蔽於人而有鄙心，可敬不可慢，易以溺人。』『蔽其情而不可以理喻，故鄙陋而不通。《書》言「可畏非民」，此所以不可慢也。』

〔一〕今按：『迹』，《十三經注疏》本《禮記・緇衣》作『德』。

皇極三　一一章

君民

《書》：『可愛非君，可畏非民，衆非元后何戴？后非衆罔與守邦？』『天聰明，自我民聰明。天明畏，自我民明畏。達于上下，敬哉有土。』『民可近不可下。』『民惟邦本，本固邦寧。』『后非民罔使，民非后罔事。』『民非后，罔克胥匡以生。后非民，罔以辟四方。』『惟天生民，有欲無主乃亂。』『天視自我民視，天聽自我民聽。』

《論》有若對哀公曰：『百姓足，君孰與不足？百姓不足，君孰與足？』

《淮南子》：『聖王以治民，造父以治馬，醫駱以治病，同材而各自取焉。』

《緇衣》子曰：『上人疑則百姓惑，下難知則君長勞。故君民者，章好以率民俗，慎惡以禦民之淫，則民不惑矣。』示民不以信，則爲上之人可疑。可疑，則百姓其有不惑者乎？章其所好之善，故足以示民而成俗；慎其所惡之惡，故足以禦民而不淫。若是，則上下無可疑者。故曰民不惑矣。子曰：『民以君爲心，君以民爲體。心莊則體舒，心肅則存敬〔一〕。心好之，身必安之；君好之，民必欲之。心以體全，亦以體傷。君以民存，亦以民亡。』

《韓詩外傳》：『善御者，不忘其馬。善射者，不忘其弓。善爲上者，不忘其下。』

《論》季康子問：『使民敬忠以勸？』子曰：『臨之以莊則敬，孝慈則忠，舉善而教不能則勸。』

《韓詩外傳》：『上不知順孝，則民不知反本。君不知敬長，則民不知貴親。禘祭不敬，山川失時，則民無畏矣。不教而誅，則民不識勸也。故君子修身及孝，則民不倍矣。敬孝達乎下，則民知慈愛矣。好惡喻乎百姓，則下應其上如影響矣。』

皇極三　一三章

勸民

《周禮·地官》：『大司徒之職，令五家爲比，使之相保。五比爲閭，使之相受。四閭爲

〔一〕　今按：『存敬』，《十三經注疏》本《禮記·緇衣》作『容敬』。

族，使之相葬。五族爲黨，使之相救。五黨爲州，使之相賓〔一〕。』注：此所以勸民者也。『司諫掌糾萬民之德而勸之，朋友正其行而强之，道藝巡問而觀察之。』

凡厥庶民，無有淫朋。淫朋，邪黨也。人無有比德，惟皇作極。比德，私相比附也。

皇極三　一四章　附　君正莫不正

政事

康子之問，孔子之對。孔子對曰：『政者，正也。子帥以正，孰敢不正？』季康子問政於孔子曰：『如殺無道以就有道，何如？』孔子對曰：『子爲政，焉用殺？子欲善而民善矣。君子之德風，小人之德草。草尚之風，必偃。』

景公之問，孔子之對。齊景公問政於孔子，孔子對曰：『君君，臣臣，父父，子子。』公曰：『善哉！信如君不君，臣不臣，父不父，子不子。雖有粟，吾得而食諸？』

哀公之問，孔子之對。《禮記》哀公問，孔子侍坐於哀公。哀公曰：『敢問人道誰爲

〔一〕今按：此處删略。《十三經注疏》本《周禮》作『五黨爲州，使之相賙；五洲爲鄉，使之相賓』。

大？』孔子愀然作色而對曰：『君之及此言也，百姓之德幸。也，固臣敢無辭而對：人道政爲大。治人之道。』公曰：『敢問何謂爲政？』孔子對曰：『政者正也，君爲正，則百姓從政矣。君之所爲，百姓之所從也。君所不爲，百姓何從？』公曰：『敢問爲政如之何？』孔子對曰：『夫婦别，父子親，君臣嚴。三者正，則庶物從之矣。』孔子對曰：『古之爲政，愛人爲大。愛人，禮爲大。禮，敬爲大。愛與敬，其政之本與！』孔子遂言曰：『古之爲政，愛人爲大。不能愛人，不能有其身。』

子貢之問，仲弓之問。子貢問政。子曰：『足食，足兵，民信之矣。』仲弓問政。子曰：『先有司，赦小過，舉賢才。』

子路之問，子路之問。子路問政。子曰：『先之勞之。』請益。曰：『無倦。』子路曰：『衛君待子而爲政，子將奚先？』子曰：『必也正名乎！』子路曰：『有是哉，子之迂也！奚其正？』子曰：『野哉，由也！君子於其所不知，蓋闕也。名不正則言不順，言不順則事不成，事不成則禮樂不興，禮樂不興則刑罰不中，刑罰不中則民無所措手足，故君子名之必可言也，言之必可行也。君子於其言，無所苟而已矣。』

哀公之問，孔子之對。對曰：『政之急者，莫大乎使民富且壽也。省力役，薄賦斂，則民富矣。敦禮教，遠罪戾，則民壽矣。』《家語》。

文武之道，魯衛之政。《中庸》哀公問政。孔子對曰：『文武之道〔一〕，布在方策，其人存則其政舉，其人亡則其政息。人道敏政，地道敏樹。夫政也者，蒲蘆也。人政在人。』《論》子曰：『魯衛之政，兄弟也。』

哀公之問，孔子之對。孔子對哀公曰：『君之及此言也，臣敢無辭而對，人道，政爲大。夫政者，正也。君爲正則百姓從而正矣。』又孔子對哀公曰：『爲政在於得人。禮者，政之本也。爲政必以禮爲本。』《家語》。

子張之問，人君之正。子張問政。子曰：『師乎前吾語汝乎？君子明於禮樂，舉而措之而已。』『政不正則君位危，君位危則大臣倍，小臣竊。』『故政者，君之所以藏身也。是故夫政必本於天，殽以降命。命降于社之謂殽地，降于宗廟之謂仁義。殽，效也。因祭祀而出命，有事祖廟而出命。降於山川之謂興作，降於五祀之謂制度。有事山川而出命，有事五祀而出命。此聖人所以藏身之固也。』『故聖人參於天地，並於鬼神，以治政也。處其所存，禮之序也；處天地鬼神之所存，玩天地鬼神之所樂。玩其所樂，民之治也。故天生時而地生財，人，其父生而師教之。四者君以正用之，故君者，立於無過之地也。』《禮運》。人君正身修德，順天之

〔一〕今按：『道』，《十三經注疏》本《禮記·中庸》作『政』。

時，因地之利，而財成其道，輔相其宜，以左右民，使之養生喪死無憾。然後設爲庠序學校之教，申之以孝悌焉。則有以富之教之，而治道得矣。然其要在君之自正其身，立於無過之地而後可。不能正其身，如正人何？

政之乃乂，政之不若。《書》：『政乃乂，黎民敏德。』《書·君陳》：『不若于汝政。』

身立則政立，真僞則政核。《揚子》或問何以治國？曰：『立政。』曰：『何以立政？』曰：『政之本身也，身立則政立矣。』或問爲政有幾？要。曰：『思斁。』或問：『何思何斁？』曰：『老人老，孤人孤，病者養，死者葬，男子畝，婦人桑之謂思。若污人老，屈人孤，病者獨，死者逋，田畝荒，杼柚空之謂斁。爲政日新。或人敢問日新？曰：『使之利其仁，樂其義，厲勸之以名，引之以美，使之陶陶然之謂日新。』或問政核實？曰：『真僞。用真人，遠佞人。真僞則政核。如真不真僞不僞，則政事不核。』

《詩》：『四國無政，不用其良。』『王事適我，政事一埤益我。王事敦我，政事一埤遺我。』『誰秉國成，不自爲政。』『今兹之政，胡爲厲矣。』『我事孔庶，政事逾蹙。』『其政不獲。』『興迷亂于政。』『敷政優優。』

《論》：『天下有道，則政不在大夫。政逮於大夫四世矣。』子曰：『苟正其身矣，於從政乎何有？不能正其身，如正人何？』

子夏之問，夫子之訓。子夏問政。子曰：『無欲速，無見小利。欲速則不達，見小利則大事不成。』子曰：『爲政以德，譬如北辰居其所而衆星拱之。』子曰：『不在其位，不謀其政。』子曰：『道之以政，民免而無耻。』

是亦爲政，奚其爲政？或謂孔子曰：『子奚不爲政？』夫子不仕，待賈而沽，一也；季氏逐君，二也；陽貨作亂，三也。子曰：『《書》云：「孝乎惟孝，友于兄弟，施於有政。」是亦爲政，奚其爲爲政？』

對曰有政，子曰其事。冉有退朝，子曰：『何晏也？』對曰：『有政。』子曰：『其事也。如有政，雖不吾以，吾其與聞之。』

《易》『山下有火，賁。君子以明庶政。』

《書》：『政事懋哉！懋哉！』『觀政于商。』『乃反商政，政惟舊。』『萬夫之長，可以觀政。』『庶政惟和。』『不和政厖。』『議事以制，政乃不迷。』『怠忽荒政。』『亂爾有政。』『克施有政。』『政由俗革。』『圖厥政。』『罔或不勤。』『政貴有恒。』『道洽政治。』

《孟》：『管仲行乎國如彼其久也。』『子貢曰：「見其禮而知其政。」』『國家閑暇，明其政刑。』『徒善不足以爲政。』『政不足與間也。』『爲政不難，不得罪於巨室。得罪，謂身不正而取怨怒也。』『諸侯有行文王之政者，七年之内必爲政於天下矣。』

子産之聽政，孟子之言政。子産聽鄭國之政，以其乘輿濟人於溱洧。孟子曰：『惠而不知爲政。歲十一月徒杠成，十二月輿梁成，民未病涉也。』朱子曰：『先王之政，細大具舉，而無事不合民心、順天理，故其公平正大之體，綱紀法度之施，雖纖悉之間亦無遺恨如此。』『君子平其政，行辟人可也，焉得人人而濟之。故爲政者每人而悅之，日亦不足矣[一]。』慶源輔氏曰：『此正説子産之用心錯處。夫子産固賢，何以不知聖人之學？是以有時納交要譽之私萌而不可掩。孟子明辨之，所以立教也。』

《左・隱十一》：『君子謂政以治民。』林堯叟注：『政者，正也，所以治民。』《隱・五》臧僖伯曰：『講事以度軌量謂之軌，取材以章物采謂之物，不軌不物謂之亂政。亂政亟行，所以敗之。』

襄公立，無常。政令無常。辛伯曰：『兩政，亂之本也。外寵二政，亂之本也。』《成・十六》宣伯曰：『晋政多門，不可從也。』

子産之問，太叔之問。《襄・廿五》晋程鄭卒，子産始知然明，問爲政焉。前年然明［謂］程鄭將死，今如其言，故知之。對曰：『視民如子。見不仁者誅之，如鷹鸇之逐鳥雀也。』子太叔問政於子産。子産曰：『政如農功，日夜思之，思其始而成其終。朝夕而行之，行無越思，如

〔一〕　今按：『君子』至『不足矣』，爲孟子語，當接於『民未病涉也』句後。

農之有畔。有次。其過鮮矣。』

然明之謂政將焉往，叔向之問鄭國之政。《襄廿九》然明曰：『政將焉往？』裨竈曰：『善之代不善，天命也，其焉避子産？』《襄卅》楚薳〔一〕罷來聘。穆叔問：『王子之爲政何如？』王子圍爲令尹。對曰：『吾儕小人，焉與知政！』固問焉，不告。

子産相鄭伯以如晋，叔向問鄭國之政焉。對曰：『吾得見與否，在此歲也。駟、良方争，未知所成。子晳、伯有。若有所成，吾得見，乃可知也。』

鄭子皮之授子産政，鄭子産之使國人誦。《襄・卅》授子産政曰：『子善相之，國無小，言在治政。小能事大，國乃寬。爲大所恤也。』子産使都鄙有章，上下有服，公卿大夫服不相逾。田有封洫，廬井有伍。大人之忠儉者，從而與之；泰侈者因而斃之。從政一年，國人誦之曰：『取我衣冠而褚之，畜也，奢侈者畏法故畜藏。取我田疇而伍之。兼並者失志，故取田疇而伍結。孰殺子産，吾其與之。』及三年，又誦之曰：『我有子弟，子産誨之。我有田疇，子産殖之。子産而死，誰其嗣之？』傳言鄭所以興。

晋政多門，貳偷之不暇。《昭・十三》子産曰云。政不出一家，貳不一偷苟。子産曰：『説

〔一〕今按：『薳』，《十三經注疏》本《左傳》作『薳』，是。

也，解説民心，從政有所反之，以取媚也。求媚於民，不媚不信，不信民不從也。荀悦爽兄子曰：『孔子曰：「政者，正也。」要道之本，正己而已。平正真實者，正之主也。賢能功罪，言行事物，必核其真然後應之，則衆正積於上，而萬事實於下矣。』

荀悦之言，李固之策。李固策：『夫人君之有政，猶水之有堤防。堤防完全，雖遭霖潦，不能爲變。政教一立，暫遭凶年，不足爲憂。今堤防雖堅，漸有孔穴，譬之一人之身，本朝者心腹也，州郡者四支也。心腹痛則四支不舉，故臣之所憂在心腹之疾，非四支之患也。荀堅堤防，務政教，先安心腹，整理本朝，雖有寇賊、水旱之變，不足介意。不然，則雖無水旱之灾，天下固可憂矣。』

荀悦之鑒，劉瓛之對。漢獻建安九，荀悦作《申鑒》，其略曰：『爲政之術，先屏四患，乃崇五政。僞亂俗，私壞法，放越軌，奢敗制，是謂四患。興農桑以養其生，審好惡以正其俗，宣文教以章其化，立武備以秉其威，明賞罰以統其法，是謂五政。人不畏死，不可懼以罪；人不樂生，不可勸以善。故先豐其財以定其志，是謂養生。善惡要乎功罪，毁譽效於準驗，聽言責事，舉名察實，無或詐僞以蕩衆心。故俗無志怪〔一〕，民無淫風，是謂正俗。榮辱者，

〔一〕今按：『志怪』，《資治通鑒》卷六十四作『奸怪』。

善惡〔一〕之精華也。禮教榮辱以加君子，化其情也；桎梏鞭撲以加小人，化其形也。教化之廢，推中人而墜於小人之域；教化之行，引中人而納於君子之塗，是謂章化。必有武備以戒不虞，安居則寄之內政。有事則用之軍旅，是謂秉威。賞罰，政之柄也。不妄賞，非愛其財也，賞妄行，則善不勸矣；不妄罰，非矜其人也，罰妄行，則惡不懲矣。賞不勸，謂之止善，惡不懲，謂之縱惡。能不止下爲善，不縱下爲惡，則國法立矣。是謂統法。四患既蠲，五政又立，行之以誠，守之以固，簡而不怠，疏而不失，垂拱揖讓，海内平矣。』而齊王問爲政於參軍，劉瓛對曰：『政在《孝經》。凡宋氏所以亡，陛下所以得者，皆是也。』齊主嘆曰：『儒者之言，可寶萬世。』

請除苛政，以崇簡易。齊淮南宣城太守劉善明請除宋氏以來苛政，以崇簡易。

政出多門，三無處坐。景龍三，崔湜通於上官昭容，故引以爲相。時政出多門，濫官充溢，人以爲三無處坐，謂宰相、御史、員外郎也。

《韓詩外傳》：『五帝之中無傳政，非無善政，久故也。虞夏有傳政，不如殷周之察也，非無善政，久故也。夫傳者久則愈略，近則愈詳。略則舉大，詳則舉細。三王五帝，

〔一〕今按：『善惡』，《資治通鑒》卷六十四作『賞罰』。

政之至也。』王者之政，賢能不待次而舉，不肖不待頃而廢，元惡不待教而誅，中庸不待政而化。《傳》曰：『善爲政者，循情性之宜，順陰陽之序，通本末之理，合天人之際。如是，則天氣奉養而生物豐美矣。不知爲政者，使情厭性，使陰乘陽，使末逆本，使人詭天，氣鞠而不信，鬱而不宣，如是則災害生，怪異起，群生皆傷，而年穀不熟。是以其動傷德，其静亡救。』同。

杜詩：『政簡移風速。』『政術甘疏誕。』『政化平如水。』『池水觀爲政，厨烟覺遠庖。』上句言其澄清不可撓也，下句言見厨烟知遠庖厨也。

皇極三　一五章

政教

澤上有地，臨。君子以教思無窮。風行地上，觀。先王以觀民設教。《觀・象》：『聖人以神道設教，而天下服矣。』《坎・象》：『水洊至，習坎。君子以習教事。』

《孟》：『逸居而無教，則近於禽獸。聖人有憂之，使契爲司徒，教以人倫。』『沛然德教，溢乎四海。』『仁言不如仁聲之入人深也，善政不如善教之得民也。善政民畏之，善教民愛之。善政得民財，善教得民心。』

《中》：『修道之謂教。』『寬柔以教。』

以鬼道教民，以祭酒爲治。建安六，張魯以鬼道教民，不置長史，皆以祭酒爲治。古者賓客得主人饌，則長者一人先舉酒以祭地，今稱祭酒者，相尊敬之詞也。教者民之寒暑也，教不時則傷世。

皇極三　一六章

正心

董舒之策，裴垍之對。董仲舒策曰：『人君正心以正朝廷，正朝廷以正百官，正百官以正萬民，正萬民以正四方。四方正，遠近莫不於正，而亡有邪氣于其間，是以陰陽和而風雨時，群生和而萬民殖。』憲宗問同平章裴垍『爲理之要何先』，對曰：『先正其心。』

《揚子》：或問『大』，曰：『小。』問『遠』，曰：『邇。』未達。曰：『天下爲大，治之在道，不亦小乎？四海爲遠，治之在心，不亦邇乎？』

《大學》：『意誠而後心正，心正而後身修。』『欲修其身者，先正其心。欲正其心者，先誠其意。』『所謂修身在正其心者，心有所忿懥，則不得其正；有所恐懼，則不得其正；有所好樂，則不得其正；有所憂患，則不得其正。』朱子曰：『蓋是四者，皆心之用，而人之所不能無者。然一有之，而不能察，則欲動情勝而其用之所行，或不能不失其正矣。』『心不在焉，視而不見，聽而不聞，食而不知其味。』朱子曰：『心有不存則無以撿其身，是以君子必察乎？此而敬以直之，然後此心常存而身無不修也。此謂修身在正其心。』

新安陳氏曰：『王中，□居其中。心無爲也，以守至正。』木心不正則脉理皆邪。唐太宗謂少傅蕭瑀曰：『朕少得良弓十數，自謂無以加。近以示弓工，曰：「皆非良材，木心不正則脉理皆邪，弓雖勁而發矢不直。」朕以弓矢正四方，識之猶不能盡況天下之務乎？』乃命京官五品以上更宿中書内省，數延見，問民疾苦政事得失。胡氏曰：『工人之意，借弓爲喻，以規之也。猶曰君心不正則言行皆邪，勢雖尊嚴而出政不嚴云耳。太宗雖愧於聽德之聰，然能因是延見京官，問民疾苦政事得失，是亦爲君之道也。』

范氏曰：『朝廷者，四方之極也，非至公無以絶天下之私，非至正無以止天下之邪。人君不正其心而以術禦下，是自行詐也，何以禁臣下之欺乎？是以術行而欺愈多，智用而心愈劳，蓋以詐勝詐，未有能相一者也。禮曰：「王中，心無爲也，以守至正。」夫惟正不可得以欺，欺則不容於誅矣。豈不約而易守哉！』

范純仁曰：『國之本在君，君之本在心。人君之學，當正心誠意。』

真德秀曰：『《禮》曰：「王中，心無爲也，以守至正。」夫惟一正可以禦衆邪，此人主守約之方也。』

《淮南子》曰：『不得于心而有經天下之氣，是猶無耳而欲調鐘鼓，無目而欲喜文章也。』

大曆十二年，楊綰爲同平章事。綰性清簡儉素，制下之日，朝野相賀。郭子儀減聲樂五分之四，京兆尹黎幹省騶從，中丞崔寬毀第舍。范氏曰：『楊綰以清名儉德爲相，而天下從之如此，况人君能正己而先，海内其有不率者乎？是以先王必正其心，修其身，而天下自治。《孟子》曰「一正君而國正〔一〕」，此之謂也。』發明：『楊綰爲相僅三閲月，而弊政侈俗亦爲之漸革者，正其身以率物也。』

〔一〕今按：『國正』，《十三經注疏》本《孟子》作『國定』。

皇極三　一七章

修身

《大學》：『欲齊其家者，先修其身。欲修其身者，先正其心。心正而後身修，身修而後家齊。自天子至於庶人，壹是皆以修身爲本。』

《大學》：『所謂齊其家在修其身者，人於其所親愛而辟焉，於其所賤惡而辟焉，於其所畏敬而辟焉，於其所傲惰而辟焉。故好而知其惡，惡而知其美者，天下鮮矣。故諺有之曰：「人莫知其子之惡，莫知其苗之碩。」此謂身不修，不可以齊其家。』

《大學》：『是故君子有諸己而後求諸人，無諸己而後非諸人。所藏乎身不恕而能喻諸人者，未之有也。』

《韓詩外傳》：『修身自强則名配堯禹。』

《孟》：『君子之守，修其身而天下平。』《孟》：『愛人不親反其仁，治人不治反其智，禮人不答反其敬，行有不得者皆反求諸己，其身正而天下歸之。』《孟》：『家之本在身。』

《荀》：『請問爲國。曰：「聞修身矣，而未聞修國也。」』

《揚》或問『治己』。曰：『治己以仲尼。』或曰：『治己以仲尼，仲尼奚寡也！』曰：『率馬以己〔一〕，不亦可乎？』或曰：『正國何先？』曰：『躬工人績。』正身臨百官，察人考其績。『修身以爲弓，矯正思以爲矢，立義以爲的，奠而後發，發必中矣。人之性也，善惡混。修其善則爲善人，修其惡則爲惡人。氣也者，所適善惡之馬也與。』

《書·皋陶謨》：『慎厥身修。』真德秀曰：『人君一身，實天下國家之本。而謹之一言，又修身之本也。』

《易·家人》上九《象》：『威如之吉，反身之謂也。』

《中》：『凡爲天下國家有九經，曰修身也。修身則道立。齊明盛服，非禮不動，所以修身也。』『君子之道本諸身，徵諸庶民。』

周敦頤曰：『治天下有本身之謂也。身端心誠之謂也。』

胡氏曰：『人君莫大乎修身，而修身莫先於寡欲。欲誠不行則心虛而善入，氣平而理勝，動無非理，事無不善。』

顔淵曰：『何以爲身？立身。』子曰：『恭敬忠信而已矣，恭則遠於患，敬則人愛之，忠則

〔一〕今按：『己』，中華書局《法言義疏》作『驥』。

和於衆，信則人任之。勤斯四者，可以正國，豈持一身者哉？』《家語》。

《淮南子》詹何曰：『未嘗聞身治而國亂者，未嘗聞身亂而國治者也。矩不正，不可以爲方；規不正，不可以爲圓。身者事之，規矩也，未聞枉己而能正人者也。』

帝嚳之修身，帝堯之修身。『帝嚳修身而天下平。』《外紀》。『帝堯克明俊德。』《書・堯典》。

真德秀曰：『明俊德者，修身之事。』

世民無反身之學，魏主戒其身之正。胡氏曰：『世民有安天下之志，才足以撥亂，而無湯武反身之學。』魏太和十九年文，以高王雍爲相州刺史。魏主戒雍曰：『作牧亦易亦難，其身正，不令而行，所以易；其身不正，雖令不從，所以難。』

《孟》：『悦親有道，反身不誠，不悦於親矣。誠身有道，不明乎善，不誠其身矣。』『事孰爲大？事親爲大。守孰爲大？守身爲大。不失其身而能事其親者，吾聞之矣。失其身而能事其親者，吾未之聞也。孰不爲事？事親，事之本也。孰不爲守？守身，守之本也。』

《孟》：『殀壽不貳，修身以俟之，所以立命也。』『反身而誠，樂莫大焉。』『有大人者，正己而物正者也。』『湯武，身之也。』修身體道，以復其性。『身不行道，不行於妻子。使人不以道，不能行於妻子。』

皇極三　一八章

躬行導率

《韓詩外傳》傳曰：『君子潔其身而同者合焉，善其音而類者應焉。馬鳴而馬應之，牛鳴而牛應之。』

《禮記·緇衣》子曰：『上好仁，則下之爲仁爭先人。故長民者章志、貞教、尊仁，以子愛百姓，民致行己以悦其上矣。』章志者，明吾好惡之所在也。貞教者，身率以正也。皆感其子愛之心，致力於行己之善。子曰：『下之事上也，不從其所令，從其所行。上好是物，下必有甚者矣。故上之所好惡，不可不慎也，是民之表也。』上同。

《樂記》魏文侯問於子夏曰：『吾端冕而聽古樂，則唯恐卧。聽鄭衛之音，則不知倦。』子夏曰：『爲人君者，謹其所好惡而已。君好之，則臣爲之。上行之，則民從之。』

公孫丑曰〔一〕：『堯舜躬率以正，而遇民信也。』

〔一〕　今按：『公孫丑』，當爲『公孫弘』。

胡氏曰：『人君躬行於上，而公卿表式於下。』

馬廖疏曰：『昔元帝罷服官，成帝御浣衣，哀帝去樂府，然侈費不息至於衰亂者，百姓從行不從言也。夫改政移風，必有其本。傳曰：「吴王好劍客，百姓多瘡瘢；楚王好細腰，宫中多餓死。」長安語曰：「城中好高髻，四方高一尺；城中好廣眉，四方且半額；城中好大袖，四方全匹帛。」』

李固策：『表曲者影必斜，源清者流必潔，猶叩樹木，百枝皆動也。由此言之，本朝號令豈可蹉跌？』

宋武帝大明六年，揚州秀才顧法策曰：『源清則流潔，神聖則形全。躬化易於上風，體訓速於草偃。』上惡其諒，投策於地。

司馬公曰：『古人有言，君明臣直。裴矩佞於隋而忠於唐，非其性之有變也，君惡聞其過則忠化爲佞，君樂聞直言則佞化爲忠，是知君者表也，臣者影也，表動則影隨矣。』

『魏武好法術而天下貴刑名，魏文慕通達而天下賤守節。』傅玄疏。

漢靈帝之躬自操轡，魏崔氏之變頑爲孝。漢靈帝駕四驢，躬自操轡，京師轉相效仿，驢價遂與馬齊。魏東清河郡賊起，以房景伯爲太守，郡民劉簡虎嘗無禮於景伯，舉家亡去。景伯署其子爲掾，賊以景伯不念舊惡，相率出降。景伯母崔氏通經有明術，具丘婦人列其子不孝。母曰：『民未知禮義，何足深責。』乃召其母對榻共食，與其子侍立堂下，觀景伯供食。未旬日，悔過求還。崔氏曰：『此雖面慚，其心未也，且置之。』凡二十餘日，其子叩頭流血，母涕泣乞還，卒以孝聞。胡氏曰：『民固多愚，然其良心終不亡也。爲人上者不知教化，何以善民？而專尚刑法，見其不服也，則謂民頑，愈益治之，民愈扞格，甚者視如寇讎焉。崔母一婦人而知，教化之原，不繫訂令而在於躬率；教化之效，不取革面而在於心改。旬月之間，變頑悖爲孝子。孰謂民果頑哉？爲人上而觀此，亦可省己而修德矣。』

皇極三　一九章

道要

孔子曰：『行己有六本焉：立身有義矣，而孝爲本；喪紀有禮矣，而哀爲本；戰陣有列矣，而勇爲本；治政有理矣，而農爲本；居國有道矣，而嗣立子爲本；生財有時矣，而力爲本。《家語》。『人有恒言，皆曰天下國家，天下之本在國，國之本在家，家之本在身。』真德秀曰：『天下國家，乃世人常常稱道之言，而不知國乃天下之本，家乃國之本，身又家之本，其言蓋有序也。』

《淮南子》：『修道理之數因天地之自然，則六合不足均也。』胡氏曰：『道有要，事有本，得其要本，無所處而不當，故處家庭不違乎孝，則子道得矣，處朝廷不違乎忠，則臣道得矣。』

紀綱

《樂記》：『聖人作爲父子君臣，以爲紀綱。紀綱既正，天下大定。』

《管子》曰：『禮義廉耻，是謂四維。四維不張，國乃滅亡。』

《書》：『亂其紀綱，乃底滅亡。』《五子之歌》。『若綱在綱，有條而不紊。』《盤庚》。『率由群匹，以任衆賢。』

《詩》：『之綱之紀，燕及朋友。臣下繫以安。百辟卿士，媚于天下，不解于位，民之攸塈。爲民所安。』『勉勉我王，綱紀四方。』

蔣濟疏曰：『惟命世大才，乃能張其綱維以垂于後。』

《揚子·先知篇》：『君子爲國，張其綱紀。曰：「惡在於綱紀？」曰：「大作綱，小作紀。如綱不綱，紀不紀，雖有羅網，惡得一目而正諸？」』注：『君子治國，固不可無法，當提綱振紀，使有條而不紊。天子爲四海之綱，諸侯爲一國之綱，□……□紀其職。如使綱者不舉其綱，紀者不舉其紀，則綱無大綱，萬目不張，猶無禮義爲綱，則百辟不正。』

堯之大綱，秦之不綱。《揚子·先知篇》：『昔者堯有天下，舉大綱，命舜禹。』注：『堯舉天下之大政，傳之舜禹也。』

《漢·高本紀》：『秦人不綱，網漏于楚。』注：『秦失綱維，高祖因之而紀。』

嗣王不綱，貴人舉綱。宋司馬子華曰：『雖嗣王不綱，人望未改〔一〕。』嗣王義符也。義降時年十八，教綱紀。魏源懷曰：『爲貴人當舉綱維，何必事事詳細。譬如爲屋，外望高顯，棟宇平正，基壁完牢，足矣。斧斤不平，斫削不密，非屋之病也。』

陸贄：『天下大器也，王綱大權也。』唐韓瑗曰：『張華存而綱紀不亂。』

皇極三　一二〇章

開國紀綱

『自三代後，本朝有超越古今者五事。』此程伊川之言也。而推原其由，蓋以忠孝廉恥

〔一〕　今按：『子華』、『嗣王』，《資治通鑒》卷一百二十作『王華』、『嗣主』。

爲之綱紀之效也。『自三代後，本朝百三十年無事。』此吕微仲之言也。而推原其由，亦以事親治内勤儉寬仁之法之驗也。夫所謂紀綱者，非但制度法令而已也，品式條目而已也。自其身而形於家，閨門肅肅，無以異於宗廟之間；衽席雍雍，無以異於朝廷之上。内外有章，宫庭有度，此一家之紀綱也。自其家而推之國，君臣相正，有同德協心之和；官師相規，無分朋植黨之私。宫府一體，上下一心，此一國之紀綱也。舉而措之，天下則尊君卑臣，内夏外夷，截然有分而不相悖；井田溝洫，貢賦車乘，繩然有法而不可越。此天下之紀綱也。嘗謂，漢以規模爲紀綱，故大綱正而衆目未張。唐以法令爲紀綱，故衆目張而大綱未正。周與我朝以禮樂爲紀綱，故大綱既正而衆目復張。此古今治亂之所由分也。漢之興也，非劉不王，約在盟府，親疏有别也。中朝相通，權在大臣，内外無間也。列置郡縣，分設刺史，尊卑相臨也。然吕氏之勢益横，而事皆關於房闈，家之紀綱安在哉？恭顯之寵益盛，而事皆由於閹宦，國之紀綱安在哉？过陲之釁既開，而夷輩擾於中國，天下之紀綱又安在哉？

唐之興也，陵烟起舞，春風和氣，宫庭和穆也。周典建官，星羅棋布，朝廷整肅也。府衛置兵，首重尾輕，郡國聯屬也。然夫婦之間，民無則焉，家之紀綱何如哉？奸臣擅國，安史禍成矣，國之紀綱何如哉？戎狄亂華，中國禍慘矣，天下之紀綱又何如哉？

洪惟藝祖。内言不在於外，私恩不在於公，則家之紀綱與周何如也？官重三省而置給舍，柄尊樞府而統閹宦，則國之紀綱與周何如也？雖無周之封建，而朝廷郡縣合爲一體；雖無周之井田，而賦入有經賑恤有廩，則天下之紀綱與周又何如也？夫惟國家尊嚴，凛然大阿之出匣，天下磐石，屹然泰山之四維。

杜詩：『王綱尚綴旒。』

韓《雜説》：『善醫者，不視人之瘠肥，察其脉之病否而已矣。善計天下者，不視天下之安危，察其紀綱之理亂而已矣。天下者，人也。安危者，肥瘠也。紀綱者，脉也。脉不病，雖瘠不害。脉病而肥者，死矣。通於此説者，其知所以爲天下乎？夏殷周之衰也，諸侯作而戰伐日行矣，傳數十王而天下不傾者，紀綱存焉耳。秦之王天下也，無分勢於諸侯深聚兵而焚之，傳二世而天下傾者，紀綱亡焉耳。是故四支雖無故不足恃也，脉而已矣。四海雖無事不足矜也，紀綱而已矣。憂其所可恃，恃其所可矜，善醫善計者，謂之天扶與之。《易》曰：「視履考祥。」善醫善計者爲之。』

朱子封事：『何謂綱紀？辨賢否以定上下之分，核功罪以公賞罰之施也。然綱紀之所以振，則以宰執秉持而不敢失，臺諫補察而無所私，人主又以其大公至正之心，恭己於上而照臨之。』

皇極三　二一章

遵守

真德秀曰：『當持守而持守，固繼述也。』

《表記》：『子言之，道有考，考道以爲無失。』考道者，必稽古，昔稱先王所謂非法不言非道不行。

《書》：『學于古訓，乃有獲。事不師古，以克永世，匪説攸聞。監于先王成憲，其永無愆。』

《詩》：『不愆不忘，率由舊章。』

《孟》：『遵先王之法而過者，未之有也。爲高必因丘陵，爲下必因川澤，爲政不因先王之道，可謂智乎？』

《揚子》或問：『道有因無因乎？』曰：『可則因，否則革。』或問『新弊』。曰：『新則襲之，敝則損益之。』

甘龍曰：『因民而教者，不勞而成功。緣法而治者，吏習而民安之。』

淳于越曰：『不師古而能長久，非所聞也。』

韓安國曰：『臣聞人君謀事，必就祖發政占古語，重作事也。』

荀悅曰：『《春秋》之義，毀泉臺則改之，舍中軍則善之，各由其宜也。』

《公羊傳》：『莊公築臺于郎，文公毀泉臺。泉臺者何？郎臺也。築之譏，毀之譏。先祖爲之，己毀之，不如勿居而已。不當故毀，暴揚先君之惡。』

《公羊傳》：『作三軍者何？三卿也。』『舍中軍者何？復古也。君子善其復古。』

高帝之褒，曹參之謝。曹參代蕭何爲相，舉事無所變更，一遵何約束。帝讓，參謝曰：『陛下自察聖武孰與高帝？』上曰：『朕乃安敢望先帝！』『臣孰與蕭何賢？』上曰：『君似不及也。』參曰：『高帝與蕭何定天下，法令既明職〔一〕，今陛下垂拱，參等守法，不亦可乎？』帝曰：『善！』爲相三年，百姓歌之曰：『蕭何爲法，較若畫一。曹參代之，守而勿失。載其清净，民以寧壹。』

宣宗之讀《金鏡》，宣宗之讀《政要》。宣宗以太宗所撰《金鏡録》授學士令狐綯，讀『至亂未嘗不任不肖，治未嘗不任忠賢』，止之曰：『凡求致太平，當以此言爲首。』又書《貞觀政要》於屏風，每正色拱手而讀之。

〔一〕今按：『職』，《漢書》卷三十九《曹參傳》作『具』。下句『守法』，《曹參傳》作『守職』。

『馮唐論頗牧之賢，則漢文爲之太息。魏相條晁董之臣〔一〕，則孝宣以致中興。若陛下能自得師，莫若近取諸斯。』蘇軾。

杜詩：『議堂猶集鳳，貞觀是元龜。』坐議政之堂者，當以貞觀之治爲龜鑒。

《變更持守》：黄履翁。喜作爲者尚變更，樂因循者貴安静。天下當無事之時，國家之法度昭如日星，祖宗之人民固如磐石。於此時而有改絃之舉，君子謂之疏。天下當積弊之後，變故起於意料之不及，事功隳於上下之偷安，於此時而有膠柱之説，君子謂之陋。是以善守法者不見其玩愒因仍之習，而自足以享經久悠遠之利；善革弊者不見其紛更變亂之迹，而自足以致安强平定之功。以鳧鷖持盈守成之規模，爲車攻興滯補弊之事功。我朝，興國以後持守之論甚堅，而不聞變更之術。景祐以來變更之議雖紛，而力爲持守之道。熙寧則以持守爲可厭，而過爲變更之説。元祐則以變更爲可鑒，而不失持守之議。更張興國。之議一切不用，李沆以此報國也。改作景祐之戒務行故事，王旦以此爲相也。吕蒙正曰：『制度不可更也。』胡宿曰：『庶事不可更也。』是時也，持守之論甚堅，而不聞更變之術。法制景祐不立，富弼言之。法令不行，劉敞言之。蘇軾則有蕩滌之請，何剡則有威柄之説。是

〔一〕　今按：『臣』，《東坡全集》卷六十四《乞校正陸執奏議上進札子》作『對』。

時，變更之説雖紛，而力爲持守之道。雇募熙寧。之法行而役法壞，保甲之法行而兵法壞，經義之法行而科舉之法壞，青苗之法行而賦斂之法壞。是時也，以持守爲可厭，而過爲變更之舉。去保甲元祐。而軍心安，罷新學而士心安，除青苗而民心服，窒邊隙而夷狄心服。是時也，以變更爲可鑒，而不失持守之意。

愚之所惜者，元祐變爲紹聖，紹聖變爲崇觀。紹述一語，甲唱乙和，莫助兩圖。左序右列，天下之事去矣。所幸天意助宋，聖君中興，紹興淳熙，相繼復舊，不愆不忘，率由舊章，愚不勝惓惓於今日。

皇極三　一二一章

更張

真德秀曰：『當變通而變通，亦繼述也。』

《揚子》或曰：『以往聖人之法治將來，譬猶膠柱而調瑟，有諸？』曰：『有之。』曰：『聖君少而庸君多，如獨守仲尼之道漆也。』膠漆。曰：『聖人之法，未嘗不關盛衰焉。昔者堯有天下，舉大綱，命禹〔一〕；夏殷周屬其子，不膠者卓遠矣！唐虞象刑惟明，夏后肉辟三千，不膠者卓矣！堯親九族，協和萬國；湯武桓桓，征伐四克，不膠者卓矣！禮樂征伐自天子出，春秋之時，齊晋實與，不膠者卓矣！』

徐氏曰：『自秦，變井田爲阡陌，壞封建爲郡縣。』商鞅曰：『論至德者不和於俗，成大功者不謀於衆，是以聖人苟可以强國不法其故。智者作法，愚者制焉。賢者更禮，不肖者拘焉。』書法：『書變法何？罪首變古也。』李斯曰：『五帝不相復，三王不相襲。』董仲舒曰：『琴瑟不調，甚者必解，而更張之，乃可鼓也。爲政而不行，甚者必變，而更化之，乃可理也。』

師丹之書，蔣濟之疏。師丹見哀帝多改成帝之政，上書言：『古者諒闇不言，聽於冢宰，三年無改於父之道。前大行在堂，而詔書比下，變動政事。』魏何晏等好變改法度，太尉蔣濟疏曰：『惟命世大才，乃能張其綱維，以垂于後。下吏改易，無益於治，適足傷民。宜使文武之臣各守其職，則和氣可致也。』

蔡興宗之言，唐太宗之語。宋大明八年，武帝殂，子業立，罷孝建以來所改制度，還依

〔一〕　今按：『命禹』，中華書局版韓敬注本《法言》作『命舜禹』。

元嘉。蔡興宗曰：『先帝雖非盛德之主，要以道始終。三年無改，古典所貴。今殯宮始撤，山陵未遠，而凡諸制度不論是非，一皆刊削，雖復禪代，亦不至爾。天下有識，當以此窺人。』

貞觀六，宴近臣於丹霄殿。上指殿屋謂侍臣曰：『治天下如建此屋，營構既成，勿數改移，苟易一榱正一瓦，踐履動摇，必有所損。若慕奇變法度，不恒其德，勞實多。』

《新序》公孫鞅曰：『前世不同教，何古之法。帝王不相復，何禮之循。伏羲神農，攻而不誅。黄帝堯舜，誅而不怒。及至文武，當其時而立法，因事而制禮，禮法兩定，制令各宜，甲兵器備，各便其用。臣故曰：治世不一道，便國不必古。故湯武之王也不循古，夏殷之滅也不易禮。然則反古者未可非也，循禮者未足多也。』

《孟》：『言則非先王之道者，猶沓沓也。』

山谷詩：『改絃張敝法，病十九已瘳。』

《易・革・象》：『已日乃孚，革而信之。革而當，其悔乃亡。天地革而四時成，湯武革命，順乎天而應乎人，革之時大矣！』六二《象》曰：『已日革之，行有嘉也。』九三《象》曰：『革言三就，又何之矣。』九四《象》曰：『改命之吉，信志也。』

《論》：『齊一變至於魯，魯一變至於道。』『殷因於夏禮，所損益可知也。周因於殷禮，所損益可知也。』

皇極三　一二三章

新法 林駉

新作南門，聖人所貶。新開阡陌，君子惧焉。國家自建隆至嘉祐，天下似有遲緩不振之勢。何剡〔一〕以總覽威柄之説進，余靖以自覽威權之説進。慶曆。宋綬曰：『覽威柄，綬猶郯也。』明道。歐陽脩曰：『執威權，脩猶靖也。』慶曆。熙寧大臣，輸錢免役，以便民也，而寬剩之求多，則民始以爲不便矣。青苗取息，未病民也，而抑配之過擾，則民始以爲不便矣。保甲固，民兵之遺意也，而責罰之太峻，則果古意乎？淤田固，重民〔二〕之美意也，而激水以壞田廬，則果古意乎？經意之法行，而科舉之法壞。預買之法行，而賦斂之法壞。彦博曰：『祖宗之法不必更張太過。』荆公曰：『祖宗不足法也。』温公曰：『祖宗之法不可變

〔一〕今按：觀下文宋綬語，『剡』當爲『郯』。《四庫全書》本林駉《古今源流至論》也作『郯』。

〔二〕今按：『重民』，《四庫全書》本林駉《古今源流至論》前集卷十作『重農』。

也。』惠卿曰：『一年一變法也。』程明道與介甫同學於濂溪也，以不樂新法而絶。韓持國維與荆公同守薦於荆公也〔一〕，以不合新法而疏。鄭介夫俠師事於荆公，錢景諶素交於荆公，一論新法，終身相棄。蘇子瞻素厚於荆公，劉道原雅善於荆公，一議新法，屏迹不容。勸人主以講學，此荆公之本心也，而三不足之惑上聽，胡爲有兩説耶？諫人主以變俗，此荆公之素願也，而擢不孝之小人，胡爲自相枘鑿耶？天變不足懼，祖宗不足法，人言不足畏。詔令朱壽昌，孝行赴闕。先是言者，攻李定不服母喪。安石立法，定因改壽昌〔二〕。祖宗出政，安利元元，此安石告君之言也。而開邊誤而新法擾民，冒行不顧，公何忍爲之？屈己夷狄，安逸邊人，此安石告君之論也。而開邊誤國，貽禍後來，公何忍行之？觀『福建子』三字之書，則知異日怨用小人之意；晚年鍾山題『福建子』三字，蓋憤惠卿也。觀以國事相絶之嘆，則知晚年惜去君子之悔。嘗謂其侄防曰：『吾昔好交遊，皆以國事相絶。』又嘗論之：小人嗜利而附新法固可罪，君子變節而附新法尤可咎。方新法之［始］議也，朝廷尚有疑貳之意。常秩之聘，昌言其便，而法遂行矣。潁州薦常秩。至新法之行也，朝廷復有悔艾之舉，閲道之問，俟安石自罷之言，而法不廢矣。及新法之用也，故老在朝僅公亮

〔一〕今按：此句，《四庫全書》本林駉《古今源流至論》前集卷十作『韓維與荆公同受薦於潞公』。
〔二〕今按：此句，《四庫全書》本林駉《古今源流至論》前集卷十作『王安石立主，定因忌壽昌』。

耳。陰助力贊，終爲誤國蠹民之舉〔一〕矣。熙寧天子，安石相誤之語，使安石聞之，必不爲也。熙寧細民，鬻妻賣子之怨，使安石見之，必不爲也。元祐初元，天意祚宋。人曰：『父政不可改也。』君子曰：『東朝以母改子，非以子改父也。』人曰：『神考不可改也。』君子曰：『天子改安石之政，非改神考之政也。』噫！元豐之變，熙寧未盡變也。而君子喜之何者？意其必有元祐也。紹聖之變，元祐未至甚也。而君子傷之何者？意其必有崇觀也。

皇極三　二四章

法帝王

『嵬冠講唐虞』，此韓公之詩也，愚知人臣當以古道告其君。『致君堯舜上』，此杜公之詩也，愚知人臣當以古道勉其君。稽古未遑，如文帝則不敢爲；雜霸自任，如宣帝則不願爲。此固其君之責。若武帝之上嘉下樂，氣亦鋭矣。汲黯戇直人也，面斥其君奈何欲效之語。太宗之遠冀堯舜，志亦壯矣。封倫世俗人也，力言三代以後難化之道。國朝，君臣因四凶之去

〔一〕今按：『舉』，《四庫全書》本林駉《古今源流至論》前集卷十作『具』。

而嘆後世刑綱之密，則有意於堯舜之治。因昌言之拜而思諫者切中之言，則有意於大禹之道。淳化。誦《說命》，思古〔一〕之言，則高宗其心也。淳化。講《冏命》，正人之言，則周王其心也。皇祐。以至誠爲本而不及功利，則以堯舜期其君。程顥。以勤儉爲懷而治不難到，則以大舜期其君。孝宗時林機。陳傅說而勉其師古，則欲君爲高宗也。端拱羅處約疏。講《洪範》而告其三德，則欲君爲武王也。英宗召王廣淵論《洪範》得失，廣淵進張景論七篇，上曰：『以三德爲御臣之柄，尤爲善論。』

『太平之功，堯舜不及』，此陳瑩中之言也。則我朝之治，堯舜其治也。『六聖相承，生民未有』，此范祖禹之言也。則我朝之治，三代其治也。『生民以來，未有大宋之隆』，曾南豐非溢美也。『三代之後，本朝超越古今者五事』，程伊川非侈辭也。康節詩：『吾曹養拙賴明時，爲幸居多寧不知。天下英材中遁迹，人間好景處開眉。生來只慣見豐稔，老去未嘗經亂離。五事歷將前代舉，帝堯而下固無之。』

〔一〕今按：『思古』，《四庫全書》本林駉《古今源流至論》前集卷五作『師古』。

皇極三　二五章

隨宜

《易・隨・象》：『天下隨時，隨時之義大矣哉！』《損・象》：『損益盈虚，與時偕行。』

《中庸》：『時措之宜也。』

蔡沈曰：『聖人撫世酬物，因時制宜。』

《大傳》：『立權，度量，考文章，改正朔，易服色，殊徽號，旌旗，如殷之太白，周之太赤。異器械，别衣服，此其所得與民變革者也。』

陳氏曰：『《論語》言，爲政之術，則先之以謹權量。《王制》言，巡守之所觀，則終之以衣服，皆此意也。』又曰：『宜革而因物失其論〔一〕，宜因而革物失其則，故得於天者，可因而不可革，則親親尊尊長長男女有别是也；成於人者，可革而不可因，則立權度量考文章改正朔易服色殊徽號異器械别衣服是也。立權度量，所以示民信；改正朔，所以授民時；考文章别

〔一〕今按：『論』，《禮記集説》卷八十一作『均』。

衣服，所以示民禮；易服色殊徽號異器械，所以便民用。蓋聖人立法，因民而已。民之所安，聖人不强去，通其變使民不倦。民之所厭，聖人不强存，天下其有敝法哉？』

其不可得變革者則有矣，親親也尊尊也長長也男女有别也，此其不可得與民變革者也。

皇極三　二六章

處事

《書》：『亦言其人有德，乃言曰載采采。』

《孟》：『禹之治水，行其所無事也。』

《禮運》：『孔子曰故事大積焉而不苑，並行而不謬，事之大者，積疊在前亦不至於膠滯；事之不同者，一時並行亦不至於舛謬。細行而不失，深而通，茂而有間，小事所行，亦不以微細而有失。雖深窅而可通，雖茂密而有間。連而不相及也，動而不相害也。此順之至也。兩物接連而相及，則有彼此之爭；兩事一事〔一〕而俱動，則有利害之争。人君治天下之事，有大有細，有深有茂，有連有動，而自然各得其分理者，不過一順之至而已。』

《樂記》：『事者，民之風雨也。事不節則無功。』

《周禮・大司徒》：『頒職事十有二于邦國：一曰稼穡，二曰樹藝，三曰作材，四曰阜蕃，蕃鳥獸。五曰飾材〔二〕，六曰通財，七曰化材，八曰斂財，九曰生材，十曰學藝，十有一曰世事，十有二曰服事。』

皇極三　一七章

救弊

崔寔《政論》：『濟時拯世之術，在於補綻决壞，枝拄邪傾，隨形裁割，要措斯世於安寧之域而已。』

〔一〕今按：『一事』，《禮記大全》卷九作『一時』，是。
〔二〕今按：『飾材』，《十三經注疏》本《周禮・大司徒》作『飭材』，是。

晋武時劉頌疏曰：『矯時救弊，亦宜以漸，譬猶行舟，雖不横截迅流，當漸靡而生〔一〕，稍向所趨然後得濟也。』

《淮南子》：『以湯止沸，沸乃不止，誠知其本，則去火而已矣。』又：『人皆務於救患之備，而莫能知使［患］無生，夫使無患生易於救患，而莫能加務焉，則未可與言術也。』

胡氏曰：『革弊者必有其漸，興治者必有其本。』

晋主之欲矯以仁，刁協之欲矯時弊。晋主承魏氏刻薄奢侈之後，欲矯以仁儉。晋刁協性剛悍，與侍中劉隗俱爲帝寵任，欲矯時弊，每崇上抑下，排沮豪强，故爲王氏所疾。

罷五坊，陳十事。順宗永貞元，罷進奉宫中〔二〕五坊小兒。五坊小兒張捕鳥雀於閭里者，皆爲暴横，取人錢物，至有張網罹於門，或張井上，近之輒曰：『汝輕供奉鳥雀。』即痛驅之，出錢求謝乃去。或飲食於酒肆，賣者索直多被驅詈。或留蛇一囊爲質，賣者求哀乃挈而去。上在東宫知其弊，故首禁之。五代殷潘豕嗣上書陳十事〔三〕：『兄弟相攻，逆傷天理，一也；賦歛繁重，力役無節，二也；養民爲兵，羈旅愁怨，三也；楊思恭奪人衣食，使歸

〔一〕今按：『生』，當爲『往』。

〔二〕今按：『中』，《資治通鑒》卷二百三十六作『市』，是。

〔三〕今按：此句，《資治通鑒》卷二百八十三作『殷吏部尚書、同平章事潘承祐上書陳十事』。

怨於上，四也；疆土狹隘，多置州縣，增吏困民，五也；除道裹粮，將攻臨汀縣，六也；財多者補官，逋負者被刑，七也；延平諸津，征果菜魚米，玃利至微，斂怨甚大，八也；與唐、吴越爲鄰，即位以來未嘗通使，九也；宫室臺榭，崇飾無度，十也。』延政大怒，削官歸第。

皇極三　二八章

凡厥庶民，有猷有爲有守，汝則念之。

有猷

蔡沈曰：『有猷，有謀慮者。』

《易・訟・象》：『天與水違行，訟。君子以作事謀始。』注：『曹劉共飯，地分於匕箸之間。蘇史滅宗，忿起於笑談之頃。』

《書》：『疑謀勿成。』『不詢之謀勿庸。』『勿用非謀。』『汝不謀長。』

《詩》：『來即我謀。』『聊與之謀。』『周爰咨謀。』『不即我謀。』『厥猶翼翼。』『爰始爰謀。』『爲猷不遠。』『猷之不遠。』『訏謨定命，遠猷辰告。』

《書》：『爾有嘉謨嘉猷，則入告爾後于内。』

《論》：『爲人謀而不忠乎？』『好謀而成者也。』『小不忍則亂大謀。』『道不同不相爲謀。』

皇極三　一一九章

有爲

蔡沈曰：『有爲，有施設者。』

《易·乾·文言》曰：『貞者事之幹也。貞固足以幹事。』

《孟》顔淵曰：『舜何人也？予何人也？有爲者亦若是。』

《書·太》曰：『弗爲胡成？』

舉幹治者，以幹治聞。周建德六年，詔山東諸州各舉明經幹治者一人。顔師古安養尉，以幹治聞。

皇極三　三〇章

有守

蔡沈曰：『有守，有操守者。』

《孟》：『守，孰爲大？守身爲大。孰不爲守？守身，守之本也。』

《中》：『國有道，不變塞焉，强哉矯；國無道，至死不變，强哉矯。』

朱子曰：『國有道不變未達之所守，國無道不變平生之所守。』

《易・乾・文言》：『不易乎世。』守其道，不隨世而變。《訟》六三：『食舊德，貞。』食舊德，謂處其素分。貞，謂堅固自守。《履》初九《象》：『素履之往，獨行遠〔一〕也。』九二《象》：『幽人貞吉，中不自亂也。』《否》六二《象》：『大人否亨，不亂群也。』守其正節。《豫》六二：『介于石，不終日，貞吉。』《象》曰：『不終日，貞吉，以中正也。』《無妄》九四：『可貞，無咎。』貞，固守，此自無咎也。《象》：『可貞，無咎，固有之也。』貞，固守之，則無咎也。

〔一〕今按：『遠』，當爲『願』。

《賁》初九：『賁其趾，舍車而徒。』《象》：『舍車而徒，義不乘也。』君子之賁，守義而已。《井》六四《象》：『井甃，無咎。』修井也，亦可自守，治則無咎。《節》初九《象》：『不出户庭，知通塞也。』

皇極三　三一章

《昭公二十八年》成鱄曰：『戊之爲人也，有守心。』不協于極，不罹于咎，皇則受之。而康而色，曰予攸好德，汝則錫之福。時人斯其惟皇之極。

中人

《論》：『中人以上，可以語上也。中人以下，不可以語上也。』

張敬夫曰：『聖人之道，精粗雖無二致，但其施教則必因其材而篤焉。蓋中人以下之質，驟而語之太高，非惟不能以入，且將妄意躐等，而有不切於身之弊，亦終於下而已矣。故就其所及而語之，是乃所以切問近思而漸進於高遠也。』

皇極三　三二章

革面

《革》上六《象》：『小人革面，順以從君也。』有苗有象，其來格蒸乂，蓋亦革面而已。《書》：『汝無面從，退有後言。』『謀面，用丕訓德。』

皇極三　三三章

新民

大學之道，在新民。新者，革其舊之謂也。湯之盤銘曰：『苟日新，日日新，又日新。』《書·康誥》曰：『作新民。』朱子曰：『鼓之舞之之謂作，言振起其自新之民也。』《詩》曰：『周雖舊邦，其命維新。』朱子曰：『周國雖舊，至於文王能新其德，以及於民，而始受天命也。』是故君子無所不用其極。《大學》。

無虐煢獨，而畏高明。蔡沈曰：『新民，庶民之至微者也。新民，有位之尊顯者也。』

皇極三　三四章

鰥

《孟子》曰：『老而無妻曰鰥。天下之窮民而無告者，文王發政施仁，必先斯四者。』《王制》：『老而無妻者謂之鰥，此天下之窮民而無告者也，皆有常餼。』

文王不敢侮鰥寡，悼公晋悼公。逮鰥寡。《左·成八》。

有鰥在下，哀此鰥寡。《書》師錫帝曰：『有鰥在下，曰吴舜。』《堯典》。《詩》：『爰及矜人，哀此鰥寡。』『楚人獻魚，楚王恤鰥寡。』《新序》。

海人有魚〔一〕，鰥寡多取得。海人魚，東海之大者，臨海鰥寡多取得，養之於池沼，交合之際，與人無異。《洽聞記》。

山谷詩：『摩手撫鰥寡。』

〔一〕今按：『海人有魚』，似當爲『海有人魚』。

皇極三　三五章

寡

《孟子》：『老而無夫曰寡，天下之窮民而無告者，文王發政施仁，必先斯四者。』

《王制》：『老而無夫者謂之寡，此天民之窮而無告者也，皆有常餼。』

《書》：文王不敢侮鰥寡。

《左》：悼公晉。逮鰥寡。

吴王之巡孤寡，楚王之恤鰥寡。《左》：『在國，天有灾厲，親巡孤寡。』《新序》：『楚人獻魚，楚王恤鰥寡。』《詩》：『哀我填寡，宜岸宜獄。』『此有滯穗，伊寡婦之利。』

劉彝之朐山令恤孤寡，向子忞之衡州振業矜寡。韓忠獻之洋州辨孤寡之冤，穆氏子穆寧。之居家嚴事寡姊。《詩》：『爰及矜人，哀此鰥寡。』

海人魚，卓文君。海人魚，東海之大者，臨海鰥寡多取得。《洽聞記》。卓文君十七而寡，悦司馬長卿而越禮焉。《西京雜記》。

應媪〔一〕之寡，陳妻之寡。中興初，有應媪者，生四子而寡。見神光照社，得黄金。自是諸子宦學，並有才名，至瑒七代通顯。《後漢書》。剡縣陳務妻，少寡，好飲茶茗。宅有古冢，飲輒先祀，及曉於庭，獲錢十萬。《異苑》。《禮記》子云：『寡婦之子，不有見焉，則不友也。君子以避遠也。』避遠者以避嫌，故遠之也。寡婦不夜哭。《禮記》。摩手撫鰥寡。黄。

皇極三　三六章

孤

《孟子》：『幼而無父曰孤，天下之窮民而無告者。』《王制》：『少而無父者謂之孤，此天民之無告者也，皆有常餼。』僖公之藐諸孤，成子之屬孤子。《左·僖》：『公疾，召之，曰：「以是藐諸孤，辱在大

〔一〕今按：『應媪』，中華書局《後漢書》卷四十八《應劭傳》作『應嫗』。下同。

夫，其若之何？」』《左・哀廿七》：『陳成子屬孤子，三日朝。召顔涿聚之子，曰：「隰之役，而父死焉。」』

漢太初之養，魏太和之賜。太初元年，取死事之子孫養羽林宫，號曰羽林孤兒。魏太和十八年，賜韋珍穀帛境内孤寡者散與之。

韓忠獻之洋州，辨孤寡之寃。劉彝之朐山令，恤孤寡。

『武功少也孤，徒步客徐兖。』杜詩《蘇源明》。

王育字伯春，少孤貧，爲人傭牧羊。

張華之孤，桓冲之少。張華少孤貧，自牧羊，鄉人劉放奇其才，以女妻焉。《晋書》。桓彝亡後，子冲兄弟並少，家貧母患，須羊以解，無由得之，以冲爲質。

吴祐獨居，李密孤弱。吴祐二十喪父獨居，家無擔石，不受贍受，常牧羊於長垣澤中〔一〕，行吟經書。《後傳》。李密《表》：『生孩六月，慈父見背，祖母劉愍臣孤弱，躬親撫養。』

袁粲之孤，胡叟之孤。袁粲父蚤卒，祖母哀其幼孤，名之曰『愍孫』。胡叟少孤，言及父母則泪下，若孺子之號。

〔一〕今按：此二句，《後漢書補遺》卷六作『不受贍遺，常牧豕於長垣澤中』。

李懷遠之少孤，宗元卿之早孤。李懷遠少孤，宗人欲以高蔭相假者，懷遠竟拒之。宗元卿早孤，爲母養，母痛，在遠輒小痛。

馬援少孤，茅彤少孤。馬援年十二而孤，少有大志。茅彤少孤，兄弟四人，皆同財業。

《大學》：『上恤孤，而民不倍。』

魏文侯與田子方語，有兩童子衣錦而侍於君前。田子曰：『此君之寵子乎？』文侯曰：『非也，此其父死於戰，此其幼孤也，寡人收之。』《説苑》。

杜詩：『武功少也孤，徒步客徐兗。負米晚爲身，每食肢必泫。養不及身，每食而泣。庶以勤苦志，報兹劬勞願。』《蘇元明》。

皇極三　三七章

獨

《孟子》曰：『老而無子曰獨，天下之窮民而無告者。』

《王制》：『老而無子者謂之獨，此天民之窮而無告者也，皆有常餼。』

《诗》：『哿矣富人，哀此茕獨。』

叔向之無子，絳人之無子。《左・昭三》叔向曰：『肸又無子，豈其獲祀？』絳縣人老而無子。

揚雄無子，李白無子。東坡：『揚雄老無子。』杜詩《夢李白》：『千秋萬歲名，寂寞身後事。』杜詩：『惡名幸脱免，窮老無兒孫。』禄山叛時，其將卒，脱身皈周，禄山尽殺其妻子。

皇極三　三八章

高位

《論語》：『君子有三畏：畏天命，畏大人。小人不知天命而不畏也，狎大人。』尹氏曰：『三畏者，修己之誠當然也。小人不務修身誠己，則何畏之有？』『子見冕衣裳者，雖少，必作，過之必趨。』尹氏曰：『聖人之誠心，内外一者也。』『見冕者，雖褻，必以貌。』

孟子説：『大人則藐之，勿視其嵬嵬然。』問：『孔子畏大人，而孟子藐之，何也？』朱子曰：『孟子藐大人，不視其嵬嵬然者而已，故雖不肯枉尺直尋，而齊王敬王莫如孟子也。特以當世之士，以道殉人，内無所守，故特發此以立其志，使其意氣舒展，無所懾惧，而得以盡其所言爾。若君子以禮存心，固將無所不用其敬，豈於大人而反藐之哉？』

《淮南子》：『天下有三危，才下而位高，一危也。』高位實疾僨，厚美實腊毒。庾信賦：『見鐘鼓杜金張〔一〕，聞絃歌於許史。』樊川：『高位見陷人。』

《長安雜題》：『豐貂長組金張輩，駟馬文衣許史家。白鹿原頭收獵騎，紫雲樓上醉江花。九重樹影連清漢，萬壽山光學翠華。誰識大君謙讓德，一毫名利鬥蛙蟇。』

《道一大尹存之庭美學士》：『九金神鼎重丘山，五玉諸侯雜佩環。星座通宵狼鬣暗，戍樓吹笛虎牙關。斗間紫氣龍埋獄，天上洪爐帝鑄顔。若念西河舊交友，魚符應許出函關。』

孟子曰：『爲政不難，不得罪於巨室。巨室之所慕，一國慕之；一國之所慕，天下慕之。故沛然德教，溢乎四海。』巨室，世吕大家也。得罪，謂身不正而取怨怒也。

皇極三　三九章

門地

佺期門地，杜坦預子。世業。楊佺期自以其先漢楊震至父亮九世，皆以才德著名，矜其

〔一〕今按：此句，《四庫全書》本《庾開府集箋注》卷二作『見鐘鼎於金張』。

門地，時類〔一〕以其晚過江，昏宦失類，兄弟皆粗獷，每排抑之。佺期切齒，贊成仲堪之謀。北人晚渡江者，朝廷以傖荒遇之。吴人謂楚人曰傖，謂中州人曰荒。雖復人才可施，皆不得践清塗。宋主與杜坦論金日磾，曰：『今無復此輩人。』坦曰：『日磾假生今世，養馬不暇，豈辯見知！』宋主曰：『卿何量朝廷之薄也！』坦曰：『臣本中華高族，世業相承，直以南渡不早，便以傖荒賜隔。况日磾胡人，臣爲牧圉乎？』

徙望族於代，頒氏族之志。魏顯祖徙青徐望族於代，高允隨其才行薦之於朝，議者多以初时問之。允曰：『任賢使能，何有新舊？必若有用，豈可以此抑之。』貞觀十二年頒《氏族誌》，命吏部尚書高士廉等編奏天下譜牒，質史籍以考其真僞，褒進忠賢，貶退奸逆，分爲九等。書法：『書頒《氏族誌》，何譏也！氏族相矜，末俗之失也。其是其非，上之人何與焉。而命官定其高下，又以皇族外戚爲首，是争名也。其後再改，而流爲勛格，益非矣。』

唐之勛格，魏之門望。唐高宗顯慶四年，改《氏族誌》爲《姓氏録》。許敬宗以不叙武氏本望，奏請改之，以后族爲第一等。士卒以軍功至位五品者〔二〕，預士類，時人謂之勛格。

〔一〕　今按：『時類』，《資治通鑑》卷一百一十作『時流』，是。

〔二〕　今按：『者』字衍。下句『類』字，《資治通鑑》卷二百作『流』。

魏韓顯宗曰：『州郡貢察，徒有秀孝之名而無其實，朝廷但檢其門望，不復彈坐。如此，則可令別貢門望，何可冒秀孝之名哉！夫門望者，乃其祖父之遺烈，何益於時〔一〕？益於時者，賢才而已。苟有其才，雖屠釣奴虜，聖主不耻以爲臣；苟非其才，雖三后之胤，墜於皂隸矣。議者或云：「世無奇才，不若取以門望〔二〕。」此亦失矣。豈可以世無周、召，遂廢宰相耶！但當校其寸長銖重者先叙之，則賢才無遺矣。』

魏之門族，魏之門才。魏主雅重門族，與群臣論選調。李冲曰：『張官列位，爲膏粱子弟乎？爲致治乎？』魏主曰：『爲治耳。』冲曰：『傅説、吕望，豈可以門地得之！』魏主曰：『非常之人，曠世乃有一二耳〔三〕。』李彪曰：『魯之三卿，孰若四科？』韓顯宗曰：『豈可以貴襲貴，以賤襲賤。』魏主曰：『必有高明卓然出類拔萃者，朕亦不拘此制。』司馬公曰：『選舉之法，先門地而後賢才，此魏晋之深弊，雖魏孝文之賢而不能免斯弊也。故夫明辨是非而

〔一〕今按：『益于時』，《資治通鑒》卷一百三十九作『益於皇家』。
〔二〕今按：此句，《資治通鑒》卷一百三十九作『不若取士於門』。
〔三〕今按：『三』，當爲『一二』。

不惑於世俗者，誠賢〔一〕矣。』魏太和十二年，秘書丞李彪曰：『宜於江〔二〕表七州人中擇其門才，引令赴闕，隨能序之。以廣聖朝均新舊之義，以懷江漢歸有道之情。』表揭閥閲，號轎星門。

杜詩《盧琚》：『丈人藉才地，門閥冠雲霄。閥，積功也。』『公侯終必復，經術竟相傳。』『相門清議衆，經術漢臣傳〔三〕。』『食德見從事，或從王事。克家何妙年。一毛生鳳穴，三尺獻龍泉。』『有美生人傑，由來積德門。漢朝丞相系，唐人帝王孫〔四〕。』『地崇士大夫，况乃氣猶爽。』『燀赫舊家聲。』

樊川：『貂簪荆玉潤，丹穴鳳毛光。』『我家公相家，劍佩相丁當。舊第開朱門，長安城中央。第中無一物，萬卷書滿堂。家集二百篇，上下馳皇王。』

〔一〕今按：『賢』，《資治通鑒》卷一百四十作『鮮』。
〔二〕今按：『江』，《魏書》卷六十二《李彪傳》作『河』。
〔三〕今按：此句，《御定全唐詩》《九家集注杜詩》《杜詩詳注》均作『經術大名齊』。
〔四〕今按：此句，《御定全唐詩》《九家集注杜詩》《杜詩詳注》均作『梁日帝王孫』

皇極三　四〇章

家世

德門，珂里。路氏，二十三世。張嘉貞鳴珂里。鳳閣王家，萬石張家。唐王從易。唐張潛。三戟崔家，太尉房家。唐崔儼。房琯。三相，七葉。張嘉貞三相張家。左思：『金張襲舊業，七葉珥貂蟬。』三世僕射，八葉宰相。唐高士廉。蕭瑀逮遘。七世内侍，累世寵貴。金日磾。鄧禹。五世相韓，十世爲卿。張良。汲黯之先至黯。四世太尉，九世清德。王震。羊祜。三世制誥，一門九侯。唐李德林三世掌制誥。王根。司徒四世，竇氏貴盛。唐元明。唐。

宋：一門二相，三參政二侍郎。吕蒙正。夷簡。竇禹鈞五子謂五龍，儀儼偁侃僖皆登第。

馮道詩：『靈椿一枝老，丹桂五枝芳。』

一門六内翰，王韓二族。王氏之子琪珪玘瓘，韓氏之子綜絳縝維。器盡璠璵，木皆經緯，非蔭而得，由學而然。范宗翰《啓》。

對客侍立，宰相侍立。竇儀性嚴重，每對客，二侍郎、三起居、四參政、五補闕侍立。陳省華三子，長堯佐樞密，季堯咨節度，三子已貴。省華對賓，伯季侍立，天下皆以教子爲法。

梁顥有子，梁適。文學世其家。歐陽脩子棐。

才器可取，内舉爲將。曹侍中對宋太宗曰：『臣二子瓊、瑋，才器可取，臣若内舉，皆堪爲將。』錢惟演之

拜相，錢希白之草麻。希白，惟演從兄。魏謨爲相，綽有祖風。魏謨爲相，正言無所避，上嘆曰云云。

精：蟬聯珪組，世爲顯著。名卿賢相之家，清風素範之族。鍾石享於祖考，帶礪傳於

子孫。庭列鍾彝，笏傳組綬。

詩：杜：『猶是麒麟兒，家聲蓋六合。』元微之：『地甲門闌大，族大徽音遠。』東坡：

『靈運子孫俱得鳳，慈明兄弟孰非龍。』李：『雙珠出海底，俱是連城珍。』坡《送歐陽推官》：

『喜見三年少，俱有千里骨。』杜《送向卿》：『麒麟閣畫鴻雁行，紫極出入黄金印。』岑參：

『玉秀蘭芳好弟昆〔一〕。』東坡：『門十朱輪家萬石。』

警：筆橐世臣，箕裘家學。拂世聲猶，承家學問。玉鉉家聲，金語姓字。文惠家慶圖，

乃士夫之共羨；夷簡宰相器，爲伯父之見推。父如龍兄如虎迭著勛勞，伯吹壎仲吹篪競登

聲價。丹青霖雨，家傳三世之畫圖；朱紫風流，人敬千鍾之名字。名父之子名子之父，歆

向親傳；難兄之弟難弟之兄，毛原並秀。月旦題評，元方秀芳之行誼；天庠模楷，大陸小

〔一〕今按：『岑參』誤。此詩句見《參寥子詩集》。參寥子，宋代僧人，俗姓何氏，號『參寥子』。

陸之文章。周拜乎前魯拜乎後，邁韋平父子之榮；陟格於帝尹格於天，卜〔一〕堯舜君民之業。君陳父子固存世績，越公兒郎信有家風。謝莊幸生謝朏，信成衣鉢之傳；魏徵更有魏謨，立見旗常之繼。一門人物，麟儀儀鳳師師；三葉相家，印纍纍綬若若。貂蟬相望四世五公，雁序聯輝一門萬石。非謂國之喬木以有世臣，尚愛公之甘棠而况有子。左武子之德在民，如周人之思召公；愛其甘棠，况其子乎？喬木非謂故國文獻猶存，幽蘭稱其家兒典刑是似。魯臧孫之後益有門人，唐鄭公之孫克肖前烈。

皇極三　四一章

閥閱子弟

翩翩佳公子，挺挺有祖風烈。平原君。魏謩。

越公兒郎，吾家佳子。《隋·楊洪傳》：『越公兒郎有家風。』王羲之深爲從伯敦導所

〔一〕今按：『卜』，《四庫全書》本《翰苑新書續集》卷一作『續』。下句『父子』，《四庫全書》本《四六標準》卷六作『父祖』。

器，云：『汝是吾家佳子弟，當不減阮主簿。』

興吾宗者，必此子也；起門户者，瑰也。晋顧和族叔榮云云。唐任瑰叔父忠云云。

此吾家麒麟兒，譬芝蘭生階庭。顧和顧榮云云。謝玄。

吾家千金，吾家龍文。謝朏、謝莊云云。楊愔叔父云云。

林下諸賢，各有雋子。籍、康、濤、咸，瞻秀戎也，惟劉伶子無聞。

楊震子孫，仲郢父風。漢靈謂楊震孫奇曰：『卿强項，真楊震子孫。』柳公綽子仲郢有父風，非積習名教，何以致此。

宋：不墜門閥，真名家駒。李昉、曹彬家。權邦彦。

精：不鏤自雕，非鸞則鳳。柳：『承平王孫故態。』韓：『真房太尉家子孫。』蘭砌傳芳，李庭稟訓。杜詩：『竇侍御，驥之子，鳳之雛。』

《左》：『世濟其美，不隕其名。』

韓：『守其業，稱其家。』詩：『芝蘭叠璵璠。』『渥洼汗血種。』『鳳穴雛皆好，龍門客又新。』

陸雲幼，憫鴻曰：『若非龍門，當是鳳穴。』

家聲器宇存，籍籍名家孫。嶷然大賢後，復見秀骨清。叔父朱門貴，郎君玉樹高。

歐陽脩詩：『東山子弟家風在。』蘇東坡詩：『閨庭蘭玉照鄉閭。』丹山瑞鳳，赤水名駒。渥洼千里之駒，權奇有種；丹穴五色之羽，品質不凡。拾乃祖三槐之植，繼難兄九棘之輝。氣欲干雲，名方起日。金貂襲慶，玉樹騰芳。韋彪曰：『士宜以才行爲先，不可純以閥閱。』

皇極三　四二章

世胄 林駉

《傳》曰：『八元八愷，世濟其美。』此虞制也。詩曰：『王命山甫，纘戎祖考。』此周制也。嗟夫！故國喬木，見者興思。遺澤甘棠，愛之勿敗。况箕裘之業不墜，詩書之澤猶存。然富貴者侈之階，逸樂者驕之府。是故，後夔教胄子必示以直温剛簡之德，師氏教國子特拳拳於三德六行之訓。噫！華元、子罕宋公族也，史魚、甯武衛卿族也，子皮、子產鄭公族也，鬥辛、鬥禦楚卿族也。晉之范欒郤趙，魯之季文季孫〔一〕，齊之晏嬰，吴之季札，分布列

〔一〕今按：『季文季孫』，《四庫全書》本《古今源流至論》後集卷七作『季孟叔孫』。

國，相輝麟筆。惜夫作成善教，後不如古。尹氏立王子朝而階亂，崔氏出奔衛而怙權。故《公羊》有世卿之譏。吁！非譏其以世也，蓋譏不以賢也。漢自任子之令既除，而世胄之無聞；唐自［刺史］世襲之議不行，而世臣之不用。陵之敗義，有忝李將軍之威望。《李陵傳》。禹之驕縱，卒壞霍博陸之勛伐。《霍禹傳》。漢之世胄安在哉？虞世南之後而至於爲匠，本傳。房杜之後而敗於子之不肖。本傳。唐之世胄何如哉？國朝重象賢之禮，嚴世禄之制，衣冠陸續相望後先，勛業赫奕不替雲仍。噫！有由也。既嚴以胄監之教，又嚴以較試之法。既重以覆試之實，又重以引對之命。國初建國子監，教養公卿大夫子弟。建隆齊郎進馬〔一〕以三事覆試：曰身曰年曰誦書。祥符詔門資，二十五以上令於國學，所習以二年爲限，且令習讀，使次年引對。慶曆詔：『周大司樂掌學政，以六藝教國子，則官材蓋本於世胄。而今之蔭法受恩太廣，未知率身之道、從政之方。今設考課之法，立保任之學』云云。

文靖相慶曆之治，申公新元祐之風，吕氏之家聲不替也夷簡。忠憲輔景祐之政，持國正熙寧之法，韓氏之世業不墜也。億維。一范之謡，聞者破膽，而純仁之事業益盛焉。仲淹。一韓之謡，聞者骨寒，而忠彦之重望尤著焉。此相業之彰，即商之伊陟也。三覆以待，北戎授

〔一〕今按：『進馬』，《四庫全書》本《古今源流至論》後集卷七作『進監』。

首，楊延昭之爲有功，而其父業前朝之名將也咸平。一矢加遺，西蕃驚遁，曹寶臣之爲有功，而其父彬開國之勛舊也。馬全義之力戰，已有勞於太祖者也，其子知節，嚴飭見憚焉。王超之禦敵，已有勛於太宗者也，其子德用，夷狄知名焉。此將才之良，即周之召虎也。噫！遺風餘澤，耳濡目染。詩曰：『凡周之士，不顯亦世，周朝〔二〕有焉。』又曰：『無念爾祖，聿修厥德，先正有焉。』

皇極三 四三章

任子同人

舜命八元八愷，皆出於高辛、高陽，舜之用人以世也。周命鄭虢、毛原，姬姓宗盟，周之用人以世也。推原其故，命典樂以教胄子，而直温剛簡之德全；命司樂以教國子，而中和孝友之行備。富貴者侈之階，安逸者驕之府。莅職不學，動成過咎；持禄自滿，鮮克由禮。漢人任子之法，有任爲太子洗馬者，汲黯。任爲太子庶子者。蕭育、史丹。有任爲右校書者，辛

〔二〕今按：『周朝』，《四庫全書》本《古今源流至論》後集卷七作『國朝』，是。下句『無念』，當爲『無忝』。

慶忌。任爲博士弟子者。伏湛。有任爲侍中，史丹九男。任爲軍司空者。杜延年。有任爲郎，任爲中郎將者，蘇武、劉向、孔光子放、谷永。此所任之官也。或以父任，龔勝策。或以兄任，霍去病、袁盎、楊惲。或以族父任，侯霸。或以宗家任，趙兼。此所任之人也。獨怪夫漢人無教養之法。王吉所論任子，率多驕驁，不通古今。是故，萬年教子，不過以諂。

唐世任子之法，有所謂三衛者，曰親衛、衙衛〔一〕、翊衛，皆以大臣之子孫爲之。有所謂親事帳内者，文武三品以上乃給，皆以品官之子爲之。有所謂納課品子者，納課則歲取庶臣之子而上之兵部。納課十三歲而後試，上等送吏部，量文武授散官。有所謂捉錢品子者，捉錢則無違，負滿二百日，本屬以簿附朝集使上之考功兵部，滿十歲，量文武授散官。獨喜夫唐有學校以教養之，曰崇文館，曰國子學，曰廣文館，曰四門館，以皇屬國戚及大臣朝臣子孫爲之。楊國忠亦願其子以明經舉。是故，柳子厚作《吏商》而勸爲吏之廉，韓昌黎作《示兒》而首言讀書辛勤之好。

國初參樞之子並授供奉官，大臣之子止爲六宅使。魏咸信以宰相仁浦之子爲駙馬都尉，特請於朝乃得其子爲寺丞，是公主未有奉蔭也。杜彦鈞以昭獻皇后之侄從太祖二十年

〔一〕今按：『衙衛』，《四庫全書》本《古今源流至論》续集卷九作『勛衛』。

僅補東頭供奉官，是戚里未輕奉蔭也。王德用以勛臣超之子建旄二十年僅爲忠佐，是管軍方鎮未有奏蔭也。奚屿以坐補齊郎而貶，高元緒以坐補齊郎而貶。噫！覆試失實，尚罪舉主，嚴何如耶？錢象中以學業未精而黜，陳宗［紀］以學業未精而黜。噫！引對未精，復俾再學，嚴何如耶？

國初無誕節之恩，自祥符有誕節推恩之例。國初無遺表之制，自祥符有遺表推恩之例。國初無郊禋之蔭，自祥符有郊禋推恩之例。自明道之間，復以致仕推恩。有員外致仕而其子試校書者，有三丞致仕而其子爲三丞者。

富弼論冗濫之弊，李柬之請定補蔭之法。父兄不知教訓子弟，不修藝業，此孫抃之請也。臣僚不許陳乞學士，精加考試，此何剡之請也。伏睹慶曆之詔，曰周大司徒〔一〕掌學政，以六藝教國子，則官才蓋本於世胄。今之蔭仕推恩太廣，設考課之格，立保任之條，自是任子之恩殺，而考士之制嚴矣。熙寧大臣罷身言書判之制，立銓試出官之法，不惟不試於便殿，亦且不試於有司；不惟不試於有司，亦或不預於便殿〔二〕。不問賢否，徑得出仕。

〔一〕 今按：『大司徒』，《四庫全書》本《古今源流至論》续集卷九作『大司樂』，是。
〔二〕 今按：此句，《四庫全書》本《古今源流至論》续集卷九作『亦或不詣于銓曹』。

皇極三　四四章

大賢之後

『昨見狄相孫，許公人倫表。兼謨。前朝翰林後，屈迹縣邑小。』『苦戰身死馬將軍，自云伏波之子孫。干戈未定失壯士，使我嘆恨傷精魂。』『梁公曾孫我姨弟，母姊妹之子曰姨弟。不見十年官濟濟。濟濟，盛也。大賢之後竟陵遲，浩蕩古今曰一體。』『大師銅梁秀，籍籍名家孫。』

『將軍魏武之子孫，於今爲庶爲清門。曹霸。』『鄭公四葉孫，長大常苦飢。魏佑。衆中見毛骨，猶是麒麟兒。家聲蓋六合，行色何其微指祐之交廣。』『宗臣則廟食，後祀何疏蕪。彭城英雄操〔一〕，宜膺將相圖。劉文静。爾惟外曾孫，倜儻汗血駒。』《張建封》。『遠師吴秘監，今喜識玄孫世南。形象丹青逼，家聲器宇存。』『詩律群公問，儒門舊史長。』

〔一〕今按：『操』，《杜詩詳注》卷二十三《别張十三建封》作『種』。

皇極三　四五章

家聲

杜詩：『家聲同令問，時論以儒稱。南祖審言與劉伯華先世同令譽。老兄真不忝，家聲庶已存〔一〕。』『玄成負文彩，世業豈沉淪。』『子山舊業傳，玄成美價存。』『冲融擅世榮，燀赫舊家聲。』《送馬大卿》：『自古求忠孝，名家信有之。』淮滅王絶笠，晋人之無窮。潁清灌寧歌，漢兒之不忒。

皇極三　四六章

世卿與世胄參看

魏相之言，盧玄之語。漢地節二年，以霍山爲奉車都尉，領尚書事，魏相言：『《春秋》

〔一〕今按：此二句，《御定全唐詩》卷二百三十、《杜詩詳注》卷十九皆作『老兄真不墜，小子獨無承』。

譏世卿，惡宋三世爲大夫，及魯季孫之專權，皆危亂國家。自後元以來，禄去王室，政由大夫〔一〕。宜有以損奪其權，破散陰謀，以固萬世之基，專〔二〕功臣之世。』魏神麚四年，徵世胄遺逸，徵盧玄等數百人差次叙用。崔浩欲大整流品，明辨姓族。玄曰：『創制立事，各有其時。樂爲此者，詎有幾人！』浩不從，由是得罪於衆。

〔一〕今按：『大夫』，《資治通鑒》卷二十四作『冢宰』。
〔二〕今按：『專』，《資治通鑒》卷二十四作『全』。

卷之三十五

人之有能有爲，使羞其行而邦其昌。蔡沈曰：『有才智者羞進也。』

皇極三　四七章

進賢

《孟》：『國君進賢，如不得已，左右皆曰賢，未可也；諸大夫皆曰賢，未可也；國人皆曰賢，然後察之。見賢焉，然後用之。』

漢武《詔》：『進賢受上賞，蔽賢蒙顯戮，古之道也。其議二千石不舉者罷〔一〕。』

〔一〕今按：此句，中華書局《漢書》作『其與中二千石、禮官、博士議不舉者罪』。

劉向曰：『正臣進者，治之表也。正臣陷者，亂之機也。』

唐高宗之責，李安期之對。乾封二年，責侍臣不進賢。李安期對曰：『滯淹者未獲伸，而在位者先獲罪，是以各務杜口耳。陛下果推至誠以待之，其誰不願舉所知耶？』

亮之辟佃，佃之進士。亮辟姚佃爲掾，佃並進文武之士，亮稱之曰：『忠益莫大於進人，而進人者各務其所尚。今姚佃並存剛柔，可謂博雅矣。』

聞人之善言，進之猶恐後。鄭莊。以進賢自任，恩歸於己，時士皆出其籠絡，獨歐范尹終不出其籠絡。呂申公。

荀令君之舉善，呂申公之進賢。見上。荀令君之舉善，不進不休。《魏志》。

蕭何受進賢之賞，無知受進賢之賞。漢高祖論功，蕭何爲第一。上曰：『進賢受上賞，封鄂秋安平侯。』封陳平爲户牖侯。辭曰：『非魏無知臣安得進？』乃賞無知。

下不進於上，相以進爲任。『賢者之處，猶金玉生於沙礫，預章産乎幽谷。下不進之於上，則無由而至。』鍾子。『宰相不辱焉，而薦之天子。』『孜孜以薦進良士爲己任。』『朝取一人焉，拔其尤；暮取一人焉，拔其尤。』韓文。

『獨視不若與衆視之明也，獨聽不若與衆聽之聰也，獨慮不若與衆慮之工也。故明王使賢臣輻輳並進，所以通中正而致隱居之士。』《韓詩外傳》。

皇極三　四八章

用賢

文王之用，穆公之用。『文王非無便僻親比己者，超人〔一〕乃舉太公於舟人而用之，豈私之哉！以爲親耶？則異族之人也；以爲故耶？則未嘗相識也；以爲姣好耶？則太公年七十二，齳然而齒墮矣。然而用之者，文王欲立貴道，欲白貴名，兼利〔二〕天下，以惠中國，而不可以獨，故舉是人而用之。』《韓詩外傳》。『虞不用百里奚而亡，秦穆公用之而霸。不用賢則亡。』《孟》。

巨用之者如彼，小用之者如此。『人主欲强國〔三〕安樂，則莫若與其人爲之。巨用之，則天下爲一，諸侯爲臣；小用之，則威行鄰國，莫之能禦。若殷之用伊尹，周之遇太公，可

〔一〕今按：『超人』，中華書局《韓詩外傳集釋》作『超然』，是。
〔二〕今按：『利』，中華書局《韓詩外傳集釋》作『制』，是。
〔三〕今按：『强國』，中華書局《韓詩外傳集釋》作『强固』，是。

謂巨用之矣。齊之用管仲，楚之用叔敖，可謂小用之矣。巨用之者如彼，小用之者如此也。故曰：粹而王，駮而霸。』上同。

《易・泰・象》：『小往大來。内陽而外陰，内健而外順，内君子而外小人，君子道長。』初九：『拔茅茹以其彙。徵吉。』《象》：『拔茅徵吉，志在外也。』《剥》上九：『碩果不食，君子得輿。』《象》：『君子得輿，民所載也。』《漸》上九：『鴻漸于逵[一]，其羽可用爲儀，吉。』《象》：『其羽可用爲儀，吉，不可亂也。』《豐》六五：『來章章美之才。有慶譽，吉。』《象》：『六五之吉，有慶也。』

《書》：『惇德允元。』『任賢勿貳。』『野無遺賢。』『惟后非賢不乂。』『末惟成德之彦。』『爽邦由哲。』『明我俊民。』

『髦士攸宜。』《詩》。『立政其惟吉士，用勱相我國家。』『思皇多士，生此王國。王國克生，維周之楨。』『濟濟多士，文王以寧。』『有馮有翼，有孝有德。』『鳳凰于飛，翽翽其羽，亦集爰止。藹藹王多吉士，維君子使，媚于天子。鳳凰于飛，翽翽其羽，亦傅于天。藹藹王多吉人，維君子命，媚于庶人。』

[一] 今按：『逵』，《十三經注疏》本《周易正義》作『陸』，是。

《孟》：『尊賢使能，俊傑在位，則天下之士皆悦，而願立於其朝矣。』『養老尊賢，俊傑在位，則有慶，慶以地。』

鄭有三良，楚用其賢。《僖七》管仲曰：『鄭有叔詹、堵叔、師叔，三良爲政，未可間也。』《襄廿七》：『崔氏之亂，申鮮虞來奔，僕賃於野，以喪莊公。爲齊服喪。冬，楚人召之，遂如楚，爲右尹。傳言楚能用賢。』

楚能官人，晋多君子。《襄十五》：『楚公子午爲令尹，公子罷戎爲右尹，蔿子馮爲大司馬，公子槖爲右司馬，公子成爲左司馬，屈到爲莫敖，公子追舒爲箴尹，屈蕩爲連尹，養由基爲宫厩尹。君子謂：「楚於是乎能官人。官人，國之急也。能官人，則民無覦心。」』《襄三十》季文子〔一〕曰：『晋未可媮也。媮，薄也。有叔向、女齊以師保其君。其朝多君子，其庸可媮乎？勉事之而後可。』

擇能而使，能用善人。《襄三十一》北宫文子曰：『子産之從政也，擇能而使之。』《昭五》：鄭罕虎如齊，晏子驟見之，曰：『能用善人，民之主也。』

善人，國之主也。賢者，國家之器用也。《襄三十》申無宇曰：『善人，國之主也。』王褒

〔一〕今按：『季文子』，《十三經注疏》本《左傳》作『季武子』。

《頌》：『夫賢者，國家之器用也。所任賢，則趨舍省而功施普；器用利，則用力少而就效衆。故世必有聖智之君，而後有賢明之臣。虎嘯而風冽，龍興而致雲。蟋蟀俟秋吟，蜉蝣出以陰。明明在朝，穆穆布列。聚精會神，相得益章。故聖主必待賢臣而弘功業，俊士必俟明主以顯其德。』

『國以賢治，君以忠安。』段恭《疏》。

辟百餘人，謂百六掾。晋王導説琅邪王睿收賢俊，辟刁協等百餘人，時人謂之百六掾。

拔卓茂於密縣，顯朱邑於桐鄉。陳頵遺王導書曰：『中華所以傾敝者，正以取才失所，先白望虚名而後實事，浮競驅馳，互相貢薦。夫欲制遠，先由近始。今宜改張，明賞慎罰，拔卓茂於密縣，顯朱邑於桐鄉。』導不能從。

勞於求賢，佚於得賢。《新序》：在側者曰：『一則告仲父，二則告仲父，易哉爲君。』桓公曰：『吾未得仲父，則難；已得仲父，曷爲其不易也。』故王者勞於求賢[一]，佚於得賢。

孔子曰：『左禹而右皋陶，不下席而天下治。』《家語》。子曰：『鮑叔達管仲，子皮達子産。』同。

[一] 今按：『求賢』，中華書局《新序校釋》作『求人』。

『力田不如逢年，善任不如遇合。』張奉曰。

樊川問：『今天子少，誰人爲棟梁？』我曰：『天子聖，晋公提紀綱。』『天子號仁聖，任賢如任師〔一〕，明廷開廣敞，才俊受羈維。如日月絙昇，若蘭蓀〔二〕葳蕤。人才自朽下，棄去亦其宜。』

杜詩：『君王自神武，駕馭必英雄。』『中原仗老臣。』『中原憶世臣〔三〕。』『只在忠良翊聖朝，艱危〔四〕須仗出群才。』『安危大臣在。』『賢路不崎嶇。』『天馬長鳴待駕馭，秋鷹整翮當雲霄。』『霖雨思賢佐，丹青憶老臣。應圖求駿馬，驚代得麒麟。』

梅福曰：『以伯樂之名，求騏驎於市。』樊川：『用賢無敵是長城。』

《書》：『爾有善，朕不敢蔽。』《書》：『疇，咨，若是登庸？』『疇，咨，若予采？』『有能俾乂？』『試可乃已。』『明明揚側陋。』『師錫帝。』『庶明勵翼。』『翕受敷施，九德咸事。俊乂在官，百僚師師。』『用人惟己。』『圖任舊人。』『與人不求備。』『無求備於一人。』『其難其慎，惟

〔一〕今按：『任師』，中華書局《全唐詩》作『事師』。
〔二〕今按：『蘭蓀』，中華書局《全唐詩》作『鸞鳳』。
〔三〕今按：『世臣』，中華書局《全唐詩》作『舊臣』。
〔四〕今按：『艱危』，中華書局《全唐詩》作『安危』。

和惟一。』『是崇是長，是信是使。』『克知三有宅心，灼見三有俊心。』『則克宅之，克惟繹之。』『簡厥修，亦簡其或不修；進厥良，以率其或不良。』『何擇非人。』

『率由群匹。』《诗》。

『舉賢才。』『舉逸民。』『其使人也器。』『取士必得。』

反有才未用

『雖重斬邪劍〔一〕，致君君未聽。』『伊呂終難降，韓彭不易呼。』『秋風動哀壑，碧蕙捐微芳。』『古來存老馬，不必取長途。』『才高心不展，道屈善無鄰。』『相如逸才親滌器，子雲識字終投閣。』『志士幽人莫怨嗟，古來才大難爲用。』『鳳隨其凰去，籬雀暮喧繁。君子去小人多。』『獨鶴歸何晚，昏鴉已滿林。君子退小人進。』『獨鶴不知何事舞，飢烏似欲向人啼。』『鳥雀苦肥秋粟食〔二〕，蛟龍欲蟄寒沙水。小人食禄君子退藏。』『去去才難得，蒼蒼理又玄。賢才不用。』

《孟》：『遺老失賢，掊克在位，則有讓。』

〔一〕今按：此句，中華書局《全唐詩》作『誰重斷蛇劍』。

〔二〕今按：『食』，中華書局《全唐詩》作『菽』。

《大》：『見賢而不能舉，舉而不能先，慢〔一〕也。』

皇極三　四九章

立賢

《孟》：『舜發於畎畝之中，傅説舉於板築之間，膠鬲舉於魚鹽之中，管夷吾舉於士，孫叔敖舉於海，百里奚舉於市。』『使天下仕者，皆欲立於王之朝。』『湯立賢無方。』朱子曰：『方，猶類也。惟賢則立之於位，不問其類也。』輔氏曰：『立賢無方，則用人無間。』《書》伊尹曰：『敷求哲人，俾輔于爾後嗣。』孫氏曰：『敷求求之，非一方也。如立賢無方。』

沈約曰：『太公起屠釣爲周師，傅説去板築爲殷相。胡廣累世農夫，致位公相；黄憲牛醫之子，名重京師。魏立九品，蓋論人才優劣，非謂世族高卑。而都正俗士，隨時俯仰，憑藉世資，用相陵駕。因此相沿，遂爲成法。周漢之道，以智役愚；魏晋以來，以貴役賤。』

〔一〕今按：『慢』，《十三經注疏》本《禮記正義·大學》作『命』。

裴子野曰：『古者德義可尊，無擇負販；苟非其人，何取世族！有晋以來，其流稍改，草澤之士，猶顯清塗；降及季年，專限閥閲。以謝靈運、王僧達之才華輕躁，生自寒宗，猶將覆折；重以怙其庇廕，召禍宜哉。』

山谷詩：『吾聞舉逸民，故得天下喜。』

皇極三　五〇章

好賢反

《書・秦誓》曰：『若有一介臣，斷斷乎無他技。其心休休焉，其如有容焉。人之有技，若己有之。人之彦聖，其心好之，不啻若自其口出，實能容之，以能保我子孫黎民，尚亦有利哉〔一〕。』

『所寶惟賢。』『惟善以爲寶。』《詩》：『孑孑干旄，在浚之郊。彼姝者子，何以畀之？孑孑干旟，在浚之都。彼姝者子，何以予之？孑孑干旌，在浚之城。彼姝者子，何以告之？』

〔一〕　今按：『尚亦有利哉』，《十三經注疏》本《尚書正義》作『亦職有利哉』。

『緇衣之宜兮，敝，予又改爲兮。適子之館兮，還，予授子之粲兮。緇衣之好兮，敝，予又改造兮。適子之館兮，還，予授子之粲兮。緇衣之席兮，敝，予又改作兮。適子之館兮，還，予授子之粲兮。』

《記》曰：『好賢如《緇衣》。』又曰：『於《緇衣》見好賢之至。』

『有杕之杜，生于道左。彼君子兮，噬肯適我？中心好之，曷飲食之？有杕之杜，生于道周。彼君子兮，噬肯來遊？中心好之，曷飲食之？』

樂只君子，邦家之基。樂只君子，邦家之光。樂只君子，民之父母。樂只君子，遐不眉壽。樂只君子，遐不黄耇。』『王欲玉汝。』『以近有德。』

《論》：『賢賢易色。』『好德如好色。』『見賢思齊焉。』

『貴德而尊士。』《孟》。『尊賢育才，以彰有德。』『古之賢王好善而忘勢。古之賢士何獨不然？樂其道而忘人之勢。故王公不致敬盡禮，則不得亟見之。見且猶不得亟，而况得而臣之乎？』

朱子曰：『君當屈己以下賢，士不枉道而求利。』

《中》：『凡爲天下國家有九經，曰：尊賢也。尊賢則不惑。』

魯平公将出，嬖人臧倉者請曰：『他日君出，則必命有司所之，今乘輿已駕矣，有司未知所之，敢請。』公曰：『将見孟子。』曰：『何哉？君所爲輕身以先於匹夫者，以爲賢乎？禮義由賢者，而孟子之後喪逾前喪，公無見焉。』公曰：『諾。』

樂正子入見，曰：『君奚爲不見孟軻也？』曰：『或告寡人曰：「孟子之後喪逾前喪。」是以不往見也。』曰：『何哉？君所謂逾者，前以士，後以大夫；前以三鼎，而後以五鼎與？』曰：『否。謂棺椁衣衾之美也。』曰：『非所謂逾也，貧富不同也。』樂正子見孟子，曰：『克告於君，君爲來見也。嬖人有臧倉者沮君，君是以不果來也。』曰：『行或使之，止或止之〔一〕，行止非人所能也。吾之不遇魯侯，天也。臧氏之子，焉能使予不遇哉？』朱子曰：『言聖賢之出處，關時運之盛衰，乃天命之所爲，非人力之可及。』

《秦誓》曰：『人之有技，媢嫉以惡之；人之彦聖，而違之俾不通，是不能容，以不能保我子孫黎民，亦曰殆哉！』

《孟》：『悦賢不能舉，又不能養也，可謂悦賢乎？』

《韓詩外傳》：『藍有青，而絲假之青於藍。地有黄，而絲假之黄於地。藍青地黄猶可假也，仁義之士不可假乎哉？東海之魚名曰鰈，比目而行，不相得不能達。北方有獸名曰

〔一〕　今按：『止之』，《十三經注疏》本《孟子注疏》作『尼之』。

娄，更食而更視，不相得不能飽。南方有鳥名曰鶼，比翼而飛，不相得不能舉。西方有獸名曰蟨，前足鼠後足兔，得甘草以遺蛩蛩巨虚。其性非能蛩蛩巨虚，将爲假之故也。夫鳥獸魚猶相假，而况萬乘之主？獨不能〔一〕假此英雄俊士與之爲伍，則豈不病哉。』

皇極三　五一章

録賢裔 林駉

嘗觀漢人之表列侯也，先叙爵邑，後叙子孫，則知漢人象賢之意。又觀唐人之表宰相也，先列職名，後列譜系，則知唐人世録之典。嗟夫！喬木舊望，見者興念；甘棠遺愛，去之見思。周公之後，與姬室相爲無窮；夫子之裔，歷漢唐猶一日。我國，念故家之餘澤，起遺笏之舊愛，上以接先賢之正傳，下以發潜德之幽光。故劉温叟以清節著名，太宗特録其子，所以示天下之名節；司馬公以誠實立身，哲宗特召子康，所以表名臣之行業。紹興末年，唱爲黨禍。龜山大儒靈光獨立，胡氏父子相繼擢用，而伊洛之傳始振。此高

〔一〕今按：『不能』，中華書局《韓詩外傳集釋》作『不知』。

宗録賢之功也。秦氏當國，忘讎忍耻。屈致文公，講道翠幄。其他苗裔收拾殆盡，而伊洛之傳復振。此孝宗録賢之功也。權臣用事，唱爲僞學，節惠有謚，讀書有人，閩中江右，家傳人誦。而伊洛之傳益盛。此寧宗録賢之功也。雖然司馬公一相主盟吾道，而伊洛之正學始明。趙忠簡求去，正人勢孤，而伊洛之門人復散。此愚又不能不拳拳於君，相相與扶持之功云。

皇極三　五二章

求賢

《學記》：『求善良，足以謏聞，不足以動衆。就賢體遠，足以動衆，未足以化民。』就，見《孟子》之『就體群臣』之體。

《易・姤》九五：『以杞包瓜，含章，有隕自天。』程頤曰：『内積至誠，則有隕自天矣。高宗感於夢寐，文王遇於漁釣，皆由是道也。』《象》：「九五含章，曰中正也。有隕自天，志不捨命也。」命，天理也。捨，逋也。至誠中正，屈己求賢，存志合於天理，所以有隕自天，必得之矣。』

《書》：『敷求哲人。』『旁求俊彦。』『聿求元聖，與之戮力。』『帝賚良弼，其代予言。乃審厥象，俾以形旁求于天下。』『旁招俊乂，列于庶位。』『古之人迪惟有夏，乃有室大競，吁俊尊上帝，迪知忱恂于九德之行。乃敢告教厥后曰：「拜手稽首后矣。」曰：「宅乃事，宅乃牧，宅乃准，兹惟后矣。」』《立政》。

《孟》：『堯以不得舜爲己憂，舜以不得禹、皋陶爲己憂。』『吾未聞欲見賢而召之也。況乎以不賢人之招招賢人乎！欲見賢人而不以其道，猶欲其入而閉之門也。』

齊公之五往，漢帝之三顧。『齊桓公見小臣，三往不得見。左右曰：「大小臣，國之賤臣也，君三往而不得見，其可已矣。」桓公曰：「吾聞布衣之士，不欲富貴，不輕身於萬乘之君。萬乘之君，不好仁義，不輕身於布衣之士。」五往而得見也。』《韓詩外傳》。『有鳥於此，架巢於葭葦之顛，天喟然而風，則葭折而巢壞，何也？其所托者弱也。稷蜂不攻，而社鼠不薰，非稷蜂社鼠之不薰〔一〕，其所托者善也。故聖人求賢者以輔。夫呑舟之魚大矣，蕩而决水，則爲螻蟻所制，失其輔也。』上同。

〔一〕今按：此句，中華書局《韓詩外傳集釋》作『非以稷蜂社鼠之神』。

皇極三　五三章

待賢

《孟》：『魯繆公無人乎子思之側，則不能安子思；泄柳、申商〔一〕無人乎繆公之側，則不能安其身。』『吾於子思，則師之矣。吾於顔般，則友之矣。』費惠公。『晋平［公］之於亥唐也，入云則入，坐云則坐，食云則食。雖蔬食菜羹，未嘗不飽，蓋不敢不飽也。』『舜尚見帝，帝館甥於貳室，亦饗舜，迭爲賓主。用下敬上謂之貴貴，用上敬下謂之尊賢，貴貴尊賢其義一也。』『孔子有見行可之仕，有際可之仕，有公養之仕。於季桓子，見行可之仕也。於衛靈公，際可之仕也。於衛孝公，公養之仕也。見行可，見其道之可行也。際可，接遇以禮也。公養，國君養賢之禮也。』

《新序》：魏文侯過段干木之廬而式。其僕曰：『君何爲式？』曰：『段干木光乎德，寡人光乎地；段干木富乎義，寡人富乎財。地不如德，財不如義。』國人誦之曰：『吾君好正，

〔一〕今按：『申商』，《十三經注疏》本《孟子注疏》作『申詳』。

段干木之敬；吾君好忠，段干木之隆。』

皇極三　五四章

養賢

《頤・彖》：『天地養萬物，聖人養賢以及萬民。頤之時大矣哉！』《鼎・彖》：『聖人大亨以養聖賢。』

《書》：『惟賢非後不食。』

《詩》：『於我乎！夏屋渠渠，今也每食無餘。吁嗟乎！不承權輿。於我乎！每食四簋，今也每食不飽。吁嗟乎！不承權輿。』杜詩：『楚筵辭醴日。』

孔子之於衛孝公，子思之於魯繆公。『孔子有公養之仕，於衛孝公，公養之仕也。』『繆公之於子思也，亟問，亟饋鼎肉。子思不悦，於卒也，摽使者出諸大門之外，北面稽首再拜而不受，曰：「今而後知君之犬馬畜伋。」蓋自是臺無饋也。悦賢不能[舉]，又不能養也，可謂悦賢乎？』『敢問國君欲養君子，如何斯可謂養矣？』曰：『以君命將之，再拜稽首而受。其後廩人繼粟，庖人繼肉，不以君命將之。子思以爲鼎肉使己僕僕爾，亟拜也，非養君子之道也。堯之於舜也，使其子九男事之，二女女焉，百官牛羊倉廩備，以養舜於畎畝之中，後舉而加諸上位，故曰王公之尊賢者也。』

伯夷避紂居北海之濱，聞文王作興，曰：『盍歸乎來！吾聞西伯善養老者。』太公避紂居東海之濱，聞文王作興，曰：『盍歸乎來！吾聞西伯善養老者。』二老者，天下之大老也，而歸之，是天下之父歸之也。天下之父歸之，其子焉往？諸侯有［行］文王之政者，七年之内，必爲政於天下矣。天下有善養老者，仁人以爲己歸矣。

食而不愛，豕交之也。愛而不敬，獸畜之也。恭敬者，幣之未将者也。恭敬而無實，君子不可虚拘。

周之亦可受也，免死而已矣。

皇極三　五五章

舉賢

《記》：『儒有内稱不避親，外舉不避怨。』『上臣事君以人。』『選賢所以報君。』諺曰：『家有敝帚，享之千金。』

祁奚之舉，魏子之舉。襄公三年，祁奚請老，晉侯問嗣焉。稱解［狐］，其讎也，将立之而卒。又問焉，對曰：『午也可。』於是羊舌職死矣。晉侯曰：『孰可以代之？』對曰：『赤也可。』職子伯華。於是使祁午爲中軍尉，羊舌赤佐之。君子謂『祁奚於是能舉善矣。稱其讎，不爲諂；立其子，不爲比；舉其偏，不爲黨。《商書》曰：「無偏無黨，王道蕩蕩。」其祁奚之謂矣。解狐得舉，祁午得位，伯華得官，建一官而三物成，能舉善也夫。』昭公二十八年，韓宣子卒，魏獻子爲政。魏戊爲梗陽大夫。魏子曰：『吾與戊也縣，人其以我爲黨乎？』成鱄曰：『戊之爲人也，遠不忘君，近不逼同，同位。居利思義，在約思純，純正。有守心而無淫行，雖與之縣，不亦可乎！夫舉無他，惟善所在，親疏一也。』

魏子之舉，賈辛之命。賈辛将適其縣，魏子曰：『辛來！昔叔向適鄭，鬷蔑惡，立於堂下，一言而善。叔向曰：「必鬷明也！」下，執其手以上，曰：「昔賈大夫惡，娶妻而美，三年不言不笑，御以如皋，射雉獲之，其妻始笑。賈大夫曰：『才之不可以已。我不能射，汝遂不言不笑夫！』今子少不颺，子若無言，吾幾失子矣。言之不可以已也如是。」遂如故知。今汝有力於王室，吾是以舉汝。行乎！敬之哉！毋墮乃力！』仲尼聞魏子之舉也，以爲義，曰：『近不失親，遠不失舉，可謂義矣。』又聞其命賈辛也，以爲忠。魏子之舉也義，其命也忠，其長有後於晉國乎！

舉不失職，舉爾所知。成十八年，晋悼公舉不失職。《論》子曰：『舉爾所知；爾所不知，人其舍諸？』

漢高之詔，漢武之詔。漢高詔郡國舉遺賢，詔曰：『王者莫高於周文，益曰霸者，莫高於齊桓，皆待賢人而成名。賢士大夫有肯從我遊者，諸侯王郡守必身勸爲之駕，遣詣相國府。有而不言，覺免。』書法：『書求遺賢何？美急賢也。』武帝元朔元年，定二千石不舉孝廉罪法，詔曰：『十室之邑，必有忠信；三人並行，厥有我師。今至闔郡而不薦一人，是化不下究，而積行之君子壅於上聞也。且進賢受上賞，蔽賢蒙顯戮，古多道也。其議二千石不舉者罪！』

詔議貢舉之法，詔舉有道之士。章帝元和元年，詔議貢舉之法。大鴻臚韋彪曰：『國以簡賢爲務，賢以孝行爲首，是以求忠臣必於孝子之門。夫人才行，少能相兼，是以孟公綽優於趙魏老，不可以爲滕薛大夫。忠孝之人持心近厚，鍛鍊之吏持心近薄。士宜以才行爲先，不可純以閥閲。然其要歸，在於選二千石。二千石賢，則貢舉皆得其人矣。』安帝詔舉有道之士。書法：『詔舉有道，終《綱目》一書而已。』

辛卯之詔，建德之詔。張衡策：『自初舉孝廉，迄今二百歲，皆先孝行；行有餘力，始學文法。辛卯詔書，以能章句、奏案爲限，雖有至孝，猶不應科，此棄本而取末也。曾子長於孝，然實魯鈍，文學不若遊、夏，政事不若冉、季。今欲使一人兼之，雖外有可觀，必內有闕矣。』周建德六年詔：『山東諸州各舉明經幹治者一人。若奇才異術、卓爾不群者，不拘此數。』

開皇之貢士，貞觀之得人。隋開皇七年，隋制諸州歲貢士三人。隋世選人，十一月集，至春而罷，人患其期促。至是，貞觀吏部侍郎劉林甫奏四時聽選，隨闕注擬，人以爲便。唐初，士大夫以亂後不樂仕，官員不充，州府多以赤牒補官。至是貞觀皆勒赴闕選〔一〕，集者七千餘人，林甫隨才銓叙。上謂房玄齡曰：『官在得人，不在員多。』遂併省之，留文武總六百四十三員。

敕令自首，久無所舉。唐太宗以選人多詐冒資蔭，敕令自首，不首者死。上令封德彝舉賢，久無所舉，上詰之。對曰：『非不盡心，但於今未有奇才耳。』上曰：『君子用人如器，各取所長。古之致治者，豈借才於異代乎？正患己不能知，安可誣一世之人！』德彝慚而退。

謝安之舉兄子，仁傑之舉其子。謝安以兄子玄應詔。郗超曰：『安之明，乃能違衆舉

〔一〕今按：此句，中華書局《資治通鑑》作『至是盡省之，勒赴省選』。

親；玄之才，足以不負所舉。』武后命宰相各舉尚書郎一人，狄仁傑舉其子光嗣，拜地官員外郎，已而稱職。太后喜曰：『卿足繼祈奚矣。』

陳頵之言，孔坦之語。晋元帝欲慰悦人心，州郡秀、孝至者不試皆署吏。尚書陳頵上言：『宜循舊制，試以經策。』從，仍詔：『不中科者，刺史、大夫〔一〕免官。』帝欲特除孝廉已到者官，尚書令孔坦以爲：『謹身者失分，僥倖者得官，頽風傷教，恐從此始。不若一切罷之，而爲之延期，使得就學，則法均而令信矣。』帝從之。

魏太和之選舉，魏神𪆟之郎選。魏太和十一年，秘書令高祐曰：『今之選舉，不採識治之優劣，專簡年勞之多少，非所以盡人才也。若停薄藝，棄朽勞，惟才是舉，則官方穆矣。』魏神𪆟二年，魏以郎選不精，大加沙汰。唯朱元旭、辛雄、羊深、源[子恭]、祖瑩等以才用見留，餘皆罷遣。

嗣聖九年之語，上元二年之制。嗣聖九年，武后遣使，存撫四方，引見舉人，無問賢愚，悉加擢用，高者試給事中、舍人，次即遺補校書郎拾遺補闕〔二〕。時人語曰：『補闕連車載，

〔一〕今按：『大夫』，中華書局版《資治通鑒》作『太守』。
〔二〕今按：此句，中華書局版《資治通鑒》作『次試員外郎、侍御史、補闕、拾遺、校書郎』。

拾遺平斗量，欋欋權俱反。推吐雷反。侍御史，碗脱校書郎。』授官之泛如用把推聚之多，官不得人如模脱碗杯個個相似。舉人沈全交續之曰：『糊心存撫使，眯目聖神皇。』御史劾之，太后曰：『但使卿輩不濫，何恤人言！』胡氏曰：『可謂全交之言，誹謗矣。』而武后付之一笑，仍責舉官，使之自反，此明主所爲也。宜其運動四海，呼吸雷風，一代英賢，無不俯首也。上元二年制，除五品以上官，令舉一人自代。書法：『授官舉人自代，始此。』

嗣聖二年之制，顯德二年之制。嗣聖二年太后制：『百官及百姓皆得自舉。』書法：『書譏也。苟欲干譽，而廉耻之道自此尽矣。』周顯德二年制舉令録法，初令學士、兩省舉令録，除官之日，仍署舉者姓名，若貪穢敗官，並當連坐。

排抑武人，不預清品。魏將軍張彝之子仲瑀上封事，排抑武人，不預清品。羽林虎賁作亂，殺張彝仲瑀。奏免，太后大赦，因令武官依資入選。識者知魏之將亂矣。

七十家之薦，六十家之薦。趙文子舉管庫之士七十有餘家，趙武薦白屋之士六十家。非韓信無可，非杜如晦不可。蕭何曰：『非韓信無可與計事者。』房玄齡曰：『經營四方，非杜如晦不可。』

進善言之恐後，貢才智之有餘。鄭莊聞人之善言，進之猶恐後。楊興謂史高曰：『富貴在身，烈士不舉〔一〕，是爲狐白之裘而反衣之也。平原匡衡，才智有餘，經學絶俗〔二〕，貢之朝廷，必爲國器。』

『卿除吏盡未？吾亦欲除吏。』田蚡薦人，權移主上，上曰云云。

『薦寵下輩，不好面諛。』灌夫。

韓安國之舉，張安世之舉。韓安國嗜財，舉皆名士。安世嘗有所薦，其人來謝，大恨，以爲舉賢達能豈有私謝耶？

樊準之薦，孔融之薦。樊準薦龐參曰：『鷙鳥累百，不如一鶚。』孔融《薦禰衡表》：『淑質正亮，奇才卓犖。』

每有所舉，皆當其才。鄧禹。

若使理登三事，必能增輝日月。陳蕃胡廣《疏》：『預章徐穉，彭城姜肱，德行純備，若使理登三事，必能增輝日月。』

安世之薦，恨其人之來謝；孔光之舉，恐其人之聞知。見上。

〔一〕今按：『烈士不舉』，中華書局《漢書》作『列士不譽』。

〔二〕今按：『絶俗』，中華書局《漢書》作『絶倫』。

龐統所稱，多過其才。荀彧所舉，命世大才。每所稱述，多過其才，人問之，曰：『雅道陵遲，善少惡多，今拔十得五，猶可以崇邁世教。』前後所舉，命世大才，爲卿相者十數人。

以一字而拔人，先密啓而公奏。山簡曰：『蔡子克〔一〕今之正人。』王衍曰：『山子以一字拔人。』山濤用人，皆先密啓，然後公奏，舉無失才，甄拔三十餘人。

韓康伯之尚書，吴隱之之清級。吴隱之與太常韓康伯鄰居。康伯母，殷浩之姊，賢明婦人也。隱之執母喪，每聞其哭，輟飡投筯爲之悲泣，謂康伯曰：『汝居銓衡之職，當舉此輩。』康伯爲吏部尚書，隱之遂階清級。

御二龍於長塗，騁騏驥於千里。劉繇字正禮，兄岱字公山。陶丘洪欲令刺史舉茂才，曰：『所謂禦二龍於長塗，騁騏驥於千里。』《吴志》。

天下桃李，盡在公門。籠中藥物，可無一日。或謂仁傑曰：『天下桃李，尽在公門。』仁傑曰：『薦賢爲國，非爲私也。』元行冲謂狄仁傑曰：『願以小人備一藥石。』仁傑笑曰：『君正吾藥籠中物，不可一日無。』

師德之薦仁傑，蕭嵩之薦張鎬。仁傑爲相，師德薦之。仁傑不知，數擠師德。蕭嵩薦

〔一〕 今按：『克』，中華書局《漢書》作『尼』。

布衣張鎬，曰：『用之則爲王者師，不用則幽谷一叟。』玄宗擢鎬拾遺。

除吏八百，一薦四人。崔祐甫除吏八百，韓愈一薦四人。侯喜、侯雲長、劉述古、崔群玉。

三人之薦，韓愈之薦。韓愈《楊子書》：『東野説足下不離口，崔大敦以足下爲處士之秀，李翺亦云足下之文。』

韓愈之薦，管仲之舉。韓愈薦樊宗師曰：『誠不忍奇寶横棄道側。』《雜記》孔子曰：『管仲遇盜，取二人焉。上以爲公臣，曰：「其所與遊，僻也，可人也。」邪僻之人，可任用也。管仲死，桓公使爲之服。官於大夫者之爲之服也，自管仲始也，有君命焉爾也。』注：於禮違大夫而之諸侯，不爲大夫反服。桓公之意，蓋不忘管仲之舉賢也。

丙吉之薦，梁商之舉。丙吉病，上臨問以誰可以自代者，吉薦杜延年、于定國、陳萬年，後三人居位，皆稱職。上稱吉爲知人。梁商疾篤，帝臨問遺言，對曰：『周舉清高忠正，可重任也。』

周瑜之薦，劉勝不薦。周瑜薦魯肅，孫權與語説之，合榻對飲。問計，對曰：『爲將軍計，唯有保守江東，以觀天下之釁耳。』杜勝〔一〕曰：『劉勝知善不薦，問惡無言，隱情惜己，

〔一〕今按：『杜勝』，當爲『杜密』。

自同寒蟬，此罪人也。』

陳襄之薦，孫抃之薦。熙寧中《詔》：『陳襄薦司馬光以下三十三人。』陳襄述古，號高靈先生〔一〕。孫抃爲御史，薦唐介、吴中復爲御史。人問：『未嘗識，薦之何也？』孫曰：『昔人耻呈身御史，今豈求識面臺官耶？』孫晚爲執政，曰：『吾何功以輔政？薦臺官爲無愧。』

吕蒙正之疏人才，范忠宣之引人才。吕蒙正爲相，夾袋中疏四方人才、文武百官。范忠宣公爲相，薦引人才，必以公議。士未嘗知公，公未嘗示恩意於人。

張忠定之薦，王太尉之薦。范延賞爲殿直，押兵過金陵，張忠定公爲守。曰：『沿路見好官員否？』曰：『萍鄉邑宰張希顔者，好官員也。』公曰：『希顔固美矣，天使亦好官員也。』即日同薦。王太尉薦寇萊公，寇萊公數短太尉。上曰：『卿雖稱美，彼短卿惡。』太尉曰：『臣多闕失，準無所隱。』

王曾之擢用，吕公之悔薦。王曾爲相擢用，未嘗與言。曰：『用賢人主之事，若使之知，是殉私情而示私恩也。』吕正獻嘗對伯淳有悔薦之意，伯淳曰：『願侍郎寧受百人欺，不

〔一〕今按：『高靈先生』，當爲『古靈先生』。

可使好賢之心小替。』

呂公之薦横渠，程顥之奏張載。呂公之薦横渠，修身講學，爲關右士人師表。且知过境利害，以爲崇文院校書。程顥奏狀：『伏聞著作佐郎張載往明州推勘苗振公事，竊謂近臣以其學行論薦，故得召對朝廷。夫推按詔獄，非謂儒者之不當爲，然試之能吏，非所以尽儒者之事業。』

呂正獻之薦，韓魏公之薦。呂正獻公與温公同奏舉河南程頤，詔爲潁川推官、國子教授，不就。秘書省教書郎，不就。崇政殿説書，乃就。議者譏：辭卑居尊，不就？韓魏公薦曰：『韓愈，唐之名士；歐公，今之韓愈。』

韓魏公之不識其面，呂希哲之未嘗干人。韓魏公喜用知名士，或不識其面，既用之，其人亦不知所薦。呂希哲未嘗干人薦舉，以爲後賢之戒。

晏殊之薦，謝泌之薦。晏殊薦一人，王曾謂殊，更薦范公。謝泌諫議，不妄薦士，或薦一人，則焚香奉表，望闕再拜而遣之。所薦雖少，無不顯者。

李師錫之所薦，梅聖俞之不薦。李師錫，仁宗覽其薦者三十二人，曰：『保任之法，欲以盡天下之才，但薦勢要，孤寒何以進？』梅聖俞，以蔭保爲吏，纍舉進士，輒抑於有司。平生作詩尤多，王文康公嘆曰：『二百年無此作矣！』不果薦。

楊佐之並薦，允文之得人。劉錡與李常友，楊佐欲薦常，常願先錡。佐曰：『不見此風久矣。』並薦之。虞允文爲相，懷袖一册，目曰《材館録》。一時得人之盛，有慶曆元祐風。

以獻詩而薦，以謝詩而薦。張泳知成都，有參軍老病，公責之曰：『何不歸？』參軍以詩謝曰：『秋光都似官情薄，山色不如歸興濃。』公驚嘆，薦之。范文正爲杭州，蘇鱗爲屬縣，獻詩曰：『近水樓臺先得月，向陽花木易爲春。』文正薦之。

王荆公之薦寒士，張通判之薦不願。王荆公薦寒士，公去位後，遂參政。公有詩寄意云：『本種酴醾架，金沙只謾栽。自矜顔色好，飛度臘前開。』張鑄以轉運使通判大平州，葛源爲提舉，取張脚欲發薦狀。張詩云：『提司坑冶是新差，職比催綱勝一階。若發薦章求脚色，下官蹤迹轉沉埋。』

舉讎

《記·儒行》：『外舉不避怨。』

稱讎不爲諂，舉賢不避讎。祈奚請老，稱其讎不爲諂。見上。《韓子》趙簡子問：『孰可以爲上黨守？』解狐曰：『荆伯柳可。』趙簡子曰：『非子之讎乎？』對曰：『臣聞，忠臣舉賢不避仇讎。』

舅犯之舉子羔，蕭何之薦曹參。晋文公問：『誰可爲西河守？』舅犯曰：『虚子羔。』

曰：『非汝之仇與？』曰：『君問爲守者，非問臣之仇也。』子羔謝之，犯曰：『薦子者，公也，吾不以私事害公義。子其去矣，顧，吾射子矣。』曹參與蕭何善，及爲相，有隙。至何死，所推惟參。

舅犯不以私事而害公義，見上。蔣欽豈以公舉而挾私怨！蔣欽屯宣城，徐盛收欽屯吏，表斬之，欽稱其善。孫權曰：『君欲慕祈奚耶？』欽曰：『公舉不挾私怨。』權嘉之。

舉親

《記・儒行》：『内舉不避親。』

午也可，戊也縣。祈奚對曰：『午也可。』君子謂：『舉其子不爲比。』見上。魏子曰：『吾魏舒庶子。與戊也縣人，其以我爲黨乎？』見上。

謝太傅之薦，狄仁傑之薦。謝安薦兄子，郤超嘆曰：『違衆舉親，明也。』狄仁傑薦子光嗣，武后喜曰：『卿足繼祈奚矣？』

韋貫之之舉弟，崔祐甫之薦親。韋貫之爲監察御史，舉弟纁自代，議者不爲之私。唐肅宗謂崔祐甫曰：『人言卿議官多親故，何也？』對曰：『薦議者必悉其才行，如不聞知，何由得實？』

曹侍中之薦子，呂蒙正之舉侄。曹侍中將薨，車駕臨問，對曰：『二子煒煒，皆堪爲將。』呂蒙正病，帝幸宅問，對曰：『侄夷簡，宰相才也。』

程顥爲御史，薦數十人，而以父表弟張載、弟頤居首。

自薦

蒙恥辱，負鼎俎。東方朔曰：『伊尹蒙恥辱負鼎俎和五味芋湯〔一〕。』『必欲致士，先從隗始，況賢於隗者，豈遠千里哉！』郭隗。《戰國策》。

毛遂自薦，方朔自譽。

漢士自鬻，張敞自治。《方朔傳》：『渤海賊起，張敞上書，請自治之。』

王霸上謁，元輿獻文。光武過潁陽，王霸上謁，願充行伍。唐舒元輿獻文闕下，不報。上書言：『主父偃以布衣上書，朝奏暮召。臣所上八萬言，鍛鍊精粹，拔犀角，擢象齒，豈偃比哉？』

百里奚之自鬻，曹子建之自試。

〔一〕今按：『和五味芋湯』，中華書局《漢書》作『和五味以干湯』，是。

自代

問吕蒙，問鍾皓。吕蒙至都，孫權問：『誰可代者？』對曰：『陸遜，意深長，才堪負重。』乃拜偏將軍。鍾皓爲郡功曹，太守問：『誰可代者？』皓曰：『西門亭長陳實可。』太守以爲功曹。

蕭何舉代，韓愈自代。帝問曹參何如，頓首曰：『臣死不恨矣。』韓愈《薦錢徽自代表》：『時名年輩，俱在臣前，擢以代臣，必允衆望。』

丙吉自代，周瑜乞代。丙吉病，上問自代。曰：『杜延年明於法度，于定國執憲均平；陳萬年事後母孝。』周瑜病，上疏曰：『魯肅智略足任，乞以代瑜。』

羊祜之疾舉周瑜，王旦之疾薦寇準。羊祜疾篤，舉周瑜自代。王旦疾，肩輿入禁中，見於延和殿，强起舉笏曰：『莫如寇準。』

鮑叔之薦管叔，申公之舉堯佐。鮑叔薦管叔曰：『臣所不如管夷吾者五：寬惠柔愛，臣不如也；忠信可結於百姓，臣不如也；制禮約法於四方，臣不如也；决獄折中，臣不如也；執枹鼓立於軍門使士卒勇，臣不如也。』《韓詩外傳》。吕申公致仕，宋仁宗曰：『誰堪代者？』申公曰：『無如陳堯佐。』堯佐遂大拜，極懷薦引之德，作《燕》詞曰：『二社良辰，千家庭院，翩翩又見新歸燕。鳳凰巢穩許爲鄰，瀟湘烟暝來何陳[一]。亂入紅樓，低飛緑岸，畫梁時拂歌塵散。爲誰歸去爲誰來，主人恩重珠簾捲。』申公曰：『自恨捲簾人已老。』『莫愁調鼎子無功[二]。』

皇極三　五六章

辟舉

『慎簡乃僚。』《書》。『乃得辟舉。』揚雄[三]。郡國屬吏皆令自辟，故漢吴公召賈誼，張忠辟孫寶，楊震辟杜喬，胡廣辟李膺。『辟而不用，是失人也。』《周燮傳》。陳群父子，世號三君，宰府辟召，同時旌命，羔雁成群。刺史周景，別駕陳蕃。豫州刺史周景，辟陳蕃爲別駕，以諫不納，投傳而去。傳，符也。

[一] 今按：『陳』，《詩話總龜》作『晚』。
[二] 今按：此句，《詩話總龜》作『文惠曰：「莫愁調鼎事無功」』。
[三] 今按：『揚雄』，當爲『左雄』。據《後漢書·左雄傳》。

桓温之辟謝安，江統之舉郤覽。東海王越爲兖州牧，以江統爲別駕。與統書曰：『王子師爲預州，未下車，辟荀慈明；下車，辟孔文舉。』統舉郤覽賢良，阮脩爲直言，程收爲方正。桓温辟謝安，請爲司馬。問左右：『頗相見〔一〕我有如此客不？』

玄齡之留如晦，裴度之副馬總。唐太宗爲秦王，房玄齡曰：『如晦，王佐才。』表留幕府。裴度充淮西宣慰招討處置使，馬總爲副，韓愈、李正封、馮宿、李宗憫爲兩史判官書記。

公義之引思謙，子儀之辟黄裳。唐沛王府長史皇甫公義引韋思謙爲參軍，曰：『公非池中物，屈公爲數旬客，以重此府耳。』郭子儀辟杜黄裳佐朔方府。子儀入朝，使主留後〔二〕，衆不敢亂。

錢文僖之西都，司馬光之秘閣。天聖明道中，錢文僖留守西都，謝希深通判，歐陽脩推官，尹師魯書記，梅聖俞主簿。司馬光作《通鑒》，英宗命置局秘閣，劉攽、劉恕、范祖禹爲屬。又奏其子康爲檢閲文字，除秘書省正字。

狄青之不辟行者，文正之不辟朋友。儂智高叛，仁宗遣狄青爲宣撫使，有因貴近求從

〔一〕今按：『相見』，中華書局《晋書》作『嘗見』。

〔二〕今按：『留後』，《舊唐書·杜黄裳傳》作『留務』。

行者，青曰：『擊賊有功，朝廷有厚賞；若不能擊賊，軍中法重。』范文正幕府辟客，須可爲師者乃辟之，雖朋友亦不可辟。

張籍寄李司空，韓愈送石處士。張籍辭辟命，作《節婦吟寄東平李司空》：『君知妾有夫，贈我雙明珠。還君明珠雙泪垂，何不相逢未嫁時。』韓愈《送石處士赴河陽》：『長把種樹書，人云辟世士。忽騎將軍馬，自號報恩子。風雲入壯懷，泉石別幽耳。』

皇極三　五七章

座主

漢法：所舉主，終身保任。

《白集》：『商山老皓雖休去，終是留侯門下人。』

周公朝讀百篇書，暮見七十士。

生不交利，死不屬其子。趙文子所舉於晉國管庫之士七十有餘家，生不交利，死不屬其子。《檀弓》。

李克曰：『達，視其所舉。』子夏、田子方、段干木，成所舉也，乃相成。魏成。

趙盾之言韓厥，何武之奬善人。趙盾言：韓厥於靈公河曲之役，宣子使人以其乘車干行，厥執而戮之。宣子召而禮之曰：『吾舉韓厥也忠。』何武好進士，奬稱人之善，爲楚内史厚兩龔，勝、舍，在沛郡厚兩唐。林、遵。及爲公卿，薦之。

崔洪薦郤詵，郤詵糾崔洪。晋崔洪薦郤詵，代己爲左丞。詵後糾洪曰：『崔侯固舉才，我以才見舉，惟官是視，各明至公。』

座主審權，門生處權。座主崔沆，門生崔瀣。杜審權知舉放盧處權，有戲曰：『座主審權，門生處權。』崔沆放崔瀣，談者稱：『座主門生，沆瀣一家。』

李逢吉之舉主，桑維翰之門生。李逢吉知貢舉，榜未放而入相，及第人就中書見座主。桑維翰，裴皥之門生也，謁皥，皥不迎不送。曰：『皥見維翰於中書，則庶僚也；維翰見皥於私館，則門生也。』人重其耿介。

皇極三　五八章

舉主黄履翁

擇舉主於未用之先，責舉主於已用之後，此古今薦舉之良法也。方人才之未用，固難知其賢否之實，吾惟擇舉主於其先，俾盡其推轂之誠，則得矣。及人才之已用，固當施其升黜之權，吾惟責舉主於其後，以嚴其連坐之法，則得矣。擇之於其先，而人知所勉；責之於其後，而人知所懼。則舉親舉讎，但守公道，不敢以名器爲房奩之物；薦賢報國，願盡臣職，不敢以私恩爲桃李之地。漢法，郡國可薦，公府可薦，爲師可薦。吴公薦賈誼，王商薦鮑宣，叔孫薦兩生。唐法，有薦舉餘四十人者，杜淹。有薦疏至三十人者。裴垍疏，李吉甫薦。杜淹所薦果爾知名，吉甫所薦稱爲得人。

竊觀貢禹疏，守相〔一〕選舉不以實，輒行其誅，其責舉主之罪爲甚嚴；又觀玄宗敕，視其政善惡爲舉者賞罰，其責舉主之法爲甚詳。國朝用人之法，一則曰舉主，二則曰舉主。太宗曰：『若不擇舉主，何由擇賢？』真宗曰：『不若先擇主以類求人。』此祖宗之明訓也。富鄭公曰：『有德者知人之德，有才者然後知人之才。』歐陽公曰：『廉者舉清廉，贓者舉貪濁。』此先正之格言也。

舉京朝委之蘇易簡、陳恕，舉御史委之樂黄自、陳知微，舉三司判官則委李昉，舉監司則委張知白。是故，吕祐之舉東野日宣，坐殉親而貶。夏侯彧之舉曹利涉，坐殉勢而劾。

〔一〕今按：『守相』，《四庫全書》本《古今源流至論别集》作『首相』。

崔能之任即墨，未滿歲移秩〔一〕，則罪舉者之欺蔽。路坦之令餘杭貪墨敗露，則劾漕司之妄薦。太宗曰：『濫舉者既懲其過，所得實者當議酬奬。』以此諭下，人誰敢私舉乎？陳堯叟曰：『所舉之人顯有器能，其所舉主特與酬奬。』以此告君，人誰不知勸乎？陳升之任執政，不敢私薦一士。謝泌爲諫議，未嘗妄薦一人。劉器之不通書政府，乃所以能擢；吕舜從惟勤於職事，乃所以求知。昔陳襄薦司馬温公而下三十三人，焌章遺墨，炯炯不磨，紹興天子，特爲賞音。嗚呼！安得薦人如古靈、被薦如温公，以爲異日之美談也哉？

皇極三　五九章

賞舉主

晋侯之賞胥臣，晋侯之賞威子。晋侯敗狄于箕，郤缺獲白狄子。襄公以先茅之縣賞胥臣，曰：『舉郤缺，子之功也。』晋侯賞威子狄臣千室，亦賞士伯以瓜衍之縣，曰：『吾獲狄土，子之功也。』

〔一〕今按：『移秩』，《四庫全書》本《古今源流至論别集》作『移職』。

秦王稽之拜，漢鄂秋之封。王稽載范雎入秦，范雎爲相，拜河東太守。漢高論功，蕭何爲第一，封鄂侯安平侯〔一〕。

漢之賞無知，唐之拜馬周。封陳平爲户牖侯，辭曰：『非魏無知，臣安得進？』乃賞無知。貞觀，常何武人，不學，爲條二十餘事。太宗怪，問，何曰：『臣客馬周教臣言之。』召見，大悦，拜監察御史，賞常何帛三百匹。

皇極三　六〇章

罰舉主

漢武之削爵，張勃之削户。漢武詔：『蔽賢蒙顯戮；不貢士，一則黜爵，再則削地，三則削爵削地〔二〕。』張勃舉陳湯，司隷奏湯無行，勃坐削户。

何武坐遷内史，徐淑坐免群守。何武舉方正，所舉者召見盤辟雅拜，有司以爲詭衆，武

〔一〕　今按：此語，《四庫全書》本《古今事文類聚》作『封鄂千秋安平侯』。

〔二〕　今按：此二句，中華書局《漢書》作『再則黜地，三而黜爵地畢矣』。

坐遷楚内史。順帝舉孝廉，限年四十。廣陵舉孝廉徐淑，左雄詰之，郡守坐免。

皇極三　六一章

門生

袁氏植恩，門生殆遍。於陵入朝，門生出迎。袁氏植恩四世，門生殆遍天下。唐楊嗣復領貢舉，父於陵入朝，嗣復乃率門生出迎，置酒，於陵坐堂上，嗣復與門生坐兩序。始於陵擢李師稷及第，時亦在焉，人謂上下門生。

李宗憫之玉筍班，楊嗣復之鸞鳳門。唐李宗憫知舉，門生清秀俊茂，時謂之玉筍班。楊嗣復鸞鳳杞梓，舉集其門。

晏元獻之不喜歐陽，劉器之之不平馬涓。晏殊不喜歐陽公，公謝曰：『飄流之迹愈遠而益疏，孤拙之心易危而益畏。』馬涓廷試日，劉器之作詳定官，涓未嘗修門生之敬，器之不平。涓曰：『殿試，天子自爲座主，豈復可稱門生於他人？』器之嘆服。

皇極三　六二一章

座主門生同列

同升諸公，兼爲三司。《論》：『公叔文子之臣大夫僎與文子同升諸公。子曰：「可以爲文矣。」』

胡廣與故吏陳蕃、李咸兼爲三司，蕃等每朝會稱疾。鄭弘字巨君，爲太尉，舉將第五倫爲司空，班次在下。置雲母屏風分隔其間。由此爲故事。封舜卿開元〔一〕中與門生鄭致雍入翰林，致雍有俊才，舜卿辭拙澀，對草綸誥，托致雍秉筆。議者以爲座主辱門生。

五倫爲司空，巨君爲太尉；致雍俊才，舜卿拙澀。尚父之帥河中也，咸寧郡王渾公佐之，接控數州，繼践臺庭。曹參之代蕭何，大叔之嗣子産也。

蕭遘自與王鐸而並位，盧坦豈與少年而同列。蕭遘與王鐸並居相位，鐸年高，升階足

〔一〕　今按：『開元』，當爲『開平』。

跌，遘旁掖起。帝曰：『輔弼之臣和，予之幸也。』對曰：『臣应舉時，鐸爲主司。』唐盧坦爲鄭滑判官。有善笛者，大將請節度爲重職，坦曰：『奈何與吹笛少年同列耶？』

皇極三　六三章

薦賢　林駉

乾興初年，仁宗即位之始也，而王曾首薦呂夷簡之相。熙寧九年，神宗即位之元也，而陳襄首薦司馬光之相。短牘朝馳，長牋暮進，其舉曰覓；親故交求，彼此相薦，其舉曰互；綢繆託契，夙有恩惠，其舉曰私；白晝大都，與奸爲市，其舉曰鬻。

曹彬，一代名將也，教子登壇，韜略世授，卒以一子薦之。呂蒙正，一代賢相也，衣鉢相傳，勛業無愧，卒以猶子薦之。是不以親爲疑也。

廢后之事，籠錦之事。范仲淹嘗攻呂夷簡，而夷簡復薦仲淹。唐介嘗劾文彦博，而彦博復薦唐介。是不以讎爲疑也。

李文正之用賢，以爲大臣之職而不欲市私恩。王文正之拔賢，未嘗顯拔一人而恐恩自己出。蓋不敢謝〔一〕恩私門也。

吕文靖之薦包孝肅，以其同巷而不求見。司馬公之薦劉元城，取其無書以抵政府，蓋不待有求後進也。論薦若此，其視祈奚之於午，解狐之於伯抑，師德之於仁傑，亦何愧哉！不然，李師錫乃王德用之甥，而薦者凡三十餘人。陳琪乃龐籍之婿，而薦者至二十四人。徒以權貴之故而薦也，夫何取？

王安國本荆公之親弟也，至託公論以力薦之，徒以親故之私而薦也。吕惠卿本荆公之同己也，至犯衆怒以力薦之，夫何取？嗟夫！吕文穆謂：『我爲相無能，但有一能，善用人。』唐質肅言：『吾輔政何功？惟薦二臺官無愧。』雖然薦賢者固無負國家，而被薦者亦不當負舉主。范仲淹之於晏殊，有知己之恩也，稱壽一疏，聞者縮頸，而每以不稱爲羞。若此者，可以受所薦。王荆公之於文潞公，有知己之恩也，新法一奏識者稱快，而反以異己爲嫌。若此者，適以負所薦。天聖上太后壽，仲淹奏『虧君體』。晏殊薦仲淹，仲淹曰：『猥辱公舉。』

〔一〕今按：『謝』，《四庫全書》本《古今源流至論前集》作『樹』。

皇極三　六四章

薦辟

大士貢名，下士貢身。嚴羽辭孝廉。待以不臣之禮，貢之天朝。元幹薦何楨〔一〕。士子聲名未立，應共獎成。謝朓薦孔圭。李膺奇林宗。鍾皓識陳寔。羊陟薦趙壹。後漢。辟文舉。李白書。使得對揚紫庭，必能輔翼霜露。劉琨薦任允。珥筆丹墀，垂纓玉陛。杜預案蘇贊：『若〔得〕珥筆丹墀，必有匪躬之節。』陸雲薦張瞻：『若垂纓玉陛，論道紫宫，誠帝宫之瑰寶。』輔翼霜露，見上。增耀日月。陳蕃薦徐穉，若登三事，必能輔翼霜露〔二〕。東平薦吴良。凡所薦達，躬儉安貧，白首一節。私慕公叔同升之義，懼於臧文竊位之罪。

〔一〕今按：『元幹薦何楨』，此語有誤。《翰苑新書》記曰：『何楨字元幹，爲弘農郡守。有楊囂生爲郡吏，楨一見便待以不臣之禮，遂貢之天朝』。

〔二〕今按：『輔翼霜露』，當爲『增耀日月』。

不納不止。劉穆之爲丹陽尹。好古嗜學，安於静退。文彦博薦韓維。陳公槁上薦卅三人。述古。呂相袋中疏四方才。蒙正。心與道潛，湛然淵静。所居則躁人化，聞風則薄夫敦。宗原明薦呂希哲自代〔一〕。

以能詩而薦，以薦賢爲務。胡銓素無一面之雅，以詩薦於孝宗，朱子辭不赴。呂蒙之在侍從也，專以薦賢爲務。

精：『玉無翼而飛，珠無脛而行，蓋人爲之舉也。』《劉子》。『夜光之璧顯價於和氏之肆，千里之足定功於伯樂之庭。』應璩《牋》。『翼靈鳳於蒼梧，起滞龍於潢污。』陸士衡。『生其羽翼，長其光價。』《唐文》。『汲引之惠，如帆得風。』李習之。『玉不韜輝，蘭無沉馨。』唐呂温。『驥躊躇於弊輦兮，遇孫陽而得代。』『士非玉璧，談者爲價。』《物理論》。宋廣平之賦，投以《梅花賦》。蘇味道之稱，味道稱之。

查道之辭，葉齊之與。查道，都運使樊知古欲薦之，辭以與其縣主簿葉齊。『無鹽煩刻畫，寒谷借吹噓。』歐陽詩。『折簡能榮悴，遺簪莫棄捐。韶光如見借，寒谷變風烟。』温飛卿。『自愧掃門士，誰爲乞火人。』杜牧。『巨海能無釣，浮雲亦有梯。』杜。『酸寒溧

〔一〕 今按：『宗原明薦呂希哲自代』，此語難通。呂希哲字原明，號滎陽公。《童蒙訓》記曰：『薦滎陽公自代詞云：「心與道潛，湛然淵靜。所居則躁人化，聞風則薄人敦。」』

陽尉，孟郊。五十幾何耄。聖皇索遺逸，耄士日登造。青冥送吹噓，强箭射魯縞。』韓。『揚雄更有河東賦，惟冀〔一〕吹噓送上天。』杜。『遺簪墜履應留念，門客如今只下寮。』羅隱。『久拋韡袴辭君〔二〕去，忽有弓旌扣户來。茅舍相過争借問，荷衣欲出却徘徊。』『誰人世上爲金口，借取明時一薦雄。』樊川。

皇極三　六五章

薦舉頌德

人物指南，文章司命。地望如山，門庭似水。胸中水鏡，筆下化爐。士類涇渭，人物權衡。範世清規，鑄人妙學。緇衣好賢，華衮褒善。斯民先覺，吾道主盟。王室股肱，時人耳目。羽儀聖代，冠冕儒流。謂棄鷄肋之可惜，如收馬勃以無遺。宫商爨下之焦桐，黼黻溝中之斷木。翁歸不受邑子之私大開公道，林宗喜拔後進之士果使成才。羊祜之舉不容私

〔一〕今按：『冀』，中華書局《全唐詩》作『待』。

〔二〕今按：『君』，劉克莊《後村集》作『軍』。

謝，孔光之薦嘗恐人知。閣權要之筆而不敢舞，褫苞苴之魄而不能伸。事君以人備見山公之啓事，量才任士肯拘李相之同年。循循然善誘人俾皆有得，斷斷猗無他技亦與兼容。布武膺門盡今日南州之選，掛名襴牘皆異時東閣之儲。選拔諸賢將群空於冀北，栖遲一士嘆獨滯於周南。問常鱗於溝壑而轉之清波，出頑礦於塵埃而納之大冶。古洪鍾畔濁清方判於群音，大圓鏡中妍醜如披於萬象。定力如山輕重靡移於指下，清心似水妍媸具照於目前。竹頭木屑並游斤斧之場，馬勃牛溲盡入刀圭之録。忠宣知人密傳先范老之法，晦叔引類推廣大申公之心。識張籍於衆人慚非輩行，問車師於半面辱記姓名。手中力尺先器識而後文辭，胸次權衡重安恬而輕浮競。謂朽木之可雕未忍輕於棄置，而老馬之知道猶堪奏以馳驅。握髮求賢小試化鈞之手，俯眉揖客旁搜藥籠之奇。親見前脩以舉善達能爲大節，樂成後進以拔淹起滯爲宏規。麟角鳳嘴既待用以得宜，蟬腹龜腸亦屬厭而自足。朝暮而拔其尤既廣羅於烏幕，近遠而視所主猶兼取於楚材。

皇極三　六六章

謝舉

鶚薦一飛，馬價三倍。八字迴春，一緘照月。膺龍岌嶪，禰鶚峥嶸。肯期抵鵲，誤及點蝇。仰銜恩意，退激懦衷。不待識邕之面，已知見蔑之心。動敝箒於千金，韵啞鍾於六律。綴魚目於夜光，補狐裘以羔袖。一經評語之品題，便係平生之榮悴。杜衍用則所引皆知名輩，司馬相則其徒有行道心。隨驃騎之幕濫備執鞭，剡公車之章遽蒙推轂。塵埃委吏悉依厦屋之萬間，造化全功遂拜春風之一紙。據地承顔非有豚蹄之祝，爲天啓齒乃蒙蟲臂之收。日过龍節上連縹渺之蓬萊，雲表鶴書遠及泥塗之枳棘。周公還贊近收三氏之才，毛遂備賢輒在廿人之數。求食畫墁又占芙蓉之幕，飛章推轂遂依桃李之門。后山歸老徐州喜得於鄭君，祠部好賢韓愈轉言於侯喜。取木於山憫道間之横棄，市駿之骨懷厩下之長鳴。諸大夫皆曰賢真成殊遇，聖天子可其奏殆愧隆恩。薦希文而用之昉於元獻，援老蘇者衆矣倡則歐陽。奔蜂之祝化藿燭以何能，黄狗之皮補狐裘而終累。公於士甚士於公久無是事，子生孫又孫生子難報此恩。垂耳之駒驟增十倍之價，拖腸之鼠如餌九仙之丹。爲文乞巧素絶望於九霄，聞弦賞音忽蒙知於一日。匠石見迴轅之木皆曰不才，象罔索棄水之珠偶先獲寶。孔融之拔禰衡謂不如於一鶚，趙鞅之思周舍嘆無用於千羊。安石之薦謝玄才能是舉，吕相之知夷簡公輔相期。見彈而求鴞炙人竊誚於狂愚，入淵而得驪珠已實懷於慚惧。太白眼高已掃空於海内，浩然肩聳且携入於禁中。以侍中之貴肯怜負薪之買臣，知鄰婦之賢至欲乞火於曹相。猥蒙三握髮而與之進，固知一舉手之不爲勞。請裁小子狂簡之章，少謝大鈞坱圠之賜。若爲題品俾居永嘉百六掾之先，意者矜憐尚在元和三十人之後。假以王衍雌黄之論，期之馮唐垂白之秋。推尋十六字之好辭，結裹二三年之薦目。月明星稀鵲南飛徒嘆孤蹤之誰付，夜静水寒魚不食已甘千里之空歸。自非青白眼之過人，安得雌黄口之及己。廣平下坐而揖之前，相如末至而居諸右。師魯之從事陝西容有知之而不薦，永叔之退居潁上乃虞賢者之不聞。文朽木以青黄之華，傅鳴鳩以羽翼之飾。孫公抃之舉吴中復因識面之未嘗，陳師道之爲曾南豐即瓣香而有祝。蘇文忠言語妙天下唯引山谷以同升，吕正獻節行過古人獨薦濂溪而爲代。不疑既受勝之之薦永矢餘年，周穜敢負東坡之知有如今日。號門生而知恩例欲自同於蛇雀，報國士之遇我誓爲〔一〕小異於馬牛。不知下里之何聲，得契陽春之孤

〔一〕今按：『爲』，《翰苑新書續集》作『當』。

唱。白頭已負平生雖不能致吾君堯舜之上，黄金不如一諾或可使得此聲梁楚之間。方枯臘妗竮之際，忽陽暉駘蕩之中。

皇極三　六七章

謝辟

黄綬抗塵幸蒙恩而受代，碧幢率屬辱剡奏以充賓。羊公威德可無峴首之賓僚，庾亮風流必有南樓之參佐。剡章天上夙蒙褒衮之華，辟掾幕中重拜禮綱之辱。鵲欲求枝永夜豈勝於三繞，燕惟有主此時不誤於重來。置諸清流亦既有梟鸞之愧，參以前輩必難逃虎鼠之嘲。珠履滿前已有先登之客，褐衣入見許陪後至之賓。忠定薦辟必孝廉恬退之人，清獻明揚皆骨鯁敢言之士。山澤之癯何心於進，丘園之聘無德以堪。草陳琳之檄思若鈍遲，吟王粲之詩語多悽惋。郭子儀之羅絡雖六十人，烏大夫之招延止一二輩。持國就并州之辟專以富公，端叔爲中山之遊蓋依坡老。行臺皆大幕府，選吏如小朝廷。烏大夫既招石處士復致温生之才，裴晋公已用韓昌黎兼採柏耆之策。共遊兔園雖慚蜀客之才，不省馬曹當矯晋人之弊。致石與温首述烏公之求士，以柳易播次言禹錫之有親。將母來諗身雖未可以許人，懷德惟寧士固必仲於知己。登山置酒固難陪叔子之風流，載筆勒碑或可紀晋公之勛業。

皇極三　六八章

幕府奏辟

當與辟舉，薦辟門參看。林駉。

慎簡乃僚，書有明訓。遥聞辟召，傳爲美談。西漢曹參爲相，擇郡國史爲丞相史。康衡〔一〕爲相，署陸賜集曹掾。此相府所辟也。何武以司空辟鮑宣爲西曹掾，史高以大司馬辟康衡爲儀曹史。此大司空大司馬府所辟也。屬吏之辟於郡縣，則如周景以刺史而辟陳蕃爲别駕，王奂以考城令而辟仇覽爲主簿是也。内史以下之辟於諸侯王國，則如趙王張敞以田叔爲郎中，齊王襄以魏勃爲將軍是也。東都有奉書一歲而後至者，龍丘先生萇。有公府

〔一〕今按：『康衡』，以及下文『史高以大司馬辟康衡』之『康衡』，《四庫全書》本《古今源流至論後集》卷五作『匡衡』。

九辟而不就者，鍾皓。有政事不問投劾而去者，憫仲淑。有諫諍不合投傳而去者。周景。特設一榻敬爲上賓，徐秤〔一〕。盛陳厚禮，如待神明。唐子儀之置府朔方也，主留則杜黄裳，判官則張鎰。馬燧之出使三城也，張建封爲幕佐，齊映爲判官。裴度之節度淮蔡也，韓愈爲參謀，皇甫湜爲判官。光弼僚屬如李抱玉田神功，建封幕賓如許孟容韓愈。武元衡節度劍南，而開府極一時之選。本朝韓之幕則皆尹洙之流，范之佐則皆狄青之儔，西賊知惧，送款請和。仲連飛書，燕將自殺；陳琳草檄，魏祖愈風。

皇極三　六九章

用人

『天下安注意相，天下危注意將。』陸賈。『若乃器人於絲竹鼓鼙之間，則是陳惠、李徵高於匡衡，可相國也。』《史册》。

永光元年之詔，元封五年之詔。永光元年，元帝詔舉質朴敦厚遜讓有行者。元封五

〔一〕今按：『徐秤』，當爲『徐穉』。

年，武帝詔曰：『蓋有非常之功，必待非常之人，故馬或奔踶而致千里，士或有負俗之累而立功名。夫泛駕之馬，跅弛之士，亦在御之而已。其令州郡察吏民有茂才異等可爲將相及使絶國者。』顔師古曰：『跅者，跅落無檢束。弛者，弛廢不遵禮度〔一〕。』

梅福之書，王嘉之疏。梅福曰：『士者，國之重器。得士則重，失士則輕。臣聞齊桓之時有以九九見者，桓公不易〔二〕，欲以致大也。今臣所言非特九九也，陛下距臣者三，此天下士所以不至也。』建平三年，哀帝。王嘉疏曰：『臣聞聖王之功，在於得人。故繼世立諸侯擇主命卿以輔之〔三〕。』

郭伋之對，左雄之言。郭伋爲并州牧，過京師，帝問以得失。伋曰：『選補衆職，當簡天下賢俊，不宜專用南陽人。』左雄言：『孔子曰「四十不惑」，禮稱「强仕」。自今［孝廉］年不滿四十，不可察舉。其有茂才異等，若顔淵、子奇，不拘年齒。』

建安十五年之求才，建安廿五年之官人。建安十五年，獻帝。曹操下令求才。和洽

〔一〕今按：此語，中華書局《漢書》卷六作『師古曰：跅者，跅落無檢局也。弛者，放廢不遵禮度也』。

〔二〕今按：『不易』，中華書局《漢書》卷六十七作『不逆』，是。

〔三〕今按：此語，中華書局《漢書》卷八十六作『故繼世立諸侯，象賢也。雖不能盡賢，天子爲擇臣立命卿以輔之』。

曰：『天下之人，才德各殊，不可以一節取也。今朝廷之議，吏有着新衣乘好車者，謂之不清；形容不飾衣裘敝壞者，謂之廉潔。至今士大夫故汚辱其衣，藏其輿服，朝府大吏或自挈壺飧以入宫寺。夫立教觀俗，貴處中庸，爲可繼也。』操曰：『孟公綽爲趙魏老則優，不可以爲滕薛大夫。若必廉才而後可用，則齊桓其何以霸世？二三子其佐我明揚側陋，惟才是舉，吾得以用之。』建安廿五年魏丕立九品法，置州郡中正。尚書陳群曰：『天朝選人，不盡人才，乃立九品官人之法，州郡皆置中正，第其高下。』

高泰之對以得人，魏主之明於知人。秦王堅召高泰，問爲治之本。對曰：『治本在得人，得人在審舉，審舉在核真，未有官得其人而國家不治者也。』魏主明於知人，或拔士於卒伍之中。

劉毅之疏，祐甫之對。初，陳群以吏部不能審核天下之士，故令郡國及州各取中正，皆取本土之人任朝廷官，德充才盛者爲之，使銓次等級以爲九品，言行修著則升之，道義虧缺則降之。或非其人，奸敝日滋。尚書陳群〔一〕疏曰：『中正之設，損政者八：高下逐强弱，

〔一〕　今按：『尚書陳群』，中華書局《資治通鑑》卷八十一作『劉毅』。

是非隨興衰，一也。駁論横於州里，嫌隙〔一〕結於大臣，二也。優劣易地，首尾倒錯，三也。無賞罰之防，枉者不獲上聞，四也。采譽於臺府，納毁於流言，五也。當官著效者或附卑品，在官無績者更獲高叙，六也。以品取人，或非才能之所長，以狀取人，則爲本品之所限，七也。職名中正，實爲奸府；事爲九品，而有八損。』終不能改。晋武太康六〔二〕。大曆十四，德宗謂崔祐甫曰：『人謗卿所用多涉親故，何也？』對曰：『苟平生未之識，何以諳其才行而用之？』司馬公曰：『用人者，無親疏新故之殊，惟賢不肖之察。其人未必賢也，以親故而取之，固非公也；苟賢矣，以親故而舍之，亦非公也。天下之賢，非一人所能尽，若必待所識而用之，所遺亦多必也。舉之以公、取之以公而已，不置毫髮之私於其間，則無遺賢曠官之病矣。』

唐宗中正，魏主差次。武德七年置大中正，依周齊舊制置中正一人，掌知州内人物，品量門望第一，門望高者領之〔三〕，無品秩。魏主使李順差次群臣，賜以爵位，順受賄，品第不平。賜死。

〔一〕今按：『嫌隙』，中華書局《資治通鑒》卷八十一作『嫌讎之隙』。

〔二〕今按：『太康六』，當爲『太康五』。據《資治通鑒》，事在晋武帝太康五年。

〔三〕今按：此二句，中華書局《資治通鑒》卷一百九十作『品量望第，以本周門望高者領之』。

孔子之言，孔子之對。《禮運》孔子曰：『用人之智，去其詐。用人之勇，去其怒。用人之仁，去其貪。』言人君用人，當取其所長，棄其所短。《韓詩外傳》：『哀公問取人，孔子曰：「無取健，無取佞，無取口讒。」健，驕也。佞，諂也。口讒，誕也。故弓調，然後求勁焉。馬服，然後求良焉。士信慤，而後求知焉。』『智如泉源，行可以爲表儀者，人師也。智可以[砥]礪，行可以爲輔弼者，人友也。據法守職，而不爲非者，人吏也。當前決意〔一〕，一呼再喏者，人隸也。故上主以師爲佐，中主以友爲佐，下主以吏爲佐，危亡之主以隸爲佐。』『禹以夏王，桀以夏亡。湯以殷王，紂以殷亡。故無常安之國，宜治之民，得賢則王，不肖則亡〔二〕。自古及今，未有不然者也。』同。

『爲政之本，莫大擇人。擇人之本〔三〕，莫先宰相。』後周杜儼。『天下常患才難，有之又未必用。』山谷。

《淮南子》曰：『聖人之用人也，猶巧匠之製木也，大者以爲舟航柱梁，小者以爲楫楔，脩者以爲櫩榱，短者以爲株欂枅櫨。』『故假輿馬者，足不勞而致千里；乘舟楫者，身不游而

〔一〕今按：『決意』，中華書局《韓詩外傳集釋》卷五作『快意』。

〔二〕今按：此三句，中華書局《韓詩外傳集釋》卷五作『無恒治之民，得賢則昌，失賢則亡』。

〔三〕今按：『擇人之本』，中華書局《資治通鑒》卷二百九十三作『擇人之重』。下文『杜儼』，當爲『竇儼』。

絶江海。』

《管子》：『工之製木也，大爲柱梁，小爲櫼楔。』

《韓子》：『大木爲宗，細木爲桷，欂櫨侏儒，椳闑居楔，各得其宜，施以成室者，匠氏之工也。玉札丹砂，赤箭青芝，牛溲馬勃，敗鼓之皮，俱收並蓄，待用無遺者，醫師之良也。登明選公，雜進巧拙，紆餘爲妍，卓犖爲傑，校短量長，惟器是適者，宰相之方也。』

《韓》：『占小善者率以録，名一藝者無不庸。』

王臨川曰：『上所以使之，皆各尽其才。』

李白曰：『天后朝政出多門，國尤〔一〕奸幸，任人之道如兒市瓜，不擇香味，唯揀肥大。我朝取人，如淘沙取金，剖石採玉。』明皇笑曰：『學士過有所飾。』

杜詩：『濟世宜引英俊人。』『安危須仗出群才。』『平生廊廟姿〔二〕，構厦豈云缺。』『聖朝無棄物。』『預章夾日月。』『稷契易爲力，犬戎何足吞。』『文王日儉德，俊乂始盈庭。』『舜舉十六相，身尊道何高。』『經綸中興業，何代無良才。』『紫氣關臨天地闊，黄金臺貯俊賢多。』『騏

〔一〕今按：『尤』，上海古籍出版社《李白集校注》作『由』。

〔二〕今按：『平生廊廟姿』，《全唐詩》、《杜詩詳注》、《補注杜詩》均作『當今廊廟具』。

驎受玉鞭。』『駕馭必英雄。』『君王無所惜，駕馭英雄才。』『有能市駿骨，莫恨無良媒〔一〕。』呂望封國邑，傅説已鹽梅。』『朝廷半老儒。多用老成。』『朝廷多正臣。』『熊羆載呂望。』『賢路不崎嶇。』山谷：『大匠無可棄之才，太平非一士之略。』『天恢獵德網，日饎養賢鼎。』蕩蕩萬斛船，影若摇白虹。起檣必推中，掛席集衆功。自非風動天，莫置大水中。喻大不可小用。

漆以用而割，膏以明自煎。蘭摧白露下，桂折秋風前。有才必有患。

《淮南子》桓公曰：『以人之小惡忘人之大美，此人主之所以失天下之士也。』

皇極三　七〇章

收録

『榱椽梁柱以成大屋，脊負偃室，各安所施〔二〕。』唐劉弘基。『雖有絲麻無棄菅蒯，雖有姬

〔一〕今按：『莫恨無良媒』，《全唐詩》《九家集注杜詩》《杜詩詳注》《補注杜詩》均作『莫恨少龍媒』。

〔二〕今按：此三句，中華書局《新唐書》卷九十作『若榱椽梁柱以成大室，叉負偃植，各安所施而無遺材』。

姜無棄憔悴。』《左》。『葑菲不以下體而不採，故英華靡遺；蒭蕘不以賤體而不詢，故幽隱必達。』陸贄。『水之細者，河海假其深；材之短者，棟梁資其峻。』元微之：『尺寸之才無所棄。』皇甫湜：『曲輪直桷，各適於用。』『丞相方築太平之基，架群材立清廟。』陸魯直。『杞梓連抱而有數尺之朽，良工不棄。』子思。詩：『大匠無棄材，尋尺各有施。』韓。『常思掄群才，以爲國家治。譬如匠見木，礙眼皆不棄。』樊川。

大厦非一木之支，故椳闑店楔與欂櫨而並蓄；小市無千金之藥，故芝苓蔘朮合薑桂以兼收。鷄壅豕苓嘗累藥籠之收，鼠肝蟲臂固在化爐之運。桃李盡在公門，豈終使一株之慘淡；葑菲無以下體，尚希發寸草之英華。顧以毛髮絲粟之材，拔淹振滯開洪鈞播物之英。悉在權度錙銖之内，舍短取長爲翹館儲材之地。參苓朮桂孰不希狄籠之收，鹽醢梅醯盡欲供楚鼎之用。謂不逢醫國之手藥籠可無，若一遇濟川之才竹頭必用。

被召

『以一人之譽召臣，以一人之毁去臣。』季布。『召對宣室。』賈誼。『吾今召君。』汲黯。

魯申公之迎，主父偃之召。安車蒲輪迎魯申公，議明堂事。主父偃朝奏暮召。三使往聘，伊尹。四輩督趣。常何言。馬周，忠孝人也。

宗祁公之召，韓魏公之召。宗祁公守益州，以翰林承旨召，以詩寄丞相：『梁園宴罷相如至，宣室釐残賈誼歸。』韓魏公在兵間，仁宗遣使密諭曰：『卿無人援薦，朕獨知之，行召卿矣。』明春與范公同召拜樞副。公自請捍邊，五表不聽。

富弼之召，彦博之召。神宗即位，以集禧觀使召赴闕，辭不至。熙寧移判汝州，且詔入覲，以公足疾，許肩輿至殿門，令公子扶以入，且命無拜，坐語從容。又以觀使留公，力辭不赴。唐介爲臺諫，以言彦博謫官，彦博亦罷相。未幾，彦博召還相位。上言：『唐介所言正中臣罪，召臣，未召唐介，臣不敢行。』仁宗用彦博言，起參政通判潭州。

杜詩《别馬巴州》：『知君未愛春湖色，興在驪駒白玉珂。』《驪駒》送客之詩：『驪駒在門，僕夫具存。驪駒在路，僕夫整駕。』言巴州不欲遊江湖，興在於乘驪駒，響玉珂而朝天子。《送嚴公》：『南圖迴羽翮，北極奉星辰。』『南星落故園。』高適自蜀赴召還京。『崆峒使節上青霄，河隴降王款聖朝。吐蕃。宛馬總肥秦苜蓿，將軍哥舒空〔一〕數漢嫖姚。陳留阮瑀誰争長，京兆田郎早見招。阮瑀，陳留人，魏太祖辟爲軍謀佐酒。京兆田郎田鳳，皆比田九隨翰入朝。麾下賴君才並入，獨能無意向漁樵。』冀田薦漢田鳳爲田郎，靈帝曰：『堂堂乎！京兆田郎也。』《贈田九判官梁丘》。

〔一〕　今按：『空』，中華書局《全唐詩》作『只』。

『北宸徵事業，南紀赴恩私。卿月昇金掌，王春度玉墀。薰風行應律，湛露即歌詩。』天子賜宴。《送鄉弟韶陪從叔朝謁》：『令弟尚爲蒼水使，名家無出杜陵人。比來相國兼安蜀，歸赴朝廷已入秦。捨舟策馬論兵地，拖玉腰金報主身。言鴻漸。莫度清秋吟蟋蟀，早聞黄閣盡麒麟。』弟鴻漸成功之後，莫留於蜀，急赴朝廷。

『謁帝向金殿，隨身唯寶刀。』岑參。『踐蛇茹蟲不擇死，忽有飛詔從天來。』韓。『詔書許逐陽和至，驛路開花處處新。』劉〔一〕。『天書下東南，趣召赴嚴闕。』『治裝行入覲，金鼎重調鹽。』

誠齊：『召節自天迴使節，郎星朝斗作臺星。』《送吉州太守赴召》：『政聲無翼到天章，玉皇詔君登廟廊。郎星卿月小借路，金華玉堂即高步。』『紫泥夜下日星輝，赤舄朝看錦綉歸。』『帝求耆舊憶吾公，紫詔斜行下碧穹。』

光膺詔紱，寵錫召環。朱幡熊軾暫煩漢火之分〔二〕，玄衮鏤金爰錫梁山之覲。千里見王諒非半夜感鬼神而問，一言悟主會有旬月取宰相之功。陽氣潛迴方應地中之律，詔書適

〔一〕今按：詩句出自柳宗元《詔追赴都》，故『劉』當爲『柳』。

〔二〕今按：此句，《翰苑新書》作『朱轓熊軾暫煩漢竹之分』。

至徑歸天上之班。封檢日过，賜環江上。關中之倚宗臣已重寬於西顧，天下之歸大老爰趣召於東歸。綉衣立霄漢方傳易地之榮，新渥照乾坤復有朝天之命。學士象八節不過數月〔一〕之少留，刺史入三公便在五雲之多處。

皇極三　七一章

遷轉

一歲四遷。主父偃。一日九遷。田千秋。一歲超遷。賈誼。旬月取相。千秋。十年踐臺庭。子儀。數月爲御史。季昶。四年爲宰相。柳粲。即日拜平章。張東之洛州司馬。數年至刺史。劉展。十年至宰相。路岩。二期至丞相。張鎬。旬日踐兩鎮。李愬。脱身遷中書。楊綰。肅宗即位，[綰]脱身見行朝，遷中書。白衣爲三公。公孫弘。白：『掉頭稱俊造，翹足取三公。』

〔一〕今按：『數月』，《四六標準》作『一歲』。

皇極三　七二章

遭遇 際會

『此生遭聖代，誰分哭窮途。』命分哉哉乎。『生逢堯舜君，不忍便永訣。』『社稷經綸地，風雲際會期。』『徵起適與〔一〕風雲會，扶顛始知籌策良。』『顧我蓬屋姿，謬通金閨籍。』『時哉高飛燕，絢練新羽翮。』『軒冕羅天闕，琳琅識介珪。』『諸生〔二〕衮衮登臺省。』『腐儒衰晚謬通籍。』『雲霄今已逼，臺衮更誰親。』『古時君臣合，可以物理推。賢人識定分，進退固其宜。』『驊騮開道路，鷹隼出風塵。喻遇時飛騰。』『洒落君臣契。』『契合動昭融。先主與諸葛志同情合，感動宸衷。』『風雲隨絶足。李靖之徒如風從虎雲從龍。』『自契魚水親。』『上有明哲君，下有行化臣。薛璩歸朝當見用也。』『三朝出入榮。嚴武玄肅代。』

〔一〕今按：『與』，中華書局《全唐詩》卷二百十七杜甫《洗兵馬》作『遇』。

〔二〕今按：『諸生』，中華書局《全唐詩》卷二百十六杜甫《醉時歌》作『諸公』。

皇極三　七三章

出處

《易》：『樂則行之，憂則違之。』『知進而不知退。』『進退無恒，非離群也。』『觀我生進退，未失道也。』『來之坎坎，終無功也。』『時止則止，時行則行。』

《論》：『用之則行，舍之則藏。』『有道則見，無道則隱。』『君子哉蘧伯玉！邦有道，則仕；邦無道，則可卷而懷之。』

《孟》：『治則進，亂則退。可以仕則仕，可以止則止。伯夷。』『吾進退，豈不綽綽然有餘裕哉！』『得志與民由之，不得志獨行其道。』『孔子進以禮，退以義，得之不得曰「有命」。』『君子所就者三，所去者三〔一〕，迎之致敬以有禮，言將行其言也，則就之；禮貌未衰，言不行也，則去之。其次，雖未行其言也，迎之致敬以有禮，則就之；禮貌衰，則去之。其下，朝不食，夕不食，飢餓不能出門户，君聞之，曰：「吾大者不能行其道，又不能從其言也。使飢

〔一〕今按：此二句，《十三經注疏》本《孟子注疏》作『孟子曰：「所就三，所去三。」』

餓於我土地，吾耻之。」周之，亦可受也，免死而已矣。』『窮不失義，故士得己焉。達不離道，故民不失望焉。古之人得志，澤加於民，不得志，修身見於世。窮則獨善其身，達則兼善天下。』『君子所性，雖大行不加焉，雖窮居不損焉，分定故也。』

《表記》子曰：『事君難進而易退，則位有序。易進而難退，則亂也。故君子三揖而進，一辭而退，以遠亂也。』

孔子曰：『遇不遇者，時也。賢不肖者，才也。芝蘭生於深林，不以無人而不芳；君子修道，不爲窮困而改節。爲之者，人也；死生者，命也。《家語》。

或問君子。在治曰若鳳，在亂曰若鳳。或人不諭。治則顯，亂則隱。朱鳥翾翾，歸其肆矣。或曰：『奚取於朱鳥哉！』曰：『時來則來，時往則往。能來能往者，朱鳥之謂與。』

山谷：『夸士慕鍾鼎，寒儒守典墳。』謝玄暉：『既歡懷禄情，復叶滄洲趣。』樊川：『明時刀尺君須用，幽處田園我有涯。』杜詩：『嵇康不得死，孔明有知音。又如隴底松，用舍在所尋。在上之人，尋與不尋。』『喧靜不同科，出處各天機。』『才傑俱登用，愚蒙但隱淪。』『巢許山林志，夔龍廊廟珍。』『人生貴是男，丈夫重天機。未達善一身，得志行所爲。』

皇極三　七四章

榮枯

杜詩：『匡汲俄寵辱，衛霍竟哀榮。』『榮枯走不暇，星駕無安税。』李邕。『朱門酒肉臭，路有凍死骨。榮枯咫尺異，惆悵難再述。』『得喪初難識，榮枯劃易該。』『兼全寵辱身。』『寵辱事三朝。』『紫鸞無近遠，黄雀任翩翾。鄭李自言。』『白髮甘凋喪，青雲亦捲舒。自言尚書。』李白：『一别隔千里，榮枯異炎凉。榮凉〔一〕幾度改，九土終横潰。』

皇極三　七五章

干請

杜：『干請傷直性。』『有求常百慮。』

〔一〕今按：『榮凉』，當爲『炎凉』。

『脯腊膎胰以供滋味〔一〕，參术芝桂以防疾疢。門下充旨味多矣，小人備藥石可乎？』元澹。仁傑曰：『君正吾藥籠中物，何可一日無也。』

鑄金踊躍，鉛刀一斷。《列子》〔二〕：『大冶鑄金，金乃踊躍，曰：「我且爲不祥之金。」』《班固傳》：『搦朽磨鈍，鉛刀一斷。』

『布衣之士身居窮約，不借勢於王公大人，則無以成其志；王公大人功業顯著，不借譽於布衣之士，則無以廣其名。是故，布衣之士雖甚賤而不諂，王公大人雖甚貴而不驕，其事勢相須，其先後相資也。』韓。

『士之能亨大名顯當世者，莫不有先達之士負天下之望者爲之前焉；士之能垂休光照後世者，亦莫不有後進之士負天下之望者爲之後焉。莫爲之前，雖美而不暢；彰。莫爲之後，雖盛而不傳。是二人者，未始不相須也。然而千百載乃一相遇焉。豈上之人無可援，下之人無可推歟？何其相須之殷而相遇之疏也？其故，在下之人負其能不肯諂其上，上之人負其位不肯顧其下。故高才多戚戚之窮，盛位無赫赫之光，是二人者之所爲皆過也。未

〔一〕　今按：『滋味』，中華書局《新唐書》卷二百《元澹傳》作『滋膳』。
〔二〕　今按：《列子》，當爲《莊子》。

嘗干之，不可謂上無其人；未嘗求之，不可謂下無其人。愈之誦此言久矣，未嘗敢以聞於人。』同。

『高自稱譽，上書自鬻。』東方朔。『雖復零雨自天，終待雲興四岳。』《魏愷傳》。

未嘗干薦，所以求知。《程氏遺書》：『先生與韓持國泛舟潁昌，有一官員上書謁大資，乃是求知已。』『自少官守處，未少〔一〕干人舉薦。呂希哲曰仲父，舜從守官會稽，人或議其不求知者，仲父云：『勤於職事，乃所以求知也。』』

精：李太白《與韓荆州書》：『一經品題，便作佳士。』

駱：『分其斗水濟濡沫之枯鱗，惠以餘光照孀栖之寒女。伏櫪駑駘希騏驥而蹀足，竄迹翩翻排鴛鴦而刷羽。』『顧眄曲流，剪拂增價，則鉛刀起一割之用，跛鱉致千里之行。』

韓《爲人求薦書》：『匠石過之而不睨，伯樂遇之而不顧。』《上李侍郎》：『牛角之歌，辭鄙而義拙；堂下之言，不書於傳記。齊桓舉以相國，叔向携手以上，然則非言之難爲，聽而識之者難遇也。』《上宰相》：『遑遑乎無所歸，恤恤乎不得食。』『惴惴焉惟不得出大賢之門是懼。』

〔一〕今按：『未少』，《童蒙訓》及《古今源流至論》别集卷七均作『未嘗』。

《唐》：『連城之珍俟楚文而乃進，高山之操待鍾期而後拔〔一〕。』詩劉長卿：『鐵衣雖正澀，寶刃猶可試。倘遇拂拭恩，應知劃犀利。』王維：『幸堪調鼎用，願君垂採摘。』誠齊：『春風半張紙，立地作宜教。』韓：『願辱太守薦，得充諫諍官。』杜：『榮華貴少壯，豈念〔二〕楚江萍。』

雖寒菊自芳於籬下，而苦李誰念於道旁？既被點鐵化金之賜，寧無乞醬得滴之心。勉駒技之一鳴，希馬價之三倍。爲黄憲而解榻，携酈蔑而上堂。爨桐難售，苦李易捐。敢憑蟠木之先容，輒效錐囊之自薦。叩角而歌白石聊假此而干齊，築臺而飾黄金猶庶幾於始隗。説項斯之詩於到處幸已不遺，吹揚雄之賦以上天更期有遇。有三品筆雖無收名定價之思，持一瓣香敢作噓枯吹生之想。牛鐸至微苟令君取以調樂，爨桐無用蔡中郎識其中琴。文穆取人才多夾袋之所蓄，元獻待寒士至尊酒以相歡。祁公用則所舉必名世流，司馬出則其徒有行道志。蟠木爲萬乘器必資根柢之容，祥金躍大冶炉敢作鏌鎁之想。溝中犧尊之斷拔之泥塗，車下牛鐸之音薦之郊廟。傳和凝之衣鉢殊愧前脩，備狄相之蔘苓願從今始。

〔一〕今按：此句，《唐文粹》作『崩山之操待鍾期而後發』。

〔二〕今按：『念』，《九家集注杜詩》《杜詩詳注》作『食』。

陳湯之薦陳湯，豈是莫如於同姓？嵇康之舉嵇紹，蓋將曲念於人。效王岩叟之爲客誓不出於他門，持陳師道之瓣香期力酬於知己。《上高侍郎》：『天上碧桃和露種，日过紅杏倚雲栽。芙蓉生在秋江上，不向東風怨未開。』

皇極三　七六章

處幕干薦

月華先得莫如近水之樓臺，雲厦無栖更傍誰家之門户。抗塵衛幕雖獲事大夫之賢，定價韓門庶幾在弟子之列。廣厦萬間已託湖上黿魚之蔭，丹砂九轉早成鼎过鷄犬之仙。

皇極三　七七章

用人干薦

然苟以平昌之言足信，則或知尹公之取必端。觀元瑾所以問柳子所以答，由穎客唱其行崔公唱其文。坡仙之稱叔弼未忘六一之恩，山谷之譽少章亦以太虛之故。黃金可鑄豈容躍冶以自言，白日無私尚冀覆盆之可照。意謂卿貴得上林之賦索囊而空，或問帝城有公子之書搏手以對。晏元獻以希文而更薦在沂公何愧於知人，歐陽脩見韓相而輒忘恐明允自嗟於終老。

再干

昌黎三書，敢憚煩於浼瀆。山公一字，願早賜於褒榮。麞頭魚目自難逃冰鑒之明，馬勃牛溲或可備藥籠之用。琴彈山水之幽世能知而有幾，瑟動鬼神之聽王不好以伊何。知己難逢自嘆后山之易老，薦賢云衆忍令侯喜之終遺。濂溪嘗蒙清獻之如屢煩薦表，明允既因韓公以進猶再投書。抱璞獻楚縱没世以奚爲，鼓琴干齊宜窮年而不售。和璧縱珍寧無刖足之患，隋珠雖昧尚有按劍之疑。流水高山信賞音之難遇，巨宋細桷冀作室之兼收。八節灘挽上水之船固難於進，一簣土虧爲山之仞忍棄其初。

皇極三　七八章

求辟

北道秉洪勻允謂千齡之遇，東閣來衆彥未應一士之遺。天下官豈以洵故冗耶或容寸進，海内士賢於隗者至矣是在一陶。駑馬頗困於脩程今方税駕，去燕來尋於舊壘倘爲捲簾。得不得之有命當安造化之爐錘，樂莫樂兮相知更傍誰家之門户。

皇極三　七九章

幾得而失

望三山而船輒引迴幾能經到，登九重而門不得入多廢垂成。雖夢中之蝶已與迹以俱化，然塞上之馬必有時而復還。以温生爲才以石生爲才向者未敢於兩及，曰由可從政曰求可從政今其以次而兼收。

皇極三　八〇章

求援

『飢鷹待呼。』杜甫詩。『阱虎求食。』司馬遷傳。

『其哀之，命也；其不哀之，命也；知其在命而且鳴號之者，亦命也。』韓。『援之幽窮之中，推之高顯之上。』同人。『愈聞之：蹈水火者之求免於人也，不惟其父兄子弟之慈愛然後呼而望之也，將有介於其側者，雖其所憎怨苟不至乎欲其死者，則將大其聲疾號而望其仁之也。彼介於其側者，聞其聲而見其事，不惟其父兄子弟之慈愛然後往而全之也，雖有所憎怨苟不至乎欲其死者，則將狂奔盡氣、濡手足、焦毛髮救之而不辭也。』同。『無扳聯之勢。』『無蚍蜉之援。』『進相援也，退相拯也。』同。

『舒千尋之綆，垂千仞之艱。』柳。『有吹律者，召東風而薰之。』『施一陽於剥極之餘〔一〕，援衆溺於坎深之下。』柳賓客。『墜井者求出，執熱者願濯。』杜牧之。『蹈者思起必謼而求拯，

〔一〕　今按：『餘』，《劉賓客文集》作『際』，是。句後的『柳賓客』當爲『劉賓客』。

疾者思愈必呻而求醫。』劉賓客。『入州〔一〕無爲言之侶，出谷罕求聲之援。』《唐文》。『攀驥逸而無由，仰鵬飛而自失。』駱。『餘波期救涸。』杜。『遺簪莫棄捐。』温飛卿。『鄉曲無知己。』孟浩然。『親交可扳援〔二〕。』韓。『萬族各有托，孤雲獨無依。』《選》。

魚尾既頳詎敢忘作斗於東海，烏頭可白倘或憐三匝於南枝。固將引手於已墜之淵，是謂施恩於不報之地。介爲時論所喧雅見稱於永叔，軾陷深文之久獨受薦於景仁。一飯念民推赤心而起廢，萬間庇士赦少過以舉賢。已老而帝好少命也奈若何，賣漿而天值寒時哉不我與。若墜諸淵孰能投足以相拯，仰覯于上不免伸吭而一鳴。處涸寒之谷非吹鄒子之律則不生，墜極深之淵匪垂烏獲之綆則曷致。

〔一〕今按：『入州』，《四庫全書》本《唐文粹》《文苑英華》均作『入門』。
〔二〕今按：『扳援』，《五百家注昌黎文集》《全唐詩》均作『攀援』。

皇極三　八一章

陳情

『臣不敢望到酒泉郡，但願生入玉門關。』班超。『先狗馬填溝壑。』東方朔。范達謂陶侃曰：『欲仕郡乎？』曰：『困於無津。』

精：『蟁蚋負山力誠不足，鷹鸇逐鳥志則有餘。草木賤軀誠不足惜，烏鳥微志實有可哀。』劉禹錫。『霄漢益高，泥塵永棄。負皐淪伏，聲銷迹滅。』柳。葵藿之心徒傾，螻蟻之誠難達。白。『蹄涔赴海誠亦無因，場藿向陽輒思自效。』權載之。『皐積如山，命輕如髮。』欒城。詩：『木鷄自笑真無用，芻狗何勞收已陳。』欒城。『曾與蒿藜同雨露，終隨松柏耐風霜。』『豈堪置足青雲〔一〕上，終欲迴身寂寞濱。』王臨川。

〔一〕今按：『青雲』，《臨川文集》、《王荆公詩注》均作『青冥』。

皇極三　八二章

受知

『知我者，鮑子。』管仲。知人，號席公。席預，唐人。

司馬徽有知人之鑒，高孝基有知人之鑒。

『不遇明公，荆州老從事耳。』習鑿齒謝桓玄武〔一〕。『庇其宇下，使人忘寒暑。』庾太尉少爲王武子所知。《世説》。『士爲知己者死，女爲悦己者容。我必爲報讎死而以報智伯，則吾魂魄不愧矣。』預讓。

精：『驥鳴知己，伯樂攀鹽車而哭之。』『驥踌躇於弊輦兮，遇孫陽而得代。』《楚辭》。『騏驥長鳴，伯樂昭其能；盧狗悲號，韓國知其才。』曹子建。『美玉蘊於碔砆，凡人視之藐焉，良工砥之，然後知其爲和寶也。精鍊藏於鑛璞，庸人視之忽焉，巧冶鑄之，然後知其爲干將也。』《南史》。

〔一〕今按：『桓玄武』，當爲『桓宣武』。

韓退之《上張僕射書》：『將以稱於天下曰知己，知己，則未也。』《與盧郎中薦侯喜狀》：『見王公數百，未嘗有如盧公之知我也。』同。『特達而相知者，千載之一遇。』《選》。『知己者，不待來求而施德，舉賢而已；受德者，不待成身而拜賜，感知而已。』柳。『呂望之鼓刀兮，遭周文而得舉。甯戚之謳歌兮，齊桓聞而諧〔一〕輔。』詩：『馬因迴首雖增價，桐遇知音已半焦。』白。『圭璧無卞和，甘與頑石列。』《唐》。

啞鐘寧冀其再調，敝箒遽從而增價。人所共捐借譽難施於韓愈，公惟不棄逢人須說於項斯。百里奚之飯牛本非干世，九方皋之相馬所貴知心。若中行之衆人遇我何足捐軀，如山子之一字拔人還能名世。豈圖四五十不足畏之年，乃辱諸大夫皆曰賢之譽。叔向得鬷蔑尚資堂下之言，蘇公識廣平尤在梅花之賦。此預子不顧身於智伯，而侯喜有喜色於盧公。豐城之劍未逢雷煥氣徒干於斗牛，柯亭之竹既得蔡邕聲乃合於律吕。

〔一〕今按：『諧』，《楚辭章句》、《楚辭集注》皆作『該』。

皇極三　八三章

不阿權貴

『君不見韝上鷹，一飽則飛掣。焉能作堂上燕，銜泥附炎熱。野人曠蕩無靦顔，豈可久在公侯間。未試囊中餐玉法，明朝且入藍田山。』杜詩。『蕭疏外聲利。』

皇極三　八四章

托庇

爲北道之主人。《彭寵傳》：『倚以爲北道主人。』依日月之末光。《蕭何傳》。精：『震風凌雨然後知，夏屋之爲帡幪也。』揚子。『大厦成而燕雀相賀。』《淮南子》。杜詩：『高飛燕雀賀新成。』『安得廣厦千萬間，大庇天下寒士俱歡顔。』任彦昇：『庇身有地。』『鳳凰巢阿閣。』『巨魚縱大壑。』『晨風鬱林，巨魚趨澤。』《晋書》。『魚得水而遊，鳥乘風而翺。』元稹。『社鼷不灌，屋鼠不熏，所託者然也。』《中山王傳》。『稷蜂不攻，社鼠不熏，所托者然也。』《韓詩外傳》。詩：『歸鳥赴喬木，翩翩厲飛翼。』子建。『不見千年鶴，多栖百丈松。』『獸樂在空谷，魚樂在陂池。蟲樂在深草，鳥樂在高枝。』『願爲雙飛燕，銜泥巢君屋。』古詩。『水紋浮枕簟，瓦影蔭龜魚』韓。『何處堪托身。』《唐》。『一榻偶依陳太守。』羅隱。

河潤百里海潤千里，固知均被於沾濡。人有一天我有二天，竊意獨蒙於覆護。歌杜陵之詩永願依於廣厦，爲魏公之客豈復出於他門。斯道直歸於先覺有一瓣香，此生擬賦於大勻無三尺啄。山納藪藏竊有包荒之賴，雨凌風震當無翛尾之吟。山林興遠悵徒負於鷗盟，厦屋庇深喜尚陪於燕賀。鳶飛魚躍方游叶氣於天淵，雁隻鳧單願托微蹤於江海。有同燕雀賀大厦之造成，更比鷦鷯幸一枝之有託。夫子之墻數仞倘許登龍，杜陵之厦萬間願同巢燕。吊沙州之影辱憐夜月之孤鴻，賀厦屋之成願入春風之雙燕。蓬萊之隔弱水迹雖判於仙凡，寒谷之轉陽春心第傾於造化。主家十二樓而妾一身豈新恩之敢覬，廣厦千萬間而士大庇非公道之焉依。

皇極三　八五章

冒進

《易・升》上六《象》：『冥升在上，消不富也。』《孟》志曰：『「枉尺而直尋」，宜若可爲也。且夫枉尺而直尋者，以利言也。如以利，則枉尋直尺而利，亦可爲與？如枉道而從彼，何也？且子過矣！枉己者，未有能直人者也。』

杜詩：『駑駘漫染泥，何不避雨色？此寓躁進之戒。』『差池分組冕，合沓起蒿萊。不必伴周地，皆登屈宋才。』

皇極三　八六章

干進

《易》：『或躍在淵，進無咎也。』『與時偕行，隨時而進也。』《漸・象》：『進得位，往有功也。進以正可，以正邦也。』『治亦進，亂亦進。』『進不隱賢，必以其道。』

杜詩：『昭代將垂白，途窮乃叫閽。倚風遺鶂路，隨水到龍門。不由科第以進。』『平生五色綫，願補舜衣裳。』『稻粱須就列，爲貧而仕。』『此志常覬豁。常望展布。』『自謂頗挺出，立登要路津。致君堯舜上，再使風俗淳。』『夜看豐城氣，迴首蛟龍池。』『尚想趨朝廷，毫髮裨社稷。』『許身一何愚，竊比稷與契。』

李白：『子雲不曉事，晚獻長楊詞。賦達身已老，草玄鬢若絲。』『我欲攀龍見明主，雷公砰訇震天鼓。帝旁投壺多玉女，三時大笑開電光。閶闔九門不可通，以額叩關閽者怒。』『彈劍作歌奏苦聲，曳裾王門不稱情。』『天門九重謁聖人，龍顔一開四海春。』『長風破浪會有時，直掛雲帆濟滄海。』

皇極三　八七章

不遇

《孟》：『吾之不遇魯侯，天也。臧氏之子，焉能使余不遇哉？』『千里而見王，是予所欲也。不遇故去，豈予所欲哉！』『不得於君，則熱中。』

《表記》子曰：『事君三違而不出竟，則利禄也。人雖曰「不要」，吾不信也。』『孔子去魯，遲遲吾行，以不忍於父母之國也。孟子去齊，三宿出晝，冀齊王之悔悟也。』

宋玉讓其友，徒狄非其世。『宋玉因其友見楚襄王，襄王待之無以異，乃讓其友。友曰：「薑桂因地而生，不因地而辛；女因媒而嫁，不因媒而親。子之事王未耳，何怨於我？」』《韓詩外傳》。申徒狄非其世，將自投於河。曰：『桀殺龍逢，紂殺比干，而亡天下。吴殺子胥，陳殺泄冶，而滅其國。故亡國殘家，非無聖知也，不用故也。』遂抱石而沉於河。君子聞之曰：『廉矣。如仁與[智]，則吾未之見也。』同。

棄蔬，泣玉。鮑焦衣弊膚見，挈畚持蔬，曰：『世不己知而行之不已者，是爽行也。上不己用而干之不止者，是毁廉也。』於是棄其蔬而立枯於洛水之上。君子聞之曰：『廉夫剛哉！』同。

李白：『抱玉入楚國，見疑古所聞。良寶終見棄，徒勞三獻君。』『越客採明珠，提携出南隅。清輝照海月，美價傾皇都。獻君君按劍，懷寶空長吁。魚目復相哂，寸心增煩紆。』《天馬歌》：『天馬奔，戀君軒，駷躍驚矯浮雲翻。不逢寒風子，誰採逸景孫？少盡其力老棄之。願逢田子方，惻然爲我悲。雖有玉山禾，不能療苦饑。請君贖獻穆天子，猶堪弄影舞瑶池。』『蓋爲逸群絶倫之士，不遇知己者嘆。』又：『碧荷生幽泉，朝日艷且鮮。秋花冒緑水，密葉網青烟。秀色空絶世，馨香竟誰傳。坐看飛霜滿，凋此紅芳年。結根未得所，願托華池邊。』又：『孤蘭生幽園，衆草共蕪没。雖照陽春暉，復悲高秋月。飛霜早淅瀝，緑艷恐休歇。若無清風吹，香氣爲誰發？』

杜詩：『濫竊商歌聽，時憂卞泣珠。不遇之患。』『才淑隨厮養，名賢引〔一〕鍛爐。嵇康才淑賢不見用。』『赤驥頓長纓，非無萬里姿。悲鳴泪至地，爲問馭者誰。鳳凰從天來，何意復高飛。花竹不結實，念子忍朝飢。古時君臣合，可以物理推。賢人識定分，進退固其宜。』『途遠欲何向，天高難重陳。』『吹嘘人所羡，騰躍事仍睽。碧海終難涉，青雲不可梯。檻束哀猿叫，枝驚野〔二〕鵲栖。』『蟄龍三冬卧，老鶴萬里心。賢士未遇。昔時賢俊人，未遇猶視今。大哉霜雷幹，歲久爲枯林。』『英賢遇坎軻，遠引蟠泥沙。』『此意竟蕭條，行歌非隱淪。焉能心怏怏，秖是走踆踆。』『鬱鬱星辰劍，蒼蒼雲雨池。』『飄飖西極馬，來自渥洼池。颯飄定山桂，低徊風雨枝。我聞龍正直，道屈爾何爲。』『悲君隨燕雀，薄宦走風塵。』『君意人莫知，人間夜寥廓〔三〕。』《柏兄弟》：『哀絃繞白雪，未與俗人操。未遇知音。』《古柏行》：『苦心豈免容螻蟻，香

〔一〕今按：『引』，中華書局《全唐詩》作『隱』。
〔二〕今按：『野』，中華書局《全唐詩》作『夜』。
〔三〕今按：『寥廓』，中華書局《全唐詩》作『寥闃』。

葉終經宿鸞鳳。志士幽人莫怨嗟，古來才大難爲用。』『中散山陽鍛，愚公野谷村。』『才高心不展，道屈善無鄰。』『十年猶塌翼。』『朱紱負平生。』『皇天無老眼，空谷滯斯人。』『野人寧得所，天意薄浮生。』『形容勞宇宙，質朴謝軒墀。』

樊川。

『遭遇不遭遇，鹽車與鼓車。』『寧無好舟楫，不泛惡風濤。大翼終難戢，奇鋒且自韜。』『相者舉肥驥，空老，山中無人桂自榮。』『青山抱國器，歲月忽如遺。』『古來和鼎實，擲置官道傍。』

皇極三　八八章

失位

《詩》：『兢兢業業，我位孔貶。』

《記》：『喪欲速貧。』

《論》：『二三子何患於喪乎？』

田饒事而不察，子質事而獲罪。田饒事魯哀公而不見察。田饒曰：『臣將去矣。』哀公曰：『止！吾將書子言也。』田饒曰：『食其食者，不毁其器；陰其樹者，不折其枝。有臣不用，何書其言？』《韓詩外傳》。

魏文侯之時，子質事而獲罪，去而北游，謂簡主曰：『從今已後，吾不復樹德於人矣。』簡主曰：『何以也？』質曰：『吾所樹堂上之士半，吾所樹朝廷之大夫半，吾所樹邊境之人亦半。今堂上之士恐我以法〔一〕，邊境之人劫我以兵，是以不樹德於人也。』簡主曰：『噫！子之言過矣。夫春樹桃李，夏得陰其下，秋得食其實。春樹蒺藜，夏得採其葉〔二〕，秋得其刺。由此觀之，在所樹也。今子所樹，非其人也，故君子先擇而後種也。』《韓詩外傳》。

柳下惠之三黜，乳於菟之三已。柳下惠爲士師，三黜。人曰：『子未可以去乎？』曰：『直道而事人，焉往而不三黜？枉道而事人，何必去父母之邦？』子張曰：『令尹子三已之，無愠色。舊令尹之政，告新令尹。』子曰：『忠矣。』

《孟》：『遺佚而不怨，厄窮而不憫。』《傳》曰：『孔子三月無君，則皇皇如也，出疆必載質。』公明儀曰：『古之人三月無君則吊。』『三月無君則吊，不以急乎？』曰：『士之失位也，

〔一〕今按：此句，中華書局《韓詩外傳集釋》作『今堂上之士惡我於君，朝廷之大夫恐我以法』。
〔二〕今按：此句，中華書局《韓詩外傳集釋》作『夏不可采其葉』。

猶諸侯之失國家也。』『出疆必載質，何也？』曰：『士之仕也，猶農夫之耕也。』孟子曰：『士師不能治士，則如之何？』王曰：『已之。』

杜詩：『十年猶塌翼。』『身遠彌曠職。』『哀哀失木狖，矯矯避弓翮。』『愁寂鴛行斷，參差虎穴鄰。』散地逾高枕，生涯脱要津。』『散騎未知雲閣處，啼猿今在楚山隅。』

宋燕之罷，陳饒之言。宋燕相齊，罷歸之舍，陳饒曰：『三斗之稷，不足於士，而君雁鶩有餘粟，是君之一過也；梁園梨栗，後宫婦人以相提擲，士曾不得一嘗，是君之二過也；綾紈綺縠，靡麗於堂，從風而弊，士曾不得以爲緣，是君之三過也。且夫財者，君之所輕也。死者，士之所重也。君不能行君之所輕，而欲使士致其所重，譬猶鉛刀畜之而干將用之，不亦難乎？』

皇極三　八九章

齎志

敬通見抵，中散下獄。馮衍字敬通，明帝以敬通才過其實，抑而不用，故歸田里。江淹恨賦：『敬通見抵，罷歸田里。閉關却掃，塞門不仕。齎志没地，長懷無已。左對孺人，右顧稚子。』嵇康爲中散大夫，坐吕安事收下獄。康神氣自若，脱略公卿，宿文史。江淹賦：『中散下獄，神氣激揚。鬱青霞之奇意，入脩夜之不陽。濁醪夕引，素琴晨張，秋日蕭索，浮雲無光。』『屈原葬魚，賈誼賦鵩。』

皇極三　九〇章

用君子 林駉

君子之名何始乎？三代以前無有也。直道之行誰毁誰譽？至治之世人人有行。天下陰受君子之功，而不知有君子之名，甚哉！君子之名見於世，非君子之福也。何者？名者，天下之令名，非惟人情不堪，造物亦不吾堪耳。吾而以君子自處，孰肯以小人自名？此君子之名，人以爲幸，而君子以爲不幸也。

漢初，天下未嘗無君子，而當時未嘗指名其人也。自望之輔政，劉向繼用，周堪更生，彈冠相慶，於是有用君子之迹，然亦未盛也。至李膺、杜喬用事，而君子之勢始振。陳蕃、李膺一出，而君子之名始盛。挺身於虎豹之中，砥柱於風波之表。然一沮於洪恭石顯之奸，再沮於曹滕侯覽之詐，豈漢君子之福耶？

唐初，天下未嘗無君子，而當時未嘗指名其人也。自杜黄裳、裴垍引用賢者，李絳、裴度拔第彙徵，於是有君子之名，然亦未害也。至裴度元老，反爲新進小人所排，而用黨之説始起。僧孺宗閔遂與德裕立敵，而用黨之説始熾。李進則牛之囊橐爲之一空，牛進則李之門户爲之一掃。然竄迹於嶺海之隅，間關於蠻瘴之鄉，豈唐君子之幸耶？愚願天下享君子之福，不願天下羡君子之名；願君子立終身之節，不願君子植正人之黨。

慶曆間，富范登朝，一竦方去。竦之蓄憤，伺隙未已也。吁！渭清涇濁，别白大明。一夔一契之名，於士大夫乎奚益？

元祐初，中國既相司馬求以報復於我者，章蔡銜怨伺間百端也。吁！操戈入室自相排詆，朔黨川黨之名，於士大夫乎奚補？

紹興淳熙間，山斗以標準一世之人望，大儒而主張吾道之正盟，奸人在傍側目睥睨。吁！抽關啓鑰，示人可投，一切道學之名，於士大夫乎奚利？

范希文不喜徂徠聖德詩，而指徂徠爲怪鬼，蓋事出於怪，則必至於招小人之禍〔一〕也。元城了翁亦惟願士大夫有此名節，而不願士大夫立此門户，蓋門人自立以求異，則必至於

〔一〕今按：『禍』，《四庫全書》本林駉《古今源流至論》後集卷四作『謗』。

啓小人之争矣。

皇極三　九一章

去小人 林駉

甚矣，小人之禍也！以便佞爲車，以邪徒爲途，以似忠似信而沽名，以僞言僞行而欺世。心術反覆，險如山川，智謀陰密，詭如鬼神。噫，可畏哉！開國承家，小人勿用，則小人不容於創造之時。鬼方之克，小人勿用，則小人不容於興復之日。

雖然天下未有無小人之世，聖人未有去小人之術，當未進之時，則牢辭固拒，惟恐微隙之可乘。迨既衰之後，則力贊勇决，惟恐舊根之復蔓。履霜之警，恐其堅也；取女之戒，惧其壯也。童牛之牿，防其盛也；金柅之繫，止其進也。無非拒絶於未進之時，如大舜之去四凶，成王之誅管蔡，是也。

不然，王衍未用識者，恐其必壞蒼生。後用之，而爲晋禍。盧杞未用識者，恐其他日得志。後用之，而爲唐害。揚于王庭，發衆聽也。君子夬夬，厲剛志也。獲狐於田，示無縱也。射隼於墉，示必誅也。無非鋤剔於已消之後，如魏相之去霍氏，五王之去二張，是也。

不然，望之爲政先漢，君子方幸以爲福，而望之不知戒懼，反爲小人所乘。陳蕃得志後漢，君子方恃以爲依，而蕃武謀之事泄，反爲小人所陷。

本朝熙寧之初，王安石方進也，新參彈文，呂誨力排，《辨奸》一篇，老泉深詆。李定新入也，敏求宋敏求當制，不肯草詞，李、蘇李定臨〔一〕、蘇頌。舍人相繼封還。嗚呼！蟻穴不窒，遂成江河；熒熒宿火，果焚玉石。

元祐之初，或以參用熙寧舊臣之説告而，温公慨然曰：『天若祚宋，必無此事也。』或以引進元豐黨人之説進而，蘇公毅然曰：『君子小人，不可並處也。』嗚呼，冰炭同處，必至交争；薰蕕共器，久當遺臭。

由徑而入，媚竈而來，盤據華津，布列要路，將決裂之太亟耶，則必激反噬之忿。抑包容而兼收耶，則將有遺患之憂。必也，上有知人灼俊之君，下有平心處事之臣，立剛直之言以爲之唱，開中直之門以爲之歸。涵濡愧悔，善心自生，小人亦可化爲君子之習。呂夷簡本小人之黨耳，得脩靖諸公爲之規諷，既而不念舊事，與仲淹有相約之歡；陳執中本俗吏

〔一〕今按：『李定臨』，當爲『李大臨』。《宋史》卷三百三十一《李大臨傳》：『會李定除御史，宋敏求、蘇頌相繼封還詞命，次至大臨，大臨亦還之。』

之流耳，得蔡襄爲之救正，既而薦引名士，東坡亦有可賢之嘆。此又變佞爲忠之道也。

皇極三　九二章

去邪

《遁》之《象》，《夬》之《彖》。『天下有山，遁。君子以遠小人，不惡而嚴。』《夬·彖》：『揚于王庭，柔乘五剛也。』『孚號有厲，其危乃光也。』九三：『若濡，有愠無咎。』《既濟》九三：『高宗伐鬼方，小人勿用。』《夬》之九三，《濟》之九三。

《師》之上六，《剥》之上九。《象》曰：『小人勿用，必亂邦也。』《象》曰：『小人剥廬，終不可用也。』

《解》之九四，《姤》之初六。『解而拇。』《象》：『小人退也。』《姤》初六：『繫于金柅，羸豕孚蹢躅。』《象》曰：『繫于金柅，柔道牽也。』

《解》之上六，《兑》之九四。『公用射隼于高墉之上，獲之，無不利。』《象》：『公用射隼，以解悖也。』《兑》九四：『介疾有喜。』《象》曰：『九四之喜，有慶也。』

《泰·象》曰：『小人道消也。』

《書・舜典》：『四罪而天下咸服。而難壬人，蠻夷率服。』《禹謨》：『去邪勿疑。』《皋謨》：『能哲而惠，何畏乎巧言令色孔壬？』《冏命》：『爾無昵于憸人。』『無以巧言佞色〔一〕，便辟側媚。』《立政》：『國則罔有，立政用憸人，不訓于德，是罔顯在厥世。繼自今立政，其勿以憸人。』

《詩》：『式夷式已，無小人殆。』『取彼譖人，投畀豺虎。豺虎不食，投畀有北。有北不受，投畀有昊。』

《語》：顔淵問爲邦。子曰：『遠佞人，佞人殆。』子曰：『惡夫佞者。』『惡利口之覆邦家者。』『惡佞恐其亂義也，惡利口恐其亂信也。』

《大學》：『惟仁人放流之，迸諸四夷，不與同中國。見不善而不能退，退而不能遠，過也。』

《孟》：『周公相成王〔二〕，驅飛廉於海隅而戮之。』

『除君之惡，惟力是視。』《春秋傳》。

〔一〕今按：『佞色』，《十三經注疏》本《尚書》作『令色』。

〔二〕今按：『成王』，《十三經注疏》本《孟子》作『武王』。

『農夫去草，嘉穀必茂。忠臣除奸，王道以寧〔一〕。』范滂。

傅燮疏曰：『臣聞天下之禍，不由於外，皆興於内。是故虞舜先除四凶，然後用十六相，明惡人不去，則善人無由進也。今張角起趙、魏，黄巾亂六州，此皆釁發蕭墻，而禍延四海者也。臣奉辭伐罪，戰無不克。黄巾雖盛，不足爲廟堂憂也。臣之所憂〔二〕，在於治水不自其原，末流彌增其廣。誠使張角梟夷，黄巾變服，臣之所憂，甫益深耳。何者？夫邪正不宜共國，亦猶冰炭不可同器。彼知正人之功顯，而危亡之兆見，皆將巧辭飾説，共長虚僞。若不詳察，忠臣將復有杜郵之戮矣。陛下宜思四罪之舉，速行奸佞之誅〔三〕，則善人思進，奸凶自息。』范滂之言，傅燮之疏。

東方朔之語，慕容垂之言。東方朔曰：『董偃賣珠兒，有斬罪三：以人臣私侍公主，一也；敗男女之化，亂昏因之禮，傷王制，二也；陛下富於春秋，方積思於六經，而偃以靡麗奢侈，極耳目之欲，乃國家之大賊，人主之大蜮，三也。』李白詩曰『緑幘誰家子，賣珠輕薄兒』是也。慕容垂言於符堅曰：『臣叔評，燕之惡來革，蜚廉子也。不宜復污聖朝，願爲燕戮之。』堅乃黜之。

〔一〕今按：『寧』，中華書局《後漢書》作『清』。
〔二〕今按：『憂』，中華書局《後漢書・傅燮傳》作『懼』。
〔三〕今按：『奸佞之誅』，中華書局《後漢書・傅燮傳》作『讒佞放殛之誅』。

龍朔除名，景龍追削。龍朔三年，李義府除名流巂丹，朝野稱慶。景龍四年，追削武三思爵，暴其尸。書法：『書暴其尸，快之也。』

天寶十二載之削李林甫，貞元十二年之裴延齡。追削李林甫官爵，剖其棺。書法：『書剖其棺，何甚國忠也。國忠以謀反誣林甫，非其罪也。故林甫信可罪，罪以反而剖其棺，則甚矣。』貞元十二年，裴延齡［死］，中外相賀。

盧杞之制，袁高執之。盧杞之用，陳京言之。盧杞移吉州長史，上欲爲饒州刺史。給事中袁高應草制，白盧翰等曰：『盧杞作相，致鑾輿播遷，海内瘡痍，奈何遽遷大郡！』翰等更命他舍人草制。制出，高執之不下，且奏：『［杞］極惡窮凶，何可復用！』補闕陳京等疏曰：『杞三年擅政，百揆失叙，天地所知，華夷同棄，倘可奸臣之寵〔一〕，必失百姓之心。』袁高復於正牙論奏。陳京等亦曰：『杞之執政，百官常如兵在其頸，今復用之，則奸黨皆唾掌而起。』李勉曰：『其如天下失望何！』乃爲澧州别駕，竟死於澧州。

精：或問佞幸，曰：『不料而已。』不料其才德而貪竊之，不稱其寵禄以取禍敗。《揚子》。

杜詩：『不成誅執法，焉得變危機。』熒惑謂之罰星，謂之執法，指元振惑人主。『翠虚梢殺魍魎，

〔一〕今按：此句，《資治通鑑》卷二百三十一作『倘加巨奸之寵』。

丹極上鶡鵬。』喻小人遁，賢得君。

皇極三　九三章

論人

《曲禮》：『擬人必於其倫。』疏曰：『禹稷顔回時不同賢，孔子俱以爲賢，擬之以道也。夷惠伊尹迹不同賢，孟子俱以爲聖，擬之以心也。子夏以有若似孔子，徒擬之以貌而已，不知聖賢之德不倫也。公孫丑以管仲比孟子，徒擬之以位而已，不知王霸之道不倫也。』

文子之問，叔譽之對。《檀弓》：趙文子與叔譽觀乎九原。文子曰：『死者如可作也，吾誰與歸？』叔譽曰：『其陽處父乎？』文子曰：『行並植於晉國，不没其身，其智不足稱也。』『其舅犯乎？』文子曰：『見利不顧其君，其仁不足稱也。並者，兼衆事於己。植者，剛强自立之意。及河授璧，蓋爲他日高爵重禄之計。』我則隨武子乎？利其君，不忘其身。謀其身，不遺其友。』晉人謂文子知人。

或人之問，揚子之答。或問『子胥、種、蠡孰賢』。曰：『胥也，俾吴作亂，破吴入郢，鞭尸藉棺，皆不由德。謀越諫齊不式，用。不邵也〔一〕。至蠡策種而遁，肥矣哉！肥遁。』《揚子》。

孔子之對，子貢之言。孔子對哀公曰：『人有五儀，所謂庸人者，心不存慎終之規，口不吐訓格之言，不擇賢以託其身，不力行以自定。見小闇大，而不知所務；從物如流，不知其所執。此則庸人也。所謂士人者，心有所定，計有所守。雖不能盡道術之本，必有率也；雖不能備百善之靈〔二〕，必有處也。富貴不足以益，貧賤不足以損，此則士人也。所謂君子者，言必忠信，而心不怨；仁義在身，而色無伐；思慮通明，而辭不專；不專尚言辭。篤行信道，自强不息，此則君子也。所謂賢人者，德不逾閑，行中規繩；言足以法於天下而不傷於身，道足以化於百姓而不傷於本；富則天下無宛財，積財。施則天下不病貧，此則賢人也。所謂聖人者，德合天地，變通無方；窮萬事之終始，協庶品之自然；明並日月，化行若神；下民不知其德。此則聖人也。』《家語》。子貢曰：『夙興夜寐，品誦〔三〕崇禮，行不貳過，稱舉言不苟，是顔回之行也。不畏强禦，不侮矜寡，其言循性，材任治戎，是仲由之行也。

〔一〕　今按：這段話，《諸子集成》本《揚子法言》作『胥也，俾吴作亂，破楚入郢，鞭尸藉館，皆不由德。謀越諫齊不式，不能去，卒眼之。……賢皆不足邵也。』

〔二〕　今按：『靈』，《孔子文化大全》影印本《孔子家語》作『美』，是。

〔三〕　今按：『品誦』，《孔子文化大全》影印本《孔子家語》作『諷誦』。

恭老恤幼，不忘賓旅，好學博藝，省省録諸事物而動〔一〕，是冉求之行也。齊莊而能肅，志通而好禮，擯相兩君之事，篤雅有節，是公西之行也。滿而不盈，實而如虛，過之如不及，先王難之；作事雖已是，猶如未是。其言於人也無所不信，其驕於人也常以浩浩，以浩浩之氣藐之。是曾參之行也。其貌恭，其德敦，美功不伐，貴位不善，不侮不佚，侮佚，貪功慕勢貌。不傲無告，是顓孫師之行也。學之深，送迎必敬，上交下接若截焉，是卜商之行也。貴之不喜，賤之不怒，苟利於民，廉於行己，是澹臺滅明之行也。先成其慮及事而用之，故動則不妄，是言偃之行也。獨居思仁，公言仁義，一日三復白珪之玷，是宮縚之行也。自見孔子，未嘗越禮，足不履影，啓蟄不殺，方長不折，執親之喪未嘗見齒，是高柴之行也。』同。

或人之問，揚子之答。或問『衆人』。曰：『富貴生。不義而生。』『賢者』，曰：『義。』『聖人』。曰：『神。』觀乎賢人，則見衆人；觀乎聖人，則見賢人；觀乎天地，則見聖人。或問『賢』。曰：『爲人所不能。』『請人。』曰：『顏淵、黔婁、四皓、韋玄成。』

許劭與許靖，曹操謂劉備。汝南許劭與從兄靖共論鄉黨人物，每月更其題品，故汝南俗有月旦評。曹操造問，曰：『我何如人？』曰：『治世之能臣，亂世之奸雄。』曹操謂劉備

〔一〕今按：『動』，《孔子文化大全》影印本《孔子家語》作『勤』，是。

曰：『天下英雄，唯使君與操耳。本初之徒袁紹，不足數也。』備方食，失匕箸，值雷電。因曰：『聖人云：迅雷風烈必變，良有以也。』

樊伷之能弄唇吻，暨艷之好爲清議。潘浚曰：『樊伷能弄唇吻，實無才略。嘗爲州人設饌，比至日中，十餘自起，此亦侏儒觀一節之法〔一〕也。』陳濟正誤：《桓譚新論》：『侏儒見一節，而長短可知。』侏儒短人，節謂服節。言不必見全身，但觀一節之短，可知其爲侏儒矣。吴暨居乙反。艷好爲清議，彈射百僚，覈奏三署，貶高就下，十不存一。陸瑁與書曰：『聖人嘉善矜愚，忘過記功，以成美化。今王業始建，汝潁月旦之評，恐未易行也。』不聽，怨憤盈路，坐自殺。

何晏之品，盧欽之論。何晏等嘗爲名士品目名：『「唯深也故能通天下之志」，夏侯泰初是也。玄。「唯幾也故能成天下之務」，司馬子元是也。師。「唯神也故不疾而速，不行而至」。吾聞其語，未見其人。』蓋以自况也。盧欽曰：『徐公魏徐邈。志高行潔，其施之也，高而不狷，潔而不介，傳而守的〔二〕，猛而能寬。』或問：『徐公當武帝之世，人以爲通；爲涼州

〔一〕　今按：『法』，中華書局《資治通鑑》卷六十八作『驗』。

〔二〕　今按：『傳而守的』，中華書局《資治通鑑》卷七十五作『博而守約』，是。

刺史，人以爲介，何也？』欽曰：『往者毛孝先玠、崔季珪琰貴清素之士，時皆變易車服以求名，而徐公不改其常，故人以爲通。比來天下奢靡相效，而徐公雅尚自若，故前日之通乃今日之介也。是世人無常，而徐公有常也。』

或問薛瑩，客問徐公。或問吴郡陸喜曰：『薛瑩於吴士當爲第一乎？』喜曰：『沉默其體，潛而勿用者，第一也；避尊居下，禄以代耕者，第二也；侃然體國，執政不惧者，第三也；斟酌時宜，特獻〔一〕微益者，第四也；温恭修慎，不爲諂首者，第五也。』設客問曰：『徐公於今誰與爲比？』主人曰：『四海至廣，人物至多，或匿情韜光，僕不敢誣，若所聞見，則一人而已，常於古人中求之。』客曰：『何如張釋之？』主人曰：『釋之所行者甚易，徐公所行者甚難。張公逢漢文之時，天下無事，守法而已，豈不易哉！徐公逢革命之秋，主疑於上，吏虐於下，而守死善道豈不難哉！』客曰：『使爲司刑卿，乃得展其才矣。』主人曰：『吾子徒見徐公用法平允，謂可置司刑。僕睹其人，方寸之地，何所不容，若其用之，何所不可，豈直司刑而已哉！』

樂廣之論，梅陶之論。樂廣論人，必先稱其所長，則所短不言自見。梅陶曰：『陶公機

〔一〕今按：『特獻』，中華書局《資治通鑒》卷八十一作『時獻』。

神明鑒似魏武，忠順勤勞似孔明，陸抗諸人不能及也。』韓哀之語，馬援之言。魏韓哀曰：『侯莫陳悦，井中蛙耳。』馬援曰：『子陽隗囂，井底蛙耳。』

王敦之論西朝人士，桓温之論江左人物。郤鑒過王敦，敦與論西朝人士曰：『樂彦輔，短才耳，考其實，豈勝滿武秋耶！滿奮。』鑒曰：『彦輔道韵平淡，愍懷之廢，柔而能正；武秋失節之士，安能擬之！』敦曰：『當是時，危機交急。』鑒曰：『丈夫當死生以之。』愍懷廢，奮救東宫官屬之辭太子者，趙王倫簒位，奮又奉璽綬。桓温以王坦之爲長史，以郤超爲參軍，以王珣爲主簿。府中語曰：『髯參軍，短主簿，能令公喜，能令公怒。』與謝玄皆爲温掾，温曰：『謝掾年四十必擁旄杖節，王掾當作黑頭相公，未易才也。』

慕容之對，崔浩之言。慕容恪疾病，燕主暐問以後事。恪曰：『吴王垂文武兼資，管蕭之亞，若任以政，國家可安。』崔浩曰：『王猛治國，符堅之管仲也。慕容恪輔幼主，慕容暐之霍光也。劉裕平亂，司馬德宗之曹操也。』

裴行儉之知人，潘好禮之著論。裴行儉有知人之鑒，王勃、楊炯、盧照鄰、駱賓王皆以文章有盛名。行儉曰：『士之致遠者，當先器識而後文章〔一〕，勃等雖有文章〔二〕，而浮躁淺露，豈享爵禄之器耶！揚子應至令長，餘得令終幸矣。』既而勃墮水，炯終於盈川令，照鄰惡疾赴水死，賓王反誅。周以徐有功爲殿中侍御史，遠近聞者，無不相賀。宗城潘好禮著論稱有功：『蹈道依仁，固守誠節，不以貴賤死生易其操履。』

唐太宗之稱虞世南，爾朱榮之戒爾朱兆。太宗嘗稱世南五絶：一德行，二忠直，三博學，四文辭，五書翰。爾朱榮曰：『堪代我者，唯賀六渾耳。』戒爾朱兆曰：『爾非其匹，終當爲其穿鼻。控制之義。』

劉友益之書法，尹起莘之發明。劉友益曰：『德裕入相，不可謂無功矣，然有二失：快恩讎，一也；自滿假，二也。君子以爲才略雖高，而未聞道，可謂善論矣。』發明曰：『世或謂李密似項羽，先儒固已卞之矣。羽雖剽悍猾賊，然志任滅秦無復迴貳；密移檄州郡，數煬十罪，至是反欲降隨，何哉？《綱目》前書攻東都，此書上表降隋，密進退無所據矣。』

唐太宗祭魏太祖曰：『一將之智有餘，萬乘之才不足。』胡氏曰：『知人則易，自知則難。

〔一〕今按：『文章』，中華書局《資治通鑑》卷二百三作『才藝』。

〔二〕今按：『文章』，中華書局《資治通鑑》卷二百三作『文華』。

太宗之評魏武者，政所以自狀耳。』或問漢高祖、光武、昭烈、魏武帝、唐太宗人品如何。曰：『高祖尚矣，光武、昭烈猶魯衛之政也，魏武帝、唐太宗並驅中原，未知鹿死誰手，其所長短，蓋略相當。光武、昭烈才德俱優，魏武、太宗才優於德，然規模建立皆在漢高範圍之内耳。』

太宗高光之孰優，後主天元之孰劣。或曰：『唐太宗比高光孰優？』尹起莘略曰：『太宗弱冠起義，克長安平群盜，非其才之過人，安能至此？使之處光武之地，固優爲之；若遇漢高之事殆，恐未易言也。漢高起於亭長，首以誅無道秦爲名，乃能聲羽大逆之罪。使太宗處此少年，英鋭之氣恐未能如漢高之隱忍，况淮陰英、彭之輩，高祖使之如嬰兒。彼王世忠、竇建德等，曾不及嬰彭〔一〕之一二，况望項籍之萬分哉！此所以知其未易下也。』太宗謂魏徵曰：『齊後主、周天元孰爲最劣？』對曰：『後主懦弱，政出多門；天元驕暴，威福在己。雖同爲亡國，齊主尤劣也。』胡氏曰：『五代之君，世宗爲上，唐明宗次之，周太祖次之。』

〔一〕　今按：『嬰彭』，當爲『英彭』，指英布、彭越二人。

皇極三　九四章

鄉評

甚矣鄉黨，公論所自出也。周之鄉選，閭胥書其孝弟，師帥〔一〕書其任恤，黨正書其道藝，而所書者非一人。月吉考之，族師。歲終考之，閭胥。三年大比考之，鄉大夫。而所考者非一日。並《周禮》。則由鄉而之學，由學而之司馬，然有教化之官以訓之，有學校之地以養之。周轍不西，一變而爲諸侯之客，再變而爲州縣之吏。漢興以來鄉置三老，而人猶知教化也。漢高。科立孝廉，而人尚知德行也。漢惠。

武帝求賢良，國人共推公孫弘以充賦。萬石君以孝謹聞郡國，以其子爲郎中令。一推兒寬，則曰知之久矣；一言蕭望之，則曰此東海蕭生耶；一薦龔生，則曰固已聞其名。至酈生，家貧落魄，縣中謂之狂生。韓信家貧無行，不得推擇爲吏。陳湯無節，不得與諸儒州

〔一〕今按：『師帥』，《四庫全書》本《古今源流至論》前集卷三作『族師』。

吏〔一〕之論。自後，或采於閥閲，或取於科舉。國朝雖無閭胥族師之官，而選舉猶有周人忠厚之意；雖無黨庠遂序之名，而學校猶有周人教養之實。范仲淹謂：『省試封彌，解試不封彌，良以發解，考其履行，南省考其藝業。』則選舉之意猶周也。王拱辰謂：『士皆土著，而教之以學校，然後州縣察其履行而薦選之。』於是詔天下，皆立學校，則教養之意猶周也。故柳仲塗之有聲於場屋，先獻文軸，遂居首選，是以終身之學業決有司之選舉也。天聖三。王復之素聞於西京，有司稱賞，預先解發，是以平時之銓次爲此日之論也。天聖。張公咏之試大名也，將以張公首薦，而公推張覃爲第一。太平興國。蔡公齊之試萊州也，將以蔡公首薦，而公推史防爲第一。嗚呼！令聞令望不惟衆論多之，而有司亦採之；不惟有司採之，而同列亦推之。

〔一〕今按：『州吏』，《四庫全書》本《古今源流至論》前集卷三作『州里』。

皇極三　九五章

君子小人

顔回問君子，子曰：『愛近仁，度事近智；爲己不重，爲人不輕；輕於爲己，重於爲人，君子也。』顔回問小人，子曰：『毁人之善以爲辯，狡訐懷詐以爲智，幸人之有過，耻學而羞不能，小人也。』《家語》。

魏徵曰：『待君子也，敬而疏；遇小人也，輕而狎。狎則言無不尽，疏則情不上通。』

《論》：『君子周而不比，小人比而不周。』『君子喻於義，小人喻於利。』『君子坦蕩蕩，小人長戚戚。』『君子和而不同，小人同而不和。』『君子泰而不驕，小人驕而不泰。』『君子求諸己，小人求諸人。』『君子不可小知，而可大受也；小人不可大受，而可小知也。』

杜詩：『達士如弦直，小人似鈎曲。』『君看隨陽雁，各有稻粱謀。』君子遠引，小人慕禄。

『率道而行，端然正己。不爲物傾側，夫是之謂誠君子。』『乳彘觸虎，乳狗不遠遊，不忘其親也。小人憂忘其身，内忘其親，上忘其君，則是人也，而曾狗彘之不若也。』《荀子》。

皇極三　九六章

進賢退邪與上用去門參看

《易》：『遏惡揚善。』『小往大來。』『殖有禮，覆昏暴。』『樹德懋滋，除惡務本。』

《論》哀公問曰：『何爲則民服？』孔子對曰：『舉直錯諸枉，則民服；舉枉錯諸直，則民不服。』

謝氏曰：『好直而惡枉，天下之至情也。順之則服，逆之則去，必然之理也。然或無道以照之，則以直爲枉，以枉爲直者多矣。是以君子大居敬而貴窮理也。』

京房對曰：『末世以毁譽取人，故功業廢而致灾異。』

《緇衣》子曰：『大人不親其所賢，而信其所賤，民是以親失而教是以煩。』

《韓詩外傳》：楚莊王聽朝晏罷，曰：『聽忠賢之言，不知飢倦也。』樊姬掩口而笑曰：『今沈令尹相楚數年矣，未嘗見進賢而退不肖也，又焉得爲忠賢乎？』令尹避席而進孫叔敖，叔敖治楚三年而楚國霸。

皇極三　九七章

反

君子在野，小人在位。智藏瘝在，逆忠遠耉。吾家耄遜于荒。咈其耇長舊有位人。焚炙忠良，刳喪元良。放黜師保，囚奴正士。狎侮君子，罔以盡人心。人之有技，媢嫉以惡之。人之彥聖，而違之俾不達。維此良人，弗求弗迪。匪用其良，覆俾我悖。

《論》：『臧文仲其竊位者與！知柳下惠之賢而不與立。』

入于左腹，夷于左股。其車既載，乃棄爾輔。四國無政，不用其良。

《孟》：『夫苟不好善，則人將曰「訑訑，予既已知之矣。」訑訑之聲音顏色，距人於千里之外。士止於千里之外，則讒諂面諛之人至矣。與讒諂面諛之人居，國欲治，可得乎？』訑訑，自足其智，不嗜善言之貌。『入則無法家拂士，國恒亡。』『不信仁賢，則國空虛。』『不用賢則亡。』『遺老失賢。』

『兢兢業業，孔填不寧，我位孔貶。』『昵比罪人。』『朋淫于家。』『遠耆德，比頑童。』『桀德，惟乃不作往任，是惟暴德，罔後。』『嗚呼！其在受德，暋惟羞刑暴德之人，同于厥邦；乃惟庶習逸德之人，同于厥政。』

文王曰咨，咨汝殷商！曾是强禦，暴虐。曾是掊克，聚斂。曾是在位，曾是在服。事。天降滔德，汝興是力。

文王曰咨，咨汝殷商！而秉義類，强禦多懟。流言以懟〔一〕，寇攘式内。侯詛〔二〕侯祝，靡届靡究。不明爾德，時無陪〔三〕無側。爾德不明，以無陪無卿。

維彼忍心，是顧是復。

皋皋訿訿，曾不知其玷。

彼侯人兮，何戈與祋。彼其之子，三百赤芾。維鵜在梁，不濡其翼。彼其之子，不稱其服。維鵜在梁，不濡其味。彼其之子，不遂其媾寵。薈兮蔚兮，南山朝隮。婉兮孌兮，季女斯飢。

《韓詩外傳》：因爲賦曰：『璇玉瑶珠不知佩，雜布與錦不知異。閭娵、子都莫之媒，嫫

〔一〕今按：『懟』，《十三經注疏》本《毛詩正義》作『對』。
〔二〕今按：『詛』，《十三經注疏》本《毛詩正義》作『作』。
〔三〕今按：『陪』，《十三經注疏》本《毛詩正義》作『背』。

母、力夫〔一〕是之喜。以盲爲明，以聾爲聰。以是爲非，以吉爲凶。嗚呼上天，曷惟其同！』

君子失所，混於小人之中。杜詩：『青草萋萋盡枯死，天驥跛足隨氂牛。自古聖賢多薄命，奸雄惡少封公侯。』『黄雀飽野粟，比小人。群飛動荆榛。老驥倦驤首，蒼鷹愁易馴。比賀蘭銛，無知音而困貧賤。』

君子受侮於小人。杜詩：『孔雀未知牛有角，渴飲寒泉逢觝觸。雀牛非類，故見辱，况君子受侮於小人？赤霄玄圃須往來，翠尾金花不辭辱。江中淘河鵜鶘。嚇飛燕，銜泥却落羞華屋。燕銜泥，淘河疑争魚而嚇之，以况中國之猜忌君子也。』

皇極三　九八章

冒據

《易·晋》之九四，《解》之六三。『晋如鼫鼠，貞厲。《象》：鼫鼠貞厲，位不當也。』『負且乘，致寇至。《象》：負且乘，亦可醜也。自我致戎，又誰咎也？』

〔一〕今按：『力夫』，中華書局《韓詩外傳集釋》卷四作『力父』，並出校曰：疑當作『力牧』，字之誤也。

子曰：『非所據而據焉，則身必危。德薄而位尊，智小而謀大，力小而任重，鮮不及矣。』

杜詩：『顛狂柳絮隨風舞，輕薄桃花逐水流。』

趨附

列士惡多門，小人自同調。名利苟可取，殺身傍權要。何當官曹清，爾輩堪一笑。

皇極三　九九章

奸臣

寒浞之行媚，田乞之行陰。《春秋傳》：『后羿代夏政，寒浞行媚于内，施賂于外，愚弄其民，虞羿于田。家衆烹羿，浞因羿室。』真德秀曰：『自古奸臣欲盜其國，挾宫闈之助，合左右之交，故浞之相羿也，内外盤結。』《史記》：『田乞爲齊大夫，收税於民以小斗，其粟予民以大斗，行陰德於民，得齊衆心。子恒弑簡公，立平公。言於公曰：「德施人之所欲，君其行之；刑罰人之所惡，臣請行之。」行之五年，齊國之政皆歸田恒。』真德秀曰：『按《左傳》公曰：「是可若之何？」晏子對曰：「惟禮可以已之。在禮，家施不及國，大夫不收公利。」使景公用晏子之言，明上下之禮，使惠施出於上，而下不得私；利權歸於上，而下不得擅，則大分明而人心一，雖百田氏其能竊國乎？」

不韋之爲後秦，王莽之稱安漢。陽翟大賈吕不韋適趙，見之，曰：『此奇貨可居。』真德秀曰：『非直大賈，蓋大盜也。其捐千金也，非輕利也，謂其利有倍〔一〕乎此也。其獻姬也，非能割己之欲也，謂其所欲有萬乎此也。先儒謂始皇既立，伯翳之祀已絶，史氏記録宜曰後秦可也。黄歇納李園妹，娠而獻君，生子遂以黄代芊。』王莽賞賜邑錢盡以賞賜〔二〕，釣名之始也。黨與顯奏，涕泣推讓，得權之始也。蠻夷獻白雉，賜號『安漢公』，居攝之漸也。媚事太后，下至旁側長御，寒浞行媚之故媚也〔三〕。

立莽女爲后，奏起明堂、辟雍、靈臺，爲學舍。曹操篡漢，殺伏后而立其女。楊堅以后父而取後周之天下。將篡漢，故要譽於天下之士。

加九錫，得白石。加九錫者，天子之禮也。晋文、齊桓有功周室〔四〕，所錫者一二三而已。

〔一〕今按：『倍』，華東師範大學出版社《大學衍義》卷十七作『百』。
〔二〕今按：『以賞賜』，華東師範大學出版社《大學衍義》卷十七作『以享士』。
〔三〕今按：此語，華東師範大學出版社《大學衍義》卷十七作『此寒浞行媚於内之故智也』。
〔四〕今按：此語，華東師範大學出版社《大學衍義》卷十七作『齊威、晋文有功于周室』。

今莽備之居攝即真之漸也。前輝光謝囂奏武功長孟通浚井得白石，有丹書，文曰：『告安漢公莽爲皇帝。』符命之起自此始。

論奸雄竊國之術。此四人者，其狡如兔，其媚如狐，其陰中人如鬼蜮，其居膏肓之間如二豎子。

趙高嚴刻，李斯督責。趙高勸二世嚴法刻刑。真德秀曰：『世之人以高言爲鈎吻烏喙，必殺人之物。』李斯曰：『賢主必能行督責之術。申子「有天下而不恣睢，睢仰目貌。命之曰以天下爲桎梏」者，無他焉，不能督責，顧以其身勞於天下之民，若堯、禹然，故謂之桎梏也。』真德秀曰：『斯、高之言，皆斫喪秦室之斧斤。』

趙高之欺二世，趙高之殺李斯。趙高曰：『天子所以貴者，但以聞聲，群臣莫見面，故號曰朕。』二世用其計，不坐朝見大臣，居禁中，事皆決於高。真德秀曰：『忠臣之欲君之賢且明者，勸之以躬攬萬幾。奸臣之欲君之愚且闇者，勸之以深居宫省。』趙高陷殺李斯。真德秀曰：『趙高代之，創爲中丞相之名。』劫殺二世，引璽佩之，百官不從。召嬰立之。

恭顯之探得微指，恭顯之指爲朋黨。弘恭石顯能探得人主微指。真德秀曰：『薛公事齊王，王有愛姬七，未知所立。薛公獻七珥，美其一。明日，視美珥所在，請立爲夫人，王從之。申不害相韓昭侯，昭侯謀之以事。申子未知侯之所欲也，則使同列二人先陳其計，微視昭侯所悦而言之，昭侯大悦。恭、顯奏用之、堪、更生用黨相稱譽〔一〕。歐陽脩言：『自古小人讒害忠良，欲廣陷良善，則指爲朋黨；欲摇動大臣，則誣以專權。』

京房之指顯，天子之笑顯。京房宴見言事，意指石顯。上曰：『已諭。』亦不能退顯也。真德秀曰：『鍵閉之謀日工，依憑之黨日盛，猶伏社之鼠不可熏也，穴墉之狐不可灌也。又如在肓之疾，藥之不能達；傅咽之瘻，近而不可割也。夫元帝知顯之奸而卒不能去者，非不欲去，不能去也。』顯恐天子一朝納用左右以間己。先曰，恐後漏尽宫門閉，請使詔吏開門。上許之。顯故投夜還，稱詔開門入。果有上書告顯顓命矯詔開門，天子聞笑。顯泣，願歸樞機。天子以爲然。真德秀曰：『昔有争貢舉者，甲有過，乙輒白之。一日，甲墨其臂若嘗文身者，乙白長吏，長吏驗之，無有也。於是甲訴曰：「凡乙見誣若此。」自是乙之言不復入，而甲被薦矣。此閭巷相擠之小數，而顯用之以誑其君。』

顯殺望之，顯薦貢禹。真德秀曰：『王鳳殺王章，杜欽亦教之以舉直言。奸邪之言〔二〕巧於緣飾，賊莽宗之，遂以竊國。』

〔一〕今按：此語，華東師範大學出版社《大學衍義》卷十八作『恭、顯奏望之、堪、更生朋黨相稱舉』。

〔二〕今按：『言』，華東師範大學出版社《大學衍義》卷十八作『臣』。

吴之張布，晋之賈充。孫休即位，張布用事。吴王喜讀書，欲與韋昭、盛冲講論。布恐言己過，固諫止之。真德秀曰：『賈誼曰：「承師問道，則德智長而治道得。」董仲舒曰：「强勉學問，則聞見博而智益明。」忠臣欲其君之務學，傅説之告高宗是也；奸臣恐其君之好學，張布之沮吴主是也。後之奸臣，經帷雖設，而所引多巧佞之徒；儒臣雖接，而所陳多蒙蔽之説。侍中賈充爲人巧佞，樹機能亂秦雍。侍中任愷薦充，充將之任，公卿餞於夕陽亭。荀勖曰：『結昏太子。』納女留充。充忌任愷，薦爲吏部尚書，譖廢於家。邵雍以爲禍在夕陽亭之一語，而不在石勒長嘯上東門之時。真德秀曰：『趙堯欲奪周昌御史大夫之任，則勸高帝爲趙王如意擇貴强臣，而因薦昌。公孫弘嫉董仲舒，欲黜之，于外則言於武帝使爲膠西相。陽借薦譽之名，陰施排擯之術。賈充之計所以得幸於武帝也。』

梁之朱异，隋之裴蘊。朱异文華敏給，得幸於上，廣納賄賂，欺罔視聽。真德秀曰：『入則睢盱於前，卑伏如鼠；出則横恣於外，貪噬如虎，此奸臣常態也。』

徐摛明敏，朱异出之。侯景内附，朱异納之。徐摛應對明敏，异白上：『［摛］年老，愛泉石。』出爲新安守。真德秀曰：『婦欲顓其夫，故入宫者必見妒；臣欲顓其君，故入朝者必見嫉。』東魏侯景與高澄有隙，舉十三州内附。是歲，上夢中原牧守以地來降。异曰：『宇内混一之兆也。』及景使至，异勸納景。高澄求復通好，异固執宜和，景叛，异慚急發疾卒，上痛惜之，贈尚書右僕射。真德秀曰：『臨亂之君，各賢其臣，殆謂此耶！』

隋祖受命〔一〕，牛弘定樂，非正聲者悉放之。啓民來朝，煬帝欲誇之。太常少卿裴蘊奏：『括樂家子弟，皆直太常。』樂工至三萬餘人。

薛道衡之頌名似隱昧，元善達之奏誣以其誑。道衡以才學有盛名，上《高祖文皇帝頌》，上不悦，曰：『致美先朝，此《魚藻》之意也。刺幽王，思武王。』蘊奏：『名似隱昧，情深悖逆。』遂令自盡，天下冤之。煬帝幸江都，李密移檄數帝十罪。子侗東都留守，遣元善達間行奏。世基曰：『此輩誑之。』帝怒，使善達經賊中向東陽催運，爲盜所殺。是後人人杜口，莫敢以賊聞。

三卷之圖，裴矩奏之。五日之朝，郭衍勸之。西域諸胡張掖交市，吏部侍郎裴矩掌之。誘訪諸國山川風俗，撰《西域圖記》三卷奏之。帝大悦，慕秦皇、漢武之功，以至於亡。光禄大夫郭衍勸帝五日一視朝，曰無效高祖空自勞苦。帝益以爲忠。魏徵曰：『梁武信朱异，以致臺城之辱；隋煬信虞世基，以致江都之禍。』

武昭儀之有寵，義府表之，武昭儀之爲后，義府言之。王德儉曰：『武昭儀有寵，上欲

〔一〕今按：『受命』，華東師範大學出版社《大學衍義》卷十九作『受禪』。

爲后，君能建白，轉禍爲福也。』義府上表，請廢后立昭儀，帝賜珠一斛。號『笑中刀』『人猫』。真德秀曰：『義府以奸言易一身之富貴，而賣唐家之社稷，吁，可畏矣！』

高宗將立武昭儀爲后，許敬宗曰：『田舍翁獲十斛麥，尚欲更故婦。天子立一后，謂之不可，何哉？』

高宗爲太子，李義府獻箴。高宗爲天子，李義府市獄，獻《承華箴》，末曰：『佞諛有類，邪巧多方。其萌不絶，其害必彰。』真德秀曰：『奸邪小人，其品不一，有言行俱邪者，有以正言飾邪行者。義府獻箴之言，乃近於正，此奸邪之尤者。』義府主選事，無品鑒才，賣官市獄，門如沸湯。

韓休薦林甫，武妃助林甫。韓休薦李林甫有宰相才，武惠妃陰爲助，拜黄門侍郎，同中書門下。真德秀曰：『女子小人，其類同者也。故外廷奸臣多倚宫掖以自固，而宫掖亦或結交於外廷以自助。』

林甫贊三子之廢，林甫贊東都幸。明皇欲廢三子，瑛、瑶、琚。九齡切諫。林甫曰：『天子家事，外人何與耶？』真德秀曰：『李勣以此言贊高宗廢王后，以自結於武氏。林甫以此言贊明皇廢三子，而自結於惠妃。』玄宗在東都，欲還長安。裴耀卿等言：『農人場圃未畢，須冬可還。』林甫曰：『二都本帝王東西宫，往幸何待時？』帝即駕而西。

仙客封賞之争，林甫然許而抑默。太子孝謹之聞，林甫飛語而不得。帝欲進朔方節度使牛仙客實封，九齡謂林甫：『封賞待名臣大功，邊將一上最，豈可遽議？要與公争。』林甫然許。及進，抑默。九齡、耀卿俱罷。真德秀曰：『汲黯與公孫弘約，共争事，至上前，而弘背之。林甫之背九齡亦猶弘之背黯也。伐國之戈矛，迷主之鴆毒。』帝用林甫言，殺三子。林甫稱壽王，帝意屬忠王。太子既定，林甫數危太子，太子自以孝謹聞，飛語不得入。

人君之欲林甫善養，人主之旨林甫審伺。上之左右，林甫餉遺；上之夫婢，饔夫御婢。林甫款厚。真德秀曰：『善刺上意，石顯之探人主微指也。善養君欲，趙高之勸二世肆意也。餉遺左右，款厚饔夫御婢，寒浞之行媚于内，王莽之事旁側長〔一〕御也。』

奉璋欲言罪則殺之，杜璡亦言事則斥之。咸寧太守趙奉璋得林甫二十餘條，將言之。林甫諷御史捕繫奉璋，劾妖言，抵死。真德秀曰：『爲御史者，必皆其黨與也，故奉章欲言其罪，則亟諷御史劾而殺之。』補闕杜璡上書言事，林甫斥爲下邽令。因以語動其餘曰：『不見立仗馬乎？一鳴，黜之矣。』真德秀曰：『正先死而趙高肆，王章謬而王鳳熾，杜璡斥而林甫横。』

〔一〕今按：『長』，華東師範大學出版社《大學衍義》卷十九作『畏』。

嘆盧絢之藴藉，則使乞賓詹；問挺之之安在，則使稱風疾。上陳樂勤政樓下，兵部侍郎盧絢謂上已過〔一〕，按轡過樓下。絢風標清粹，上深嘆其藴藉。林甫語絢子弟曰：『交廣藉才，聖上欲以尊君爲之，若憚遠行，則左遷。不然，以賓客分務東洛。』絢惧，遂乞賓詹。上又問：『嚴挺之安在？是人亦可用。』挺之時爲絳州刺史。林甫召挺之弟損之，諭以上待尊兄意甚厚，盍爲見上之策，奏稱風疾，求還就疾，挺之從之。林甫白之：『挺之老疾，宜授散秩。』上以爲詹事。真德秀曰：『傳曰：「苦言藥也，甘言疾也。」内有衣冠之盗，然後外有干戈之盗。然衣冠之盗，視其言之甘苦而已。』

欲杜其本而久其權，乃以蕃將而代儒將。開元中，薛訥、郭元振、張説等自節度使入相天子。林甫疾儒臣以方略積邊勞且大任，欲杜其本，以久其權，説帝以安思順領節度，擢安禄山、高仙芝、哥舒翰專爲大將。真德秀曰：『一言喪邦者，昔聞之矣；一言而遺禍數百載者，有之乎？曰有之，如林甫之請任藩將是也。自天寶末迄建隆初凡二百有七年，推原禍本，由林甫以蕃將代儒將故也。』

瀘川之没，國忠匿其敗。南詔之没，國忠聞以捷。楊國忠，太真從祖兄也。其妹虢國

〔一〕今按：『過』，華東師範大學出版社《大學衍義》卷十九作『起』。

夫人居中用事，帝所好惡，必探知其微。南詔質子閤網鳳亡去，帝欲討之。國忠薦鮮于仲通率兵六萬討之。戰瀘川，舉軍没，獨仲通挺身免，國忠匿其敗，更叙戰功。劍南節度使李宓將兵七萬擊南詔，被擒，全軍皆没。國忠以捷聞，益發兵討之。真德秀曰：『《記》曰：「四方有敗，必先知之。此之謂民之父母。」明皇末年，委政國忠，雲南喪師至二十萬，而國忠反以捷聞。明皇至是塊然尸位，猶土木偶人矣。奸臣敢於蒙蔽如此，爲人主者，其可不以天下爲視聽哉！』

明皇憂雨，國忠獻之；房琯言灾，國忠推之。上憂雨傷稼，國忠取禾之善者獻之曰：『雨雖多不傷稼也。』扶風太守房琯言所部水灾，國忠使御史推之。真德秀曰：『忠臣恐人君不畏灾，魏相之以逆賊風雨告宣帝是也。奸臣恐人主知畏灾，國忠之謂雨不害稼欺明皇是也。近世王安石遂有「天灾不足畏」之語。』

元載、王伾承意探微，即林甫之善刺上意也。先結輔國，後結董秀，即林甫之賂上左右也。恐奏事者攻訐其私，乃請百官論事，先白長官、宰相，然後奏聞。刑部尚書顔真卿上書，以爲太宗著司門式曰：『其無門籍人，有宜奏者，皆令門司與仗家引奏，無得關礙。』天寶後李林甫爲相。深疾言者，道路以目。載恨之，貶峽州别駕。真德秀曰：『後之顓政諱言者，往往習爲蒙蔽，言官論事必令以槁草先白，有去焉，有取焉，是又祖元載之故智也。』

告爲不軌，賜自盡。籍其家，胡椒八百石。王伾、王叔文。真德秀曰：『内有宦官宫妾爲之表裏，外有大夫好進者爲之謀議，由順宗深居簾帷，不與群臣接，故此輩得以售其奸。』

盧奕之子杞，懷慎之孫，醜貌藍面，有口辯，無文學，引延齡罷楊炎。楊炎惡京兆嚴郢，則遷嚴郢爲大理卿。盧杞陷丞相楊炎，則引嚴郢爲御史。楊炎之宅，憑趙惠伯而賣也。則嚴郢按之。楊炎之廟直蕭嵩之地也，則嚴郢譖之〔一〕。惠伯貶多田尉，而殺之。楊炎貶崖州司户，而殺之。

張鎰之忠，盧杞忌之；關播之懦，盧杞薦之。上以幽州兵在鳳翔，思得重臣代朱泚鎮之。杞忌張鎰忠直，鎰知爲杞所排，再拜受命。未幾，爲泚將所滅。杞知上必更立相，恐分己權，薦吏部侍郎關播爲中書侍郎。事皆决於己，播但斂衽無所可否。真德秀曰：『奸臣薦權，必求士大夫柔懦緘默易制者爲己之貳，然後權一出於己而莫與争。霍光之用楊敞、李林甫之用陳希烈是也。蔡京、秦檜、韓侂胄之徒亦仿此術。』

真卿宣慰於希烈而竟爲所殺，李揆會盟於吐蕃而亦卒於路。李希烈反，杞曰：『誠得

〔一〕今按：『儼郢譖之』，似誤。華東師範大學出版社《大學衍義》卷二十作『炎廟正直蕭嵩廟地，杞因譖炎曰：「兹地有王氣，玄宗令嵩徙之。炎有異志，故於其地建廟。」炎貶崖州司馬，遣中使護送，未至，縊殺之』。據此，當爲『盧杞譖之』。

重臣，爲陳逆順，希烈必革心。顔真卿三朝舊臣，真其人也。』上命真卿詣許州宣慰，竟爲所殺。禮部尚書李揆有才望，杞惡之，以爲入蕃會盟使，揆卒於路。真德秀曰：『皆用陽譽陰擠之謀，而德宗不能察也。』

懷光之反，盧杞激之；盧杞之心，德宗信之。李懷光破賊來朝，盧杞惧，譎帝詔懷光無朝。懷光謀反，貶杞爲新州司馬。蘇軾言：『李斯憂蒙恬之奪其權，則立二世以亡秦；盧杞恐懷光之數其惡，則誤德宗以再亂。』

上曰：『杞小心，朕所言無不從。』真德秀曰：『言無不從者，奸臣鈎其君之餌也。人君樂其餌之甘，而忘其鈎之害，則必亡而已矣。』

穆宗時，李逢吉薦李紳爲御史中丞。敬宗立，李逢吉誣李紳，貶端州司馬。真德秀曰：『逢吉之薦李紳，猶賈充之薦任愷也。其位則遷，其權則貶，名優之實抑之。』史臣贊：『李訓浮躁寡謀，鄭注斬斬小人，邀幸天功，寧不殆哉！』《傳》曰：『國將亡，天與之亂人。若訓等持腐柱支大厦之顛，天下爲寒心豎毛，文宗偃然倚之成功，卒爲閹謁所乘，天果厭唐德哉！』真德秀曰：『沾沾自喜之徒，喋喋多言之輩，明主遠諸。』唐史奸臣傳贊：『木將壞，蟲實生之；國將亡，妖實産之。故三宰嘯凶牝奪晨，李勣、許敬宗、李義府。林甫將蕃黄屋奔，鬼質敗謀興元蹙，盧杞。崔、柳倒持李宗覆。崔胤、柳璨。』嗚呼！有天下者，可不戒哉！真德秀曰：『敬宗、義府則挾賊后以制君，而武氏因之以移國；崔胤、柳璨則挾賊臣以脅君，而朱温因之以篡位。近世歸自虜[一]廷而主和議者，又挾賊虜以要君也！』

論憸邪罔上之情。奸臣。

《荀子》：『志不免乎奸心，行不免乎奸道，而求有君子聖人之名，譬之是猶伏而咶天，與舐同。救經縊。而引其足也。』

《易·明夷》六四：『入于左股[二]，獲明夷之心。』《象》：『入于左腹，獲心意也。』『方命圮族。』『静言庸違。』『巧言令色。』『便僻側媚。』『彼何人斯，其心孔艱。』『彼何人斯，居河之麋。』『斗筲之人，何足算也。』『鄙夫可與事君也哉？』『長君之惡，其罪小；逢君之惡，其罪大。』

《大學》：『小人閑居爲不善，無所不至，見君子而後厭然，掩其不善，而著其善。人之視己，如見其肺肝，然則何益矣？』

『造民大譽，不念不庸，瘝厥君，是乃引惡，惟朕憝[三]。』

[一] 今按：『虜』，華東師範大學出版社《大學衍義》卷二十作『北』。

[二] 今按：『左股』，當爲『左腹』。

[三] 今按：此句，《十三經注疏》本《尚書正義》作：『造民大譽，弗念弗庸，瘝厥君，時乃引惡，惟朕憝』。

皇極三　一〇〇章

佞臣

後唐李紹琛謂董璋曰：『吾有平蜀之功，公等樸樕相從，短小貌。反咕囁於郭公之門。崇韜。』《漢書》：『諸曹以下，樸樕不足數。』

趙之便辟，漢之便辟。趙孝成王時，客曰：『世所謂桑癰，王知之乎？便辟左右之人及優愛娼優，王之愛。孺子官寺。也。乘王之醉昏，而求所欲於王者也。故日月暉於外，其賊在於内，謹備其所憎而禍在於所愛。』真德秀曰：『桑中有蠹，則碨磈之形見於外，猶人受病於中，而癰發於外也。日月之明蟾蜍食之，人君之明近幸賊之。常人之情，所憎則妨，所愛則忽，而禍亂之萌，往往自忽始。齊桓能服勁楚，卒之亂齊者三豎而非楚也；秦皇能陷强胡，卒之滅秦者中車府令高而非胡也。』漢哀帝時，董賢性柔和便辟，善爲媚以自固。真德秀曰：『山崩地震，日食三朝，承相王嘉以爲寵賢之應。白虹貫日，連雲不雨〔一〕，司隸鮑宣

〔一〕今按：此二句，華東師範大學出版社真德秀《大學衍義》卷二十四作『白虹奸日，連陰不雨』。

[亦]以爲寵賢之應。』

漢侍中之言，帝悅；齊侍中之言，帝悅。漢靈帝時，將作畢圭靈昆苑。司徒楊賜諫曰：『宜思夏禹卑宫之意。』侍中任芝、樂松曰：『文王之囿百里，人以爲小；今與百姓共之，無害於政也。』帝悅。北齊侍中和士開謂齊主湛曰：『自古帝王盡爲灰土，堯舜桀紂竟復何異？宜及少壯極意爲樂，一日取快，可敵千年。國事盡付大臣，何慮不判〔一〕？』帝悅。官爵財用分委大臣，三四日一視朝，書數字而已〔二〕。真德秀曰：『趙高、李斯蠱二世之術也。斯、高以此亡秦，士開以此亡齊。古人以燕安爲鴆毒，可不戒哉！』

禁中之樹太宗玩之，禁中之樹士及美之。唐太宗嘗玩禁中樹，曰：『此嘉木也。』大將軍宇文士及美嘆不已。帝正色曰：『魏徵遠佞人，不識佞人爲誰，乃今信然。』范祖禹曰：『大禹曰：「何畏乎巧言令色孔壬。」孔子曰：「令〔三〕人殆。」餘見下。臣謂如士及者，亡隋之餘孽，何足多責？所可惜者，太宗知其佞而不知去之耳。』

論憸邪罔上之情。佞幸之臣。

〔一〕今按：『判』，華東師範大學出版社真德秀《大學衍義》卷二十四作『辯』。
〔二〕今按：『三四日』，華東師範大學出版社真德秀《大學衍義》卷二十四作『三四月』；無『書數字而已』一句。
〔三〕今按：『令』，華東師範大學出版社真德秀《大學衍義》卷二十四作『佞』。

皇極三　一〇一章

欺君

季布謂樊噲曰：『是面謾也。』

烏之食蟲，禄山奏之；廟之産芝，禄山奏之。天寶二年，禄山入朝奏：『去秋營州蟲食苗，臣焚香祝天云：「臣若操心不正，事君不忠，願使蟲食臣心；若不負神祇，願使蟲散。」即有群烏從北來，食蟲立盡。』天寶四載，安禄山奏：『臣討契丹至北平郡，夢先朝名將李靖、李勣從臣求食。』遂令立廟。又奏：『薦享之日，廟梁産芝。』書法：『此其書禄山奏立何？著欺也。禄山前奏致烏食蟲，今奏夢從求食及廟梁産芝，皆欺也。其譎若此，猶以赤心信之，不止於大亂不止矣。』

李渾之言，孔範之語。八載，太白山人李渾等上言：見神人，言金星洞有玉板石記聖祖福壽之符，命王鉷求獲之。上以符瑞相繼，加聖祖及諸帝后號謚。隋伐陳，孔範曰：『長江天塹，限隔南北，今日虜軍豈能飛度耶。』陳主以爲然，不爲深備。

言大家之爲樂，奏仙芝之已死。周主伐齊，遂克晋州，告急者三至。齊主方與馮淑妃獵於天池。高阿那肱曰：『大家正爲樂，邊鄙小事，何急奏聞！』至暮使至，則平陽已陷矣。乾符三年僖宗，宋咸〔一〕擊王仙芝，仙芝亡去。咸奏仙芝已死，百官皆入賀，縱遣諸道兵〔二〕。居二月，州縣奏仙芝尚在，攻剽如故。

皇極三　一○二章

容悦

容悦，容斗筲之臣，倚阿兩可之言。李綷。《孟》：『有事君人者，事是君則爲容悦者也。』

荀悦曰：『夫佞臣之惑君主也甚矣，故孔子遠佞人，非但不用而已，乃遠而絶之，隔塞其源，戒之極也。』鮑宣曰：『以苟容曲從爲賢，以拱默尸禄爲智。』

〔一〕今按：『宋咸』，當爲『宋威』。下句『咸奏』，亦當爲『威奏』。

〔二〕今按：『縱遣諸道兵』，《資治通鑒》卷二百五十二排在『百官皆入賀』句前。下句『居二月』，《資治通鑒》作『居三日』。

陳群之疏，沈約之言。魏主叡即位，陳群上疏曰：『臣下雷同，是非相蔽，固國之大患。然若不和睦，則有讎黨而毀譽失實，二者不可不深察也。』沈約曰：『人君南面，九重奧絶，陪奉朝夕，義隔卿士，階闥之任，宜有司存。既而恩以狎生，信由恩固，無可憚之姿，有易親之色。及覘歡愠，候慘舒，動中主情，舉無謬旨。曾不知鼠憑社貴，狐藉虎威，喻近習。外無逼主之嫌，内有專用之效。』

衛群臣之和，漢董賢之和。衛侯言計非是，而群臣和者如出一口。子思曰：『人主自臧，則衆謀不進。事是而非〔一〕，猶却衆謀，況和非以長惡乎！夫不察事之是非而悦人讚己，闇莫甚焉；不度理之所在而阿諛求容，諂莫甚焉。』董賢和柔便辟，得幸於上，哀。爲賢起大第北闕下，東園秘器棺，珠襦王匣。晏公《類要》：『柙上九䙥，加以黄金，則死者不朽。』又爲賢起冢塋義陵旁，鄭崇諫，下獄死。

燕之王儼，宋之德願。南燕尚書令王儼諂事五樓公孫五樓，比歲累遷，官至左丞。國人語曰：『欲得侯，事五樓。』武帝至殷貴妃墓，謂劉德願曰：『卿哭貴妃悲者，當厚賞。』德願擗踊號慟，涕泗交流。宋主甚悦，以爲預州刺史。

〔一〕今按：『事是而非』，《資治通鑒》卷一作『事是而臧之』。

桃弓僕射，黄𤓰少師。魏以郭祚領太子少師。祚嘗從幸東宮，懷黄𤓰部田反，瓜屬。以奉太子。時應詔左右趙桃弓深爲魏主信任，祚私事之。時人謂之桃弓僕射、黄𤓰少師。

十人，五狗。尹起莘發明曰：『春秋昭公二十五年，崔抒弑君，賈舉、州綽等十人死之，皆不得以死節。』書胡安國傳云：『曰所謂死節者，以義事君，責難陳善，有所從違而不苟者是也。』此十人者，皆逢君之惡，雖殺身不償，安得以死節許之？今寶卷之死，孫文明等作亂，《綱目》直書曰『盗』。此曹皆東幸嬖幸之臣，助桀爲虐，正所謂從君於昏者，不書曰『盗』，尚奚書哉？周利用冉祖雍、李俊、宋之遜、姚紹之，皆爲三思耳目，時人謂之五狗。

陳元璹之種蔬，和士開之假子。貞觀十九年，征高麗班師。十一月，易州司馬陳元璹以罪免。元璹使民於地室，蓄火種蔬而進之。上惡其諂，免元璹官。齊和士開爲尚書令，威權日盛，朝士不知廉耻者，或爲之假子。士開傷寒，醫云：『應服黄龍湯。』士開有難色，有候之者請先嘗之，一舉而盡。

李勣之對，鄭注之辭。唐高宗曰：『朕虚心求諫，而竟無諫者，何也？』李勣對曰：『陛下所爲盡善，群臣無得而諫。』鄭注蠖屈鼠伏，佞辭泉涌。

傅遊藝之表請，李封吉之表賀。嗣聖七年，侍御史傅遊藝表請改國號曰：『周期年之中，衣青緑朱紫，時人謂之四時。』仕官王守澄言於敬宗曰：『陛下之所以爲儲貳，李逢吉力也。如杜元穎、李紳皆欲立深王，逢吉亦言紳不利於上，請加貶謫。』乃貶紳爲端州司馬。逢吉率百官表賀。左拾遺吴思獨不賀，逢吉怒遣使吐蕃。

范氏曰：『大禹曰「何畏乎巧言令色孔壬。」孔子曰「佞人殆。」夫佞人者，止於諛悦順從而已，而近之必至於殆。何也？彼佞人者，不知義之所在，而唯利之從故也。利在君父，則從君父；利在權臣，則從權臣；利在敵國，則交敵國；利在戎狄，則親戎狄。忠臣則不然，從義而不從君，從道而不從父，使君不陷於非義，父不陷於非道。故雖有所不從，將以處君父之安也。君有不義，不從也，而况於權臣乎？父有不義，不從也，而况於他人乎？古之佞者，其始未必有悖逆之心，及其患失，則無所不至，故終至於弑君而亡國。是故堯舜畏之，而孔子以爲殆，可不遠之乎？』

《孟》曾子曰：『脅肩諂笑，病于夏畦。』子路曰：『未同而言，觀其色赧赧然，非由之所知也。』

『惟截截善諞言，俾君子易辭，我皇多有之。』『噂沓背憎，潝潝訿訿。』

《韓詩外傳》：『有國賊者，不恤乎公道之達義，偷合苟同以持禄養者，是謂國賊也。曹觸龍之於紂，可謂國賊也。』

杜詩『北闕任群凶』，指程元振、魚朝恩之徒。

皇極三　一〇三章

吏部 下門黄履翁

尚書之有選部，則始於漢。尚書而爲吏部，則始於魏。吏部之有侍郎，則始於隋。此設官之由也。

縣令以上，始赴尚書，則漢吏部之職。黄散而下，悉委之選，則宋吏部之職。諫院臺屬，皆以旨授〔一〕，則唐吏部之職。此除吏之由也。銓綜之法，莫密於唐，莫疏於唐。一曰試法，二曰集法。已集而試察其書判，既集而銓察其身言，此試法也。期以十月，畢以三月，此集法也。始者觀德考行，雖未見其平生，諮事考言，猶可見其梗概。及夫僞主符告以爲官，接承他姓而應調。防禁雖具，弊端益滋，而試法壞矣。始者應選者集而遐邇，無聚粮之費；合退者歸而長安，無索米之勞。自後真僞易於混淆，文牘不可尋勘。十年不入官，員闕莫之補，而集法壞矣。裴光庭作循資格以矯試法之弊，陸宣公立計闕例以救集法之

〔一〕今按：此二句，《四庫全書》本《古今源流至論》别集卷六作『諫員臺屬，皆以旨敕』。

偏，然而躡級限年，賢愚一概，有四十而從仕，六十而未離一局〔一〕者也。然唐人銓選，不實，則除名；鄭善果。除官不當，則奪信〔二〕；鄭絪。詭冒資蔭，則坐以流罪；典選納賂，則終於斥去崔湜傳。是故，有設榜引注悉有差次者，裴行儉高宗時設長名榜。有裁抑僥倖奏停斜封者，李朝隱中宗時罷千四百員。况又有如削李下之蹊，賜金背之鏡，而請託不得行乎！有姓曆銓曆裁綜無弊者，張仁偉。有僞牒詭功擿撿無匱者，盧從愿。况又有如裴、馬有聲於臺閣，馬載、裴行儉。盧、宋俱高於銓次，而號稱平允者乎！宋璟、盧信愿。本朝其始也，文臣屬中書，武臣屬樞密，三班屬宣徽院。太宗置審官三班。當時大臣權重，而有司無與矣。其後也，置審官院以分中書之權，置審官東院以分樞密之權，以宣徽所掌而歸三班院，以幕職州縣功課而歸流内銓。當時大臣權分，而有司參舉矣。其後也，合東西審官之事而歸之左右尚書，合流内三班之事而歸之左右侍郎。當時大臣任輕，而有司專職矣。然權在大臣之時，磨勘未立，叙遷不行，而百官遷轉惟視功績之優劣。權在有司之後，磨勘既立，叙遷既舉，而百官注擬惟拘資格之一定。然寒士寡援者，陳狀升擢；陳堯咨。匿事應舉者，奪考奏罷。賈黯。熙寧

〔一〕今按：『局』，《四庫全書》本《古今源流至論》別集卷六作『尉』。

〔二〕今按：『信』，《四庫全書》本《古今源流至論》別集卷六作『俸』。

以來，一委吏部，天子不之問，大臣不之與，以歲月久近而遷轉，以名字高下而注授。資歷高深，盜蹠而必與；閥閲未應，顔憫而不庸。吏胥爲奸，弊源鼠穴。今宜重吏部之權，專吏部之責，法之所當行者，則據法嚴選用，不害其爲守法。否則，如唐人至越資而不暇顧，則法豈可棄哉！張九齡傳。法之不必拘者，則捨法以進退，不害其爲超法。否則，如唐人拘於法而不得行，則法豈可泥哉！李元紘。是必選法不更輕重，無欺如王質，科條揭示，奸弊莫容，如魯宗道，則善於守法也。是必賢者許别論奏，如寇準薦選人錢若水等爲朝官，不才者則如賈黯廢桑澤之不肖，則善於超法也。

皇極三　一〇四章

銓選 林駉

成周先之以司徒，而終之以司馬。唐人先之以禮部，而終之以吏部。至漢成帝而選曹之名立，自東漢權歸臺閣，而臺閣乃尚書之職，而選所自出也。晋宋而下，其任均矣。黄散以下，悉委蔡廓，廓猶不受，則吏部之尤重也。宋景平元年。唐有敕受，有旨受。敕受者，宰臣奏議而除拜之。旨受者，吏部銓才授職，然後上書詔旨，但畫聞以從之〔一〕，而不可否者也。噫！辨論官材，司馬職也。詔爵詔禄，司士職也。黄散之下，悉委之選，吏部職也。諫員臺屬，不由敕授，開元以來吏部職也。國朝，太祖不以資歷爲拘，而委吏部觀人量才甄別。真宗不以判中循資，而親閲功過爲之升黜。有撾闍鼓訴吏部而前後矛盾者，有受詔覆試而言選調失於均平者，有薦選人並遷朝官爲直館者，寇準薦錢若水。有寒士而不爲人知爲陳其狀而升擢之者，陳堯咨。有三十年〔二〕不與父通問而廢歸田里者，益州推官桑澤。有匿其死罪應舉及第而奪其勞苦者，晋州推官李亢。請擇主判官責成選事蘇紳之言也，請命判銓官當以衡監自任文彦博之言也。前輩有言，賢才之伏於下者，資格礙之也。職業之廢於上者，資格牽之也。士之寡廉鮮耻者，争於資格也。民之困於虐政暴令者，資格之人衆也。萬事之所以玩弊、百史之所以廢弛、法度之所以頹弊而不救者，資格之失也。孫洙論資格之弊。

〔一〕今按：此二句，《四庫全書》本《古今源流至論》續集卷九作「然後上言詔旨，但書聞以從之」。

〔二〕今按：「三十年」，《四庫全書》本《古今源流至論》續集卷九作「三年」。下句中的「死罪」、「勞苦」，《四庫全書》本《古今源流至論》續集卷九作「私罪」、「勞考」。

皇極三　一〇五章

堂除黄履翁

自銓曹之弊滋，而堂除之法始立。自叙遷之意拘，而堂除之權始重。又其後也，堂闕稍正，而堂除之事簡；堂簿復創，而堂除之事繁。蓋東漢權歸臺閣，不任三公，而尚書之選所由出。晋宋以下，沿襲舊制。晋以山濤爲吏部尚書，中外品員多所咨擬。宋以蔡廓爲吏部尚書，黄散以下悉以付之，廓猶以爲失職而不拜。唐有敕授，有旨授。敕授者，五品以上，宰相奏擬而除拜之。旨授者，六品以下，吏部得銓材授之。宰相總其大，吏部任其小，此堂除之法始立也。五代之際，文武諸臣考滿則遷，叙遷之法遂爲弊政。藝祖欲革其弊，委之大臣。自卿監而下號記録官至中散大夫，始由堂除，而吏部不敢專。自元士而下合從常調者，悉歸銓綜，而中書不敢侵。惟銓曹不得專堂除之次，故吏部之法嚴。惟中書不可侵吏部之權，故廟堂之權重。元豐間，乃詔有司俾造選格，凡部闕之在堂者，稍歸正于銓衡。元祐初，韓縝在政府復罷選格，請取繁劇之地六十餘，竟歸中書。崇觀間，始創堂除之簿，籍其歲月，注其考任，述其初過，立法以防之。廟堂失論道之體，而除授日冗；士夫艱仕進之路，而奔競日長。政和三年，吕頤浩言近世堂除多侵注擬，士夫失職，廉耻道喪，故田蚡薦人起家至二千石，李吉甫拔士凡三十人。太宗謂宰相曰：『中書職任進賢退不肖，卿在中書，何由盡知他人舉薦各以類進，卿更審詳可否，大哉！』帝王之言，真知任輔相之責矣。寇準爲相，每用人才，有持例簿以進者，準曰：『宰相用人，是安有例懿哉？』先民之言，真能得輔相之體矣。張師德以兩造王旦之門，是以援其遷。劉安世以不通温公之書，是以驟其用。吕蒙正之薦吕夷簡，而不以爲私。吕夷簡之擢范仲淹，而不以爲嫌。才可用也，而親讎之不問；德可采也，而資叙之不拘。

皇極三 一〇六章

流品 林駉

漢科目未立，流品無别，似雜矣，而任用未嘗不嚴也。唐科目既設，流品已分，似清矣，而任用未嘗不混也。漢制，子弟能自修，則以爲舞人；郡國好文學，則以爲博士弟子。或以孝弟力田，賢良方正；高后文帝。或以貲産〔一〕得官，入粟拜爵；張釋之卜式。或以父兄保任，公卿薦舉。汲暨、田蚡。其他注曹縣吏，廣漢、翁歸。紹事幕府，霍光。上書公車者，方朔。皆足爲進取之計。蓋是時不爲科目故，流品所以無别也。然入仕之始，亦自有品節存乎其間。嚴助、朱買臣、疏廣以明經文學進，則除博士大夫、侍中。夏侯嬰、公孫賀、衛瑄以材武勇猛進，則除太僕中郎驂乘。張湯以法律進身，則先以法官處之，故湯爲内史丞，爲廷尉，皆法官也。黄霸以入粟補官，則先以財賦處之，故霸領郡穀錢，補均輸長，掌財也。此任用未嘗不嚴者也。唐制，由學官者曰生徒，由州縣者曰鄉貢，由天子自詔者曰制舉。他如子儀除左衛長史，則自武舉異等進。李朝隱擢大理，則自明法中制〔二〕。裴耀卿遷秘書，則自童子中選。蓋當時皆由科目故，流品所以若清也。然任用之際，無所區别，調馬賤工鳴玉於縉紳之間，韋盤提斛斯政。伎藝雜術濫進於翰苑之所，石工畫工。普思方士玷名秘監，鄭普思。朝恩躐室濫職國子。魚朝恩。王毛仲特皂隸〔三〕耳，至爲開府。王叔文本碁工耳，得入户侍。此任用未嘗不混者

〔一〕今按：『貲産』，《四庫全書》本《古今源流至論》後集卷五作『資算』。
〔二〕今按：『中制』，《四庫全書》本《古今源流至論》後集卷五作『中第』。
〔三〕今按：『皂隸』，《四庫全書》本《古今源流至論》後集卷五作『牧隸』。

也。漢能嚴於初，不嚴於終〔一〕。唐能別於初，不別於終。此所以不及國朝遠矣。是故，衛得仁不與授刺史〔二〕，曰彼伶官也，不可處士人資望也。開寶八年。陳舜封不與授殿直，曰彼倡優也，不可任清望官職也。淳化五年。唐之樂工曳履得無愧乎？寧置宣政而不與宣徽，曰吾不寵内侍也王繼恩平蜀，寧置崇班侍禁而不與供奉殿直，曰吾不私近臣也，淳化詔。漢之宦官與中書不亦恧乎？劉明恕走吏也，雖爲望郎，不與陞階。趙自化醫工也，雖爲醫長，不與遥郡。真宗。伎術無得佩魚，別士類也。真宗。伎術無得提刑，別清流也。堂吏除員外郎赴慶節之會，此細事耳，而王旦以爲不可。閹官帶遥郡預殿上之宴，此末節事耳，何剡以爲不可。

皇極三　一〇七章

資格同人

以法殉朝廷，則待朝廷之意固厚，而待士夫之意亦厚也。以法殉士夫，則待士夫之意固

〔一〕今按：此二句，《四庫全書》本《古今源流至論》後集卷五作『漢能嚴於終，不嚴于初』。
〔二〕今按：『刺史』，《四庫全書》本《古今源流至論》後集卷五作『上佐』。

薄，而待朝廷之意亦薄也。漢初之除相也，灌嬰薨而除御史大夫蒼，蒼免而相御史大夫嘉，嘉薨而相御史大夫青，是相之除拜皆以序遷矣。漢初之拜爵也，樊噲以舍人而賜大夫，已而加列大夫，已而賜上聞，已而賜五大夫；夏侯嬰以太僕而賜五大夫，已而賜執帛，已而賜執珪，已而得印璽，是爵之遷轉，皆以階進矣。公孫弘數年至宰相，田千秋旬月取宰相。嗚呼！相者百官之本也，超資越次略無等級，况其餘乎！我朝之遠過於前代者，以寬恩待士夫之厚也。我朝之不及於前代者，以法例殉人情之過也。開寶四年，南郊禮歸以班，争訴擊鼓陳乞。上怒曰：『朕之所與，即爲恩澤，又焉用例？』若是，則泛例無有也。曹彬平蜀，許以使相。上曰：『尚有未服者，肯復力之耶〔一〕？』若是，則濫恩無有也。更候取太原，張齊賢以布衣上書，言雖可取，亦未授官，若是，則冗爵無有也。由守而憲，由憲而漕，由漕而三路使，由三路使而三司副史，至是方除待制焉。由正將而过帥〔二〕州鈐，由邊守州鈐而邊帥路鈐，由邊帥路鈐而都鈐總管，至是方選管軍焉。有司守法，不思國體，但殉人情，歐陽脩已言於慶曆之始。爵位品秩，若滿其意，無役群臣，司馬光復論於治平之際。名器爵禄，人所奔趨，何

〔一〕　今按：『力之耶』，《四庫全書》本《古今源流至論》前集卷七作『力戰耶』。

〔二〕　今按：『过帅』，《四庫全書》本《古今源流至論》前集卷七作『邊守』。

所不至，蘇子瞻力諫於熙寧之初。然横恩四出，援例日至。迨夫安石，用士〔一〕喜引新進，有知縣資序而爲監司郡守者，有初改官而亦預峻拔者，有爲判官而遽除臺職者。今添名益員，至於無節，一壺而百挈，十羊而九牧。畢士安以侍讀學士兩遷而正端揆，宋琪以兵部員外三遷而居端揆。近例，左右史次補知制誥，而陳襄以右史遷臺諫。舊制，中書舍人止遷後行，而王祐以舍人遷兵部。王化基以大言自薦而擢知制誥，王顯以閤史兩遷而至兩府。嗚呼！韓忠獻力言蘇軾，未可遽入翰林，且請培養，使天下之士畏慕降服然後用。夫如是而後可用資。司馬温公舉李擇爲户部，議者雖以爲駭，而温公不謂之躐等。夫如是而後可用望。

開元十八年，兼吏部尚書裴光庭始用循資格，無問賢愚，選滿則注；非負譴者，有升無降；庸愚皆嘉，謂之聖書。才俊之士，無不怨嘆。宋璟争之不能得。書法：『書光庭，何譏也？用循資格，自光庭始，故謹書之。』

〔一〕今按：『用士』，《四庫全書》本《古今源流至論》前集卷七作『用事』。

皇極三　一〇八章

吏部尚書

漢成帝置尚書，其人曰常侍曹。光武改爲吏部曹，主選舉。靈帝改爲選部，魏吏部，宋二吏部尚書，後周大冢宰卿，隋吏部尚書，唐因隋制。龍朔司列太常伯，光宅天官尚書。天寶文部，東院吏部尚書左選。元豐審官，西院吏部尚書右選。

天官冢卿，冠六卿，統百職。

眷彼吏部，銓總之司。唐呂大一書。

三銓、十銓。尚書爲尚書銓，侍郎二人爲東銓西銓。開元分爲十銓，職掌人物，《華譚集》。高於諸曹。魏晋以來。

長名榜裴行儉設。長定選格李石奏定。四事擇其良，身、言、書、判。三類觀其實。德行、才用、勞效。銓署群吏，銓藻群才，銓覈流品，抑華就實。刊虚名，舉沉樸。華譚論。將亞冢司，冠諸卿首。總判四曹。吏部司封司勛考功。銓選之職，人倫之職。掌五品選唐，專選百官魏。九格中正陳群，一據資考。裴光庭。宋東曹四選。

事：裴、馬能名，裴行儉、馬載。李、毛得譽，毛玠之公方，李重之識會，識鑒也。總齊清議，朝廷歸高魏崔琰。四時聽注，萬人赴選。劉林甫奏：四時聽隨到奏擬，開元每年赴選常餘萬人。蘇頲之入殊等，王戎之制甲午。始爲甲午制，先治百姓，然後授之。裴楷清通，王戎簡要鍾會云。雅亮公正，毛玠。周謹廉素。晋周整。清厲骨鯁，唐崔洪。清正居身。南齊褚炫。常捧一帽，不受一錢。褚炫出入左右，常捧一黄紙帽。晋鄧攸牧馬家庭，不受一錢。置書閣上，蔡廓不拜尚書，王德惠被召即拜，有與書求官，輒聚置閣上。談者以爲不拜即拜，事異意同。止談風月，不營私財。晋徐陵提舉綱維，人比毛玠、徐勉，彝倫有序。虞曇求詹事，勉曰：『今夕止可談風月，不宜及公事。』江湛不營私財。朝廷稱廉平，韋世康。時人服無私徐勉。蔡子尼正人，嚴挺之時選。刊定選制，晋李胤。作考課法。魏諸葛誕、鄭颺等馳名譽，有四窗八達之誚。山公啓事，李肅題目。山濤每一官缺，輒擇數人，甄拔人物，各爲題目，時稱山公啓事。《吴志》：李肅題目。執心平當晋劉雄，銓授平允。唐韋承慶。舉用甄明，崔洪。時稱廉平。有韋世康，時稱廉平。謂子弟曰：『禄豈須多，防滿則退，年不待暮，有疾便辭。』先德行而後文才，先性行而後言才。隋牛弘先德行而後文才。書法：『書牛弘何？善其職也。』盧毓，先性行而後言才。刊虚名舉沈樸，華譚。斥華僞抑阿黨。毛玠。人願其居選梁王蔡山仲通〔一〕，士浩然歸重唐房、杜。稱無遺才，嵇紹。號爲得才。李肅。士以

〔一〕今按：『梁王蔡山仲通』，《四庫全書》本《翰苑新書》前集卷十五作『梁王泰，字仲通』。

廉節自厲，崔琰。無敢好衣美食毛玠。黑頭尚書，白頭尚書。梁帝謂袁昂曰：『齊明帝用卿爲白頭尚書，吾用爲黑頭尚書。』郭姚擬崔琰，徐能比毛玠。

停年格，選人物。魏崔亮立停年格，不問士之賢否，專以停解日月爲斷。亮甥劉景安書曰：『殷周以鄉塾貢士，兩漢由州縣薦才，魏晋因循，又置中正，如何反爲停年格以限之？』洛陽令薛琡上書曰：『惟取年勞，不簡賢否，執簿呼名，一吏足矣。數人而用，何謂銓衡？』不報。書法：『魏之選舉失人，自此始；後世資格用人，始此。』東魏元象元年，高澄改崔亮年勞之制，銓擢賢能，又沙汰尚書郎，妙選人地以充之。自魏遷鄴以來，大選之職知名者數人。高澄少年高朗，所弊者疏；袁淑德沉密謹厚，所傷者細。楊愔風流卞給，取士失於浮華；辛術性尚貞明，取士必以才器。管庫必擢，門閥不遺。

徐陵衆咸服，孔奂人皆悦。陳天康元年，徐陵爲尚書，爲書示衆曰：『永安之時，聖朝草創，白銀難得，黄札易營。宋明帝時，以功除官，板不能供，始用黄紙。員外、常侍路上比肩，諮議、參軍市中無數，今衣冠禮樂，日富年華，何可猶作舊意非理望也！』書法：『書徐陵何？善其職也。』陳大建六年，孔奂爲尚書，識鑒精敏，不受請託，事無凝滯，人皆悦服。

以儉率人崔琰，以才照物顧譚。才照人物，德服重望。

宋王質之言，公著之論。王質云：『選法如權衡。』吕公著知審官院，曰：『堯舜以知人安民爲難。』

凝重剛方，晏敦復。公忠二字。葉顒。乾道召對便殿，賜坐賜茶。帝問：『當官以何爲先？』對曰：『以公忠爲先。』帝曰：『無忘此二字。』

定四選格，復敦復。編七司條例。顒。引合用條格，蘇頌。具格式科條。杜衍。鬱者得伸，滯者得達汪大猶。第爲四等，責難於君李清臣。德行政事，文學議論，第爲四等以進。張燾論甲庫『萃工巧以蕩上心，酤良醞以奪官課。』上曰：『可謂責難於君。』

首論朋黨，王存。諫屏鞠戲。陳俊卿。

自：如士市瓜，以管窺士。《北史》：楊愔取士，多以肥大者。人曰：『楊遵彦用人，如貧士市瓜，取其大者。』曰『一吏部、兩郎中而欲究鏡人物，何異以管窺天求其博。』

察言一幅之制，觀行一揖之内。劉乃曰：『近代主司，獨委一二少宰，察言一幅之制〔一〕，觀行一揖之内。若引文王尼父，登之於銓選〔二〕，雖圖書易象之大，以判體裁〔三〕之，曾不及徐、庾。』

〔一〕今按：『制』，《舊唐書》《資治通鑒》皆作『判』。
〔二〕今按：『銓選』，《舊唐書》《資治通鑒》皆作『銓廷』。
〔三〕今按：『裁』，《舊唐書》《册府元龜》皆作『挫』。

少無鑒察之舉，長無儲才之功。裴頠《表》。隨時浮沉，門調户選王戎。樂彦輔雍容自守，當時恨其寡譽。山巨源意存賞拔，不免與時浮沉。鄧攸之牧馬家庭，何益心競〔一〕之操。卞壺如金丸在石，未聞撿在之風〔二〕。停年之格，崔亮。八達之誚。諸葛誕。見上。

帝詔曰：『選舉莫取有名，名如畫地作餅，不可啖也。』納貨用官，皆有定價。元暉。

舉者一揮，當除十人。《南史》：蕭子顯負才氣，見凡流不與言，舉者一揮而已。常舉源〔三〕當除十人，皆宰相親屬。

不用薦之多寡，而以到選先後爲次，士論不平。

省門之頌，閣柱之署。天寶十二載，注選人於都堂，故事兵吏尚書，選事悉委侍郎以上，自春及夏乃畢。國忠欲自示精敏，乃遣令史先於私第，悉定名闕，皆集都堂唱注，一日而畢。京兆尹鮮于仲通諷選人，刻頌立省門。書法：『於都堂何？譏專也。』《晉書》：山濤領吏部，潘岳内非之，有署閣柱曰：『閣中有大牛，和嶠鞅，裴楷鞦，王濟剔裊不得休〔四〕。』

〔一〕今按：『心競』，《藝文類聚》、《記纂淵海》皆作『止競』。

〔二〕今按：此二句，《藝文類聚》、《記纂淵海》皆作『卞壺如含瓦石，未聞檢裁之功』。

〔三〕今按：『常舉源』，《新唐書》作『韋巨源』。

〔四〕今按：此四句，《晉書》、《通志》皆作『閣道東，有大牛，王濟鞅，裴楷鞧，和嶠刺促不得休』。

考其辭，華則不及徐庾；觀其利，口則不若嗇夫。十二載，以中書舍人宋昱知選事。進士劉乃遺書曰：『禹、稷、皋陶同居舜朝，猶曰載采有九德，考績亦九載。近代主司，察言於一幅之判，觀行於一揖之間，何古今遲速不侔之甚哉！借使周公、孔子今處銓庭，考其辭華，則不及徐、庾，觀其利口，則不若嗇夫，何暇論聖賢之事業乎！』

敕令自首，不首者死。貞觀元年，上以選人多詐冒資蔭，敕令自首，不首者死。有詐冒事覺者，上欲殺之。戴胄奏『據法應流』，上從之。

精：定九流之品流〔一〕，補萬方之闕政。優者擢而升之，否則量而退焉。正權衡，明與奪。抑貪冒，進賢能。裁百辟之章疏，助九流之刀尺。

尚書萬事之本，選府五曹之右。

『銓管九流，品藻清濁。』李重《選曹箴序》。『登奇收異，離渭分涇。』沈約。『輟乃勻衡，曹茲銓鏡。』唐詔。『銓鏡流品，平勻衡石。』王筠。『辨論官才，洗汰〔二〕流品。』白。『懸衡處物，虛心

〔一〕今按：『品流』，《翰苑新書》前集卷十五『群書精語』作『品格』。

〔二〕今按：『洗汰』，《白氏長慶集》作『澄汰』。

待士。』唐制。毛孝先以清公見美，盧子岩以貞固任職。王尚書丘，崔賓客沔。語曰：『丘山岌岌連天峻，沔水澄澄徹底清。』李尚書義、知遠，語曰：『李下無蹊徑。』詩：『胸中無水鑒，敢當吏部銓？』『鑒撤动〔一〕懸鏡。』『賜被隔南宫。』

『銓曹選部，天官文部。』『峻長六卿，增崇八座。』『簡在宸衷，擢司銓部。』『事總任重，實通四選之權；地近班高，獨處六曹之長。』『任隆尚伯〔二〕，獨專四選之權；班冠從臣，允謂六官之長。』『天官其屬六十，久虚常伯之尊。武王有臣三千，孰出钜公之右。』『稽諸周制，天官同冢宰之名；參以唐規，政府總吏銓之事。』『冠六卿而統百職，獨高曳履之班；執三銓而定九流，競起弹冠之譽。』『銓曹持九品之衡，久精綜核；吏部爲六卿之冠，益顯登庸。』『周書分職，列冢宰於天官；唐制任人，兼吏銓於尚府。』『文昌之爲八座，均列職於中臺；天官之首六卿，實晋班於太宰。』『望俊官儀，上星辰而聽履；私無賓謁，指風月以飛談。』『聽曳履之聲，益賴謀猶之告；涣揚庭之號，佇賡鼎鼐之調。』『北斗司喉舌，東方領搢紳。』『巨川用舟楫，大旱爲霖雨。』『始作六尚書之冠，嗣觀真宰相之權。』

〔一〕今按：『动』，《全唐詩》卷二百三十二杜甫《秋日荆南送石首薛明府辭滿告别奉寄薛尚書頌德叙懷斐然之作三十韵》作『勞』。

〔二〕今按：『尚伯』，當爲『常伯』。

冢宰《書・舜典》：『納于百揆，百揆時叙。使宅百揆，亮采惠疇？』《内則》：『后王命冢宰，降德于衆兆民。冢宰，掌邦治而治國者，必先齊家。』《周禮》：『惟王建極，設官分職，以爲民極。乃立天官冢宰，使帥其屬，以佐王均邦國。』『太宰之職，以八法治官府：一曰官屬，以舉邦治；二曰官職，以下邦治；三曰官聯，以會官治；四曰官常，以聽官治；五曰官成，以經邦治；六曰官法，以正邦治；七曰官刑，以糾邦治；八曰官計，以弊邦治。』

皇極三　一〇九章

吏部侍郎

隋煬帝始置，以貳尚書之職。唐龍朔司列少常伯，光宅天官侍郎，天寶文部侍郎。宋選人屬流内銓，小使臣屬三班院。

風彩嚴正，韋陟。機晤絶倫。隋高孝基。銓宗平允，權邪憚其嚴正。韋洪景。有令譽，唐席預。當時譽之。唐蘇晉。有知人鑒裴行儉，以爲知人高孝基。絶請謁唐崔元暉，不省私書孔緯。大開銓門。

賄賂不行。姜晦聰悟，識理體，舊制舍宇布棘防交通，晦盡除之，大開銓門，示無所禁，賄賂不行。前有馬裴，後有盧李。高宗之世馬載、裴行儉。明皇之時盧從愿、李朝隱，時人稱云云。劉林甫典選比，隋之高孝基。唐崔鄲，文宗問爲治術。省内以爲神明王知遠〔一〕，太宗以表清鑒。高季輔銓綜平允，唐太宗賜金背鏡一面，以表清鑒。選人姓刁，王元忠被謗，刁改丁，王改士。知遠曰：『此必刁某也。』。西齊端坐，玉山照人。蔡凝端坐西齊，非名流罕交接。裴楷風神高邁，謂之玉山照人。

鄭善果〔二〕注韓思復、元希聲，曰：『今年得韓、元二子，則吏部不負朝廷。』

《唐》：掌天下官吏選授勛封考課之政令。小宰，貳卿。

書格令揭門，韓粹彦。條目置座側。曾公亮。書科條揭廡下。魯宗道。裁定七司法，晏敦復。建明悉著於令。綦崇禮。擢孤寒，上七事。陳堯咨升擢孤寒。哲宗立，李常公擇上七事：崇廉耻，存卿舉，别守宰，廢貪贓，謹疑獄，擇師儒，修役法。論近習，逐正人。言優伶，污清選。

自：『蕪穢我清司，改張我舊貫。』王泠然書。『高下八九尺，東西六七步。突兀當廳坐，多少遮賢路。』唐温彦博，有選人嘲墻云。彦博慚而與官。『當今之舉，非錢不行。』鄭愔，贓污狼藉，選人繫

〔一〕今按：『王知遠』，《唐會要》《天中記》《翰苑新書》《記纂淵海》皆作『李至遠』。

〔二〕今按：『鄭善果』，《資治通鑒考異》卷十一認爲當作『鄭杲』。

百錢于靴上云云。

精：『以三銓分其選，以四事擇其良。』《唐》：『德鈞以才，才鈞以劳。』《類要》：『當勵濯纓之操，不遺刈楚之才。』『衡鏡之職，掌銓衡之品藻。』杜《寄賈侍郎》：『南宮吾故人，白馬金盤陀。』『北斗司喉舌，東方領搢紳。持衡留藻鑒，聽履上星辰。』

寵頒帝制，榮佐天官。振驄馬之盛稜，久凝憲表；襲神龍之舊制，新秉銓衡。對紅藥之翻階，方睹舍人之样；佩紫囊而簪筆，峻躋少宰之班。法從疇庸，久捻六聯之望；天官與選，獨高四禁之班。帝倚老成之重，將求舊以圖新；士知鑒裁之公，必舉直而錯枉。文昌政事之本原，莫高選部；法從朝廷之羽翼，尤貴貳卿。山濤在晋灼，知啓事之公；行儉居唐詎，取長名之濫。惟九流人物之凡，必區以別；矧六典邦家之要，將舉而行。清如水鏡，豈容一毫之或欺；公若權衡，何有十年之不調。方將陳善閉邪，納君於唐吴之盛；豈止揚清激濁，審官如裴馬之能。自非明一代之典章，曷足寄四方之刀尺。禁闥望論思之益，人才頼銓選之工。前馬後盧，寒素洽弹冠之喜；左周右召，邇遐指調鼎之期。

吏部郎中

周官屬官，有下大夫。蓋吏部郎中，職在選舉。《唐》：應選之人，未入九流，故謂之流外銓。小選，劇曹。

清直寡欲，山濤舉阮咸。明雅邁時。山濤。清平，魏元侃。廉平。晋李撤。

海岱清士，一時之俊。褚亮每屬桓彝覓一佳吏部，彝曰：『佳，徐寧海岱清士。』吴時，吏部特一時之俊。

名顯朝廷，桓彝選。甚有稱譽。阮放。

參六典，典碎事。楊仲宣碑：『參我六典，冠于諸曹。』《山濤啓事》：『吏部郎典碎事，日夜相接，非但正己，尚能正人。整風俗，理人倫。』《山濤啓事》。

銓衡庶品，梁陸倕。究識流品。宋王僧綽。斥華競，塞私謁，李重。爲二千石，爲吏部郎。鄭弘奏：『臺職任重賞薄，諸吏部爲二千石。』褚翔爲義郎太守，召爲吏部，令去，郡百姓追送。居小選公清，號平允，選〔一〕侍中。

廉謹明决，魏崔亮。公清平允。見上。有喉舌之任，宋張續。爲憲之而植。顧憲之。祖凱之嘗爲吏部，庭植佳樹〔二〕，曰：『吾爲憲之植耳。』

宋：天官之屬，冢卿之屬。任參六典，選重一時。不附時宰，李浩。部無留事。晁補之。

〔一〕　今按：『選』，《梁書》、《南史》皆作『遷』。

〔二〕　今按：『佳树』，《南史》、《通志》皆作『嘉树』。

躬閲案牘，傳察。言奪財賦。史正爲發運使，奪州縣財賦，張栻爲員外郎，爲上言之。聞胡銓之直諒，拜吏部郎。知傅良之深淳，擢秘書監。胡銓入對，乞修德結民心，鍊兵觀虜舋。上曰：『久聞卿直諒，拜吏部郎。』陳傅良奏事入脩門，鬚髩如雪，宰相留爲吏部郎。上曰：『去國哉何時？欲見卿久矣。知卿抱負學問深淳，有所著書進來，以周禮書進，擢秘書少監。』帝目送之，出殿門乃已。曾肇。

自：有表讓之禮，正己正人。謝朓上表三讓，范曄讓三表。告休定省，傾朝送別。何尚之告休定省吏部郎，傾朝送別。其父曰：『此是送吏部郎耳，非關何彦德也。』吏部不作餘曹，固辭不拜。晉王國寶躁競曰：『中興以來，吏記不作餘曹，固辭不拜。』

皇極三　一一〇章

員外郎

南曹，南宫：在銓曹之南。省眼，眉目：舊説吏部爲省眼。劉禹錫碑：『是曹在南宫爲眉目，在選士爲司命。』滌除宿弊，劉崇望。判析有條。李栖筠。簿最詳敏〔一〕韓滉，鈐制官吏皇甫鎛。銓叙之美，唐崔郾。旌别見稱。唐牛徽。吏事第一，唐裴遵慶。思制吏奸。劉珙。

精：剖疑析滞，揮翰如流。唐席預楊郎中碑。才盛居東之佐，禮處司南之重常集。吏部信才傑，文鋒振奇響。調與金石諧，思逐風雲上。沈約《悼謝朓》。吏部提英鑒，片善蒙採録山谷。雖爲尚書郎，不及村野人。郎官未爲冗，江令錦袍新。江總爲尚書令。

小銓，小選。疏寵大庭，進司小宰。南宫錢奏之司，夙擅望郎之譽。西府基命之密，今資列屬之賢。君門遠乎萬里，久宣使者之威。天官長乎六卿，進陟郎闈之峻。周家量六卿之職，小宰以貳天官。漢世表百司之儀，長吏實丞相。衣綉春歸留甘棠之蔽芾，給綾夜直對嘉木之婆娑。拜赤管瑜麋之賜未足爲榮，草紫詔玉璽之封即應有命。

〔一〕今按：『詳敏』，《新唐書》卷一百二十六作『詳緻』。

皇極三　一一一章

司封郎中

北齊置主爵郎，龍朔改司封大夫，光宅改司封郎中，掌邦之封爵。宋朝但掌正謚，元豐始行本司事，執秩典封。《左》：『晉文公作執秩。注：主爵之官。』漢馮勤典諸侯封事。直聲彰聞，楊疑。心正筆正。柳公權。宋：宜寵左曹之秩，用優主倅之名。掌官封，叙贈之事。《神宗史》。

皇極三　一一二章

司勳郎中

《周官》有司勳，上士二人。凡有功者，司勳詔之。後周夏官有司勳一人，掌功勳之賞。隋二人。咸亨，掌邦國官人之勳。勳府右闥，勳書勳簿。以等其功，校定勳績。《周禮》司勳掌六卿賞地之法，以等其功，職員令掌校定勳績。

陳康伯不附秦檜，趙鼎論安石不當配饗。

皇極三　一一三章

考功郎中

漢元帝時，京房作考功課吏之法，然其職不在尚書。光武改尚書三公曹，主歲書考課，課諸州郡。魏有考功郎中，宋齊置功論郎中，隋置考功侍郎，龍朔司績大夫，掌内外文武官吏之考課，及功臣碑頌謚誄等事。

南曹唐考功郎所。鶴廳。有薛稷畫鶴，宋之問爲贊。

才望唐王尚客。敏識。鄭浣。刺史有驅薄〔一〕人吏上言政績，請刊石紀者。浣探得其情，乃迹遂露，人服敏識。

疾風勁草，考功定課。代宗幸陜，裴諝徒步挾考功南曹印赴行在。上曰：『疾風知勁草。』《晋·職官志》：『考功定課。』

〔一〕今按：『驅薄』，《舊唐书》卷一百五十八作『驅迫』。

研覆精密，裴垍。黜陟詳當。唐趙宗儒。不避權幸，李渤。請以墨書。王徽。時考簿上中下字朱書，吏緣爲奸，徽白僕射請以墨書。采録平允，唐王丘。吏無以欺，唐王仲舒。非蘇君莫言，爲文館學士。考功郎闕，李嶠執筆曰：『非蘇君莫言。』宋之問善爲五言詩，景龍中爲考功郎，中宗增置修文館學士，之問首膺其選。

宋：計群吏之治，明黜陟之法。臺郎典印，列於左曹。主計群吏之課，議其誅賞。郎於天臺，任屬尤重。得王信銓曹遂清，論夏竦不當謚文正。劉敞疏三上仁宗，更文莊。白：『稱意新官又少年，秋清身健好朝天。』『有意嫌兵部，專心望考功。誰知脚踜蹬，却落省墻東。』王尚客爲御史，常望前行，忽降膳部。張恭忠咏云云。

皇極三　一一四章

考課

魏作考課法，晋立考課法。魏吏部尚書盧毓曰：『古者敷奏以言，明試以功；今考課之法廢，而以毁譽爲進退，故真僞混雜，虚實相蒙。』叡納其言，詔散騎常侍劉卲作都官考課法。

司隸崔林曰：『《周官》考課，其文備矣。康王而下，遂以陵夷，蓋法存乎其人也。且萬目不張，舉其綱；衆毛不整，振其領。若大臣能任職，則孰敢不順〔一〕，烏在考課哉！』杜恕曰：『明試以功，三考黜陟〔二〕，帝王之盛制也。今欲使州郡考士，必有〔三〕四科，此最考課之急務也。誠使公議不修，私議成俗，雖仲尼爲課，猶不能盡一才。』司空掾傅嘏曰：『建官均職，清理民物，所以立本也。循名考〔四〕實，糾勵成規，所以治末也。本綱未舉而制末程，國略不崇而先考課，不足以料賢愚之分，精幽明之理也。』議竟不行。

司馬公曰：『爲治之要，莫先用人而知人，聖賢所難也。故求之毀譽，則愛憎競進而善惡混淆；考之功狀，則巧詐横生而真僞相冒。要其本，在至公至明而已矣。蓋公明者，心也；功狀者，迹也。爲人上者誠能，雖詢於人而決之在己，雖求於迹而察之在心。則群下

〔一〕今按：『順』，《資治通鑒》卷七十三作『肅』。
〔二〕今按：『三考黜陟』，《資治通鑒》卷七十三作『三載考績』。
〔三〕今按：『有』，《資治通鑒》卷七十三作『由』。
〔四〕今按：『考』，《資治通鑒》卷七十三作『責』。

之賢否灼然形於目中，而無所逃矣〔一〕。安得預爲法而悉委有司哉！或曰：考績之法，唐、虞所爲，京房、劉劭述而修之耳。曰：唐、虞之官，居位久，而受任專，立法寬，而責成遠。故鯀之治水，九載不成，然後治其罪。禹之治水，九州攸同，然後賞其功。非若京、劭，校米鹽之課，責朝夕之效也。』

晋爲黜陟之科，唐掌内外之考。晋詔河南尹杜預爲黜陟之科，預奏：『古者黜陟，擬議於心，不泥於法。末世不能記遠而專求微密，疑心而信耳目，疑耳目而信簡書，簡書愈繁，官方愈僞。魏氏考課，即京房之遺意，其文可謂至密，然失於苛細以違本體，故歷代不能通也。豈若申唐堯舊制，取大捨小，去密就簡，委任達官各考所統，歲第其人，言其優劣。如此六歲，主者總集，採按其言，六優者超擢，六劣者廢免，優多劣少者平叙，劣多優少者左遷。其間所對不均，品有難易，主者固當准量輕重，徵加降殺。其有優劣不協公論者，當委監司彈之。若令上下公相容過，此爲清議大頹，雖有考課之法，亦無益也。』事竟不行。

〔一〕今按：『要其本』至此，語句删略錯亂。《資治通鑒》卷七十三作『要之，其本在於至公至明而已矣。爲人上者至公至明，則群下之能否焯然形於目中，無所復逃矣。何以言之？公明者，心也；公狀者，迹也。……爲人上者，誠能不以親疏貴賤異其心……雖詢謀於人而决之在己，雖考求於迹而察之在心……安得預爲之法而悉委有司哉！』

房玄齡、王珪掌内外官考滿〔一〕，御史權萬紀奏其不平，上命推之。魏徵諫曰：『二人素以忠直被委任，所考既多，其間不能無一二不當，然察其情，終非阿私。且萬紀比在考堂，曾無駁正，及身不得考，乃始陳論。此非竭誠殉國也。今推之，未足俾益朝廷，徒失委任大臣之意。臣所愛者治體，非敢私二臣也。』上乃釋不問。

《書》：『三載考績，三考黜陟幽明。』『大明黜陟。』

皇極三　一一五章

吏胥 黄履翁

文中子曰：『古者士登乎仕，吏執乎役。吏初登仕非古也，其秦之餘酷乎？』蘇老泉又論：『漢有天下，其卓絶俊偉震耀四海者，乃其賢人出於胥吏中者矣。』蓋六王未畢之初，而人才出於諸侯之客。秦削封侯〔二〕之後，而人才隱於郡縣之吏。漢興以來，科目未兴，由郡

〔一〕今按：『滿』，《資治通鑒》卷一百九十三無此字。

〔二〕今按：『封侯』，《四庫全書》本《古今源流至論》别集卷十作『封建』。

縣吏至二千石將相者，射策爲掌故，乃爲廷尉視蓄之官。兒寬傳。甲科爲官，乃爲抱關擊柝之吏何武。趙廣，漢河間之郡吏也。尹翁歸，河東之獄吏也。張敞，太史之卒史。王尊，涿郡之書佐也。鮑宣，縣之嗇夫。丙吉，魯之獄吏也。自朱博以吏才陵轢掾史，而諸生始有爲吏之耻；自世祖以名節厲世俗，而於是有不肯爲令史所居之郎。沿歷隋唐，以吏爲辱。不曰名器不可假也，則曰流品所當別也。唐之周興，自尚史〔一〕而遷秋官侍郎。鍾紹京本胥吏，而後爲中書令。牛仙客，由縣小史而至大丞相。國朝堂後之官參用士人，懲其弊也太祖。三司之胥必汰老疾，澄其源也景祐中。魯宗道之判銓，悉書科條揭於陛下〔二〕，防吏奸也。杜祈〔三〕公之典曹，悉自予奪俾無升堂，革吏欺也。寇萊公議擢指揮使，吏以例簿進，公曰：『用一牙官，尚須撿例，安用我輩？』此固不肯殉吏之請。王安石欲除太常博士，吏以手約筆具陳祖宗舊制，當遷左〔四〕正言，安石不得任私，是堂吏能執祖宗之法。

〔一〕今按：『尚史』，《四庫全書》本《古今源流至論》別集卷十作『尚書吏』。
〔二〕今按：『陛下』，《四庫全書》本《古今源流至論》別集卷十作『廡下』。
〔三〕今按：『祈』，當爲『祁』。
〔四〕今按：『左』，當爲『右』。

皇極三　一一六章

吏責 林駉

嫠不恤緯而憂王室，野人食芹猶念至尊。栽培桃李不植荆棘，而國家之事不樂爲。仗馬緘默轅駒局促，而國家之事不敢爲。桐宫之事天下所未見也，而伊尹處大疑，而不恤任重責而不顧，攝政之舉，當時所駭聞也。而周公居流言，而不嫌坐群謗而不顧。

王氏染指漢鼎，數千士夫争獻符命，能抗虎狼之勢者，惟劉宗老而已。禄山唱亂漁陽，二十四郡望風披靡，能禦犬羊之醜者，惟顔魯公真卿而已。

澶淵之役，萊公親扶日轂，何勇哉！蕭英之聘，富公禦使虜庭，何壯哉！慶曆，天子鋭意太平。范公寧薄任子之恩，而不恤僥倖者之謗；寧密磨勘之法，而不顧朋黨之論。元祐，天子變更新法。司馬寧逐熙寧〔一〕之黨，而不念異日之禍；寧罷青苗之法，而不忌小人之怨。

〔一〕今按：「熙寧」，當爲「熙豐」。

凡人之告老而歸也，優遊晚齡，顧戀私計，而杜祁公謝事家居，憂念世故。凡人之罷譴〔一〕而去也，放意林泉，陶情麯蘖，而劉莘老方竄逐中，謂顧國事。凡人之處死生之變也，悲鳴躑躅，亦念身後，而呂獻公忍死謂平生故人以天下尚可爲。噫！高若訥不救仲淹之貶，而歐陽脩終不貸若訥之過；鄒浩未辨孟后之事，而曾誕已不恕鄒浩之譏。蔡襄作《四賢不肖》詩，誕著《玉山主人對客問》。

皇極三　一一七章

抑奔競同人

朝扣秦關暮游燕壁，此奔競之風始唱也。上書公車曳裾王門，此奔競之風益熾也。井田法行，學校政舉，故人安分守而爲恬静之習。井田制壞，學校政廢，故人無定向而爲僥倖之態。權在於左右則爲之掃門，權在於嬖寵則爲之空馬。朱扉一開燕雀駢集，潭潭相府趨者如

〔一〕今按：「罷遣」，《四庫全書》本《古今源流至論》後集卷六作「罷譴」。

市。子雲漢之大儒，求媚取容甘有媚新〔一〕之作。昌黎一代山斗，一不得志至上宰相之書。國家上以禮義維其俗，下以廉耻律其身，英風義概凛凛相望，故玉堂獻記不入翰苑，范杲，上惡躁競，不使居内署。河平獻頌不留蘭臺。胡旦，太宗黜商州。不以私書至京師則擢之御史，唐介。不以私事于朝廷則處之諫諍。王舉正。天子以此厲風俗，風俗其不歸厚乎？兩及相門則却以素定，一謁大資則却以不求。王旦曰：『張師德兩及吾門，狀元及第，榮進素定若復奔競，將如何？』伊川云：『頤與韓持國大資泛舟潁昌，客云：「有一官員謁見大資，乃是求知己。」頤云：「大資居位却不求人，乃使人來求己？」持國曰：「執求薦章，常事也。」頤曰：「不求者不與，來求者與之，遂致人如此。」持國便服。』韓維安於静退，而彦博薦之。劉安世不通問訊，而温公薦之。大臣以此化士夫，士夫其不安守乎？方登强仕脱然勇退，則有如錢若水；未及掛冠遽爾請老，則有如韓見素。至道三年，以母老請解機務。咸平元年，以監察御史求致仕，年四十八乃授刑部員外郎。致仕退居華山，年八十餘卒。有十年不求磨勘者，有十五年不易其志者。慶曆八年，秘閣校理張瓌爲兩浙轉運，瓌十年不磨勘遷官，朝廷獎其退静。宇文之烈退居十五年不易其志，時論稱之。禮部第一人庭唱抗聲，舊例也，而范鎮不肯自陳。至第七十九人乃出拜。進士第一科求試館職，舊例也，而安石不肯召試。『好事盡輸純與直，謁〔二〕勞頰舌涌如泉。』此太宗嫉

〔一〕今按：『媚新』，《四庫全書》本《古今源流至論》後集卷八作『美新』。

〔二〕今按：『謁』，《群書考索》卷十七、《名臣經濟録》卷十三皆作『謾』。

躁競之詩也。『臣下但當守公法，馳冒苟進何可取？』此真宗喜恬退之詩也。

皇極三　一一八章

筮仕

《左》：『畢萬筮仕于晉。』

《論》：『不患無位，患所以立。』『子使漆雕開仕。對曰：「吾斯之未能信。」』『子文三仕爲令尹，無喜色。』『季康子問：「仲由可使從政也與？」子曰：「由也果，於從政乎何有？」「賜也可使從政也與？」子曰：「賜也達，於從政乎何有？」「求也可使從政也與？」子曰：「求也藝，於從政乎何有？」』『子曰：「苟正其身矣，於從政乎何有？」』『吾將仕矣。』『不仕無義。』『君子之仕也，行其義也。』『仕而優則學，學而優則仕。』

《孟》：『人幼而學之，壯而欲行之也。』『當路於齊，可以仕則仕。』『古之人未嘗不欲仕也。』『仕則慕君，不得於君則熱中。』『孔子之仕於魯也。』『孔子之仕也，非事道與？曰：事道也。』『孔子有見行可之仕，有際可之仕，有公養之仕。於季桓子，見行可之仕也。於衛靈公，際可之仕也。於衛孝公，公養之仕也。』『仕非爲貧也，而有時乎爲貧。』

周霄問曰：『古之君子仕乎？』孟子曰：『仕傳曰：「孔子三月無君，則皇皇如也，出疆必載質。」公明儀曰：「古之人三月無君則吊。」』『三月無君則吊，不已急乎？』曰：『士之失位也，猶諸侯之失國家也。』『出疆必載質，何也？』曰：『士之仕也，猶農夫之耕也，農夫豈爲出疆舍其耒耜哉！』曰：『晉國亦仕國也，未聞仕如此其急，仕如此其急也。君子之難仕，何也？』曰：『古之人未嘗不欲仕也，又惡不由其道。』

盆成括仕於齊。孟子曰：『死矣，盆成括！』盆成括見殺，門人問曰：『夫子何以知其將見殺？』曰：『其爲人也小有才，未聞君子之大道也，則足以殺其軀而已矣。』

《内則》：『四十始仕，道合則服從，不可則去。』

左師觸龍曰：『願得補黑衣缺。』卿士聽朝之服。

賜爵左庶長，賜爵關内侯。卜式輸財縣官以助邊，問：『欲官乎？』曰：『不習仕官，不願也。』問：『欲言事乎？』曰：『與人無忿争，無所欲言也。』曰：『子何欲？』曰：『天子誅匈奴，賢者宜死節於邊，有財者宜輸委。』拜爲中郎，賜爵左庶長，賜田十頃。請父子與齊習社者，往死南越，賜爵關内侯。前書爲中郎，諷天下以輸財也。繼書關内侯，諷天下以死邊也。復書爲御史，諷天下者於矣。

言事見疏，逾年有貶。

王述性沉静，謝安有重名。王述性沉静，年三十尚未知名，人謂之癡。導以門地辟之，既見，惟問江東米價，述張目不答。導曰：『王掾不癡。』謝安少有重名，前後徵辟皆不就，寓居會稽，以山水文籍自娱。雖謂布衣，時人以公輔期之。士大夫曰：『安石不出，當如蒼生何？』每遊東山，以妓女自隨。安妻，劉惔之妹也，見家門貴盛而安獨静退，謂：『丈夫不如此也！』安掩鼻曰：『恐不免耳。』及弟萬廢黜，安始有仕進之志，年四十餘，桓温請爲征西司馬，安乃赴召。嵇康書『一行作吏』。杜詩：『通籍逾青瑣，亨衢照紫泥。』

《王制》：『司馬卞論官才，論進士之賢者，以告于王，而定其論。論定，然後官之。任官，然後爵之。位定，然後禄之。』先王設官，未嘗不卞，亦未嘗不通。

任官

唐賈公彦《序》：『政教君臣，起自人皇之世。《文耀鈎》云：「伏羲作《易》，名官者也。」』《淮南子》：『堯之佐九人，舜之佐七人，武王之佐五人。』又：『任一人之能，不足以治三畝之宅也。』《明堂位》：『有吴氏官五十，夏后氏官百，殷二百，周三百。』《論語撰考》云：『黄帝受地形象天文以制官。』《春秋緯命曆序》：『有九頭紀時，有臣無官位，尊卑之别。燧人伏羲既有官，則其間九皇六十四民，有官明矣。』少昊以前，百官之號象其徵。顓頊以來，百官之號因其事。

宰夫，職掌官府之徵令，辨其八職：一曰正，掌官法以治要；二曰師，掌官成以治凡；三曰司，掌官法以治目；四曰旅。掌官常以治數；五曰府，掌官計〔一〕以治藏；六曰史，掌官書以贊治；七曰胥，掌官叙以治叙；八曰徒，掌官令以徵令。以官府之八成經邦治：一曰聽政役以比居；二曰聽師田以簡稽；三曰聽閭里以版圖；四曰聽稱責以傅别；券書。五曰聽禄位以禮命；六曰聽取予以書契；七曰聽賣買以質劑；八曰聽出入以要會。以官府之六計弊斷群吏之治：一曰廉善；二曰廉能；三曰廉敬；四曰廉正；無邪。五曰廉法；六曰廉辨。不惑。《周禮》。

《書》：『知人則哲，能官人。』『無曠庶官，天工人其代之。』『德懋懋官。』『建官惟賢。』『任官惟賢才。』『惟治亂在庶官。官不及私昵，惟其能。爵罔及惡德，惟其賢。』『列于庶位。』『官人以世。』『董正治官，訓迪厥官。』『唐虞稽古，建官惟百。夏商官倍，亦克用乂。不惟其官惟其人。』『有官君子，欽乃攸司。學古入官，無以利口亂厥官。』『推賢讓能，庶官乃和。』『舉能其官，惟爾之能。稱非其人，惟爾不任。敬爾有官，亂爾有政。』『往慎乃司。』『若時瘝厥官。』『爾無昵于憸人，充耳目之官。』

〔一〕今按：『官計』，《十三經注疏》本《周禮》作『官契』。

《論》：『修廢官。』

『不卑小官。』『莅官不敬。』『士無世官，官事無攝。』『有官守者，不得其職，則去。』

魏文侯與田子方飲。文侯曰：『鐘聲不比乎？左高。左方之聲高。』田子方笑。文侯曰：『何笑？』子方曰：『臣聞之，君明樂官，不明樂音。今君審於音，臣恐其聾於官也。』文侯曰：『善！』《戰國策》：『君明，則樂官以治官爲樂；不明，則樂音。』

子思曰：『聖人之官人，猶匠之用木。』公孫弘曰：『因能任官，則分職治。』

自：鮑宣曰：『官爵非陛下之官爵，乃天下之官爵也。陛下官非其人，而望天説民服，豈不難哉！』更始群小膳夫，皆濫授官爵。長安語曰：『竈下養，中郎將；炊烹爲養。此徒亦授中郎將。爛羊胃，騎都尉；爛羊頭，關内侯。』鮑宣謂陛下之非其人，長安語竈下之中郎將。

自：宋泰始四年，齊天元五年，宋以阮佃夫爲遊擊將軍，盡用左右細人。佃夫恣横，納貨賂，作威福，僕隸皆不次除官，捉車人至中郎將，馬士至員外郎。齊天元五年，以高阿那肱尚書令，韓長鸞領軍，陸令宣女侍郎，穆提婆侍中，祖珽秘書監。發明：『阿那肱，武夫小人。陸令宣，宫婢。穆提婆，配隸宫奴。祖珽，盲目流人。《綱目》列而書之，所以著亡之迹爲後戒也。』

盲目人之入，蒼頭等之封。祖珽勢傾朝野，斛律光嘆曰：『盲目人入，國必破矣。』齊主緯官由財進，獄以賄成。蒼頭劉桃枝等皆開府封王，歌舞人見鬼人，能使鬼神形見之人。濫得富貴者殆萬數，庶姓封王者以百數，開府千餘人，儀同無數。狗馬及鷹亦有儀同郡名之號，皆食其禄。

舞胡之爲侍郎，圉人之授官爵。武德元年，唐以舞胡安叱奴爲散騎侍郎。書法：『直書舞胡，而貶義自見矣。是故唐用安叱奴書舞胡，後唐用陳俊等書伶人，用嚴旭書樂工，皆深譏之也。』御史馬周言：『比來樂工圉人超授官爵，鳴玉曳履與士君子比肩，臣竊耻之。』

陳敬瑄爲節度使，侯思正爲御史。僖宗廣明元年，以陳敬瑄爲西川節度使，田令孜之兄也。擊毬得第一籌故，青城妖人作亂，討平之。陳敬瑄素微賤，蜀人皆驚，莫知爲誰。青城有妖人，詐稱陳僕射，止逆旅，索馬甚急，馬步使瞿大夫覺其妄，執之，沃以狗血，即引服誅之。書法：『此其書亂書討，何譏也。西川大鎮而殉令孜之請，使賤如敬瑄者以擊毬賭得之，報至，西人莫有知其爲誰者，此所以來詐冒之奸也。』醴泉人侯思正，詭譎無賴，求爲御史。武后曰：『卿不識字。』對曰：『獬豸何嘗識字，但能觸邪耳。』后悦，從之。

胡氏之爲女侍中，瓊仙之爲女侍中。魏延昌四年，以元叉妻胡氏爲女侍中。發明：

『女侍中之名，前此未聞也，而始於此。』南漢以宮人盧瓊仙、黄瓊芝爲女侍中。

員外官之二千餘人，員外官者又將千人。神龍二年，大置員外官，自京師及諸州凡二千餘人，宦官超遷七品以上，員外官者又將千人。書法：『書大，何譏也。』

周之控鶴監，周之奉宸府。嗣聖十年，周置控鶴監，率比嬖寵之人。十七年，改控鶴監爲奉宸府，以易之爲令。武三思奏：『昌宗乃王子晋後身。』太后使衣羽衣，吹笙乘木鶴於庭中。《駕幸凉州〔一〕論進獻瓜果人擬官狀》陸贄。：『伏以爵位者，天下之公器，而國之大柄也。器壞，則人將不重；柄失，則國無所恃。起端雖微，流弊必大。又信賞必罰，霸王之資；輕爵褻刑，衰亂之漸。一綱或棼，萬目皆弛。青朱雜沓於胥徒，金紫普施於輿皂。』杜詩：『差池分組冕，合沓起蒿萊。不必伊周地，皆登屈宋才。』『奴僕何知禮，恩榮錯與權。』樊川：『載筆念無能，奉筹慚所畫。』『駑駘蒙錦綉，塵土辱潺湲。』『顧深慚鍛鍊，才少辱提携。』『論材愧杞楠。』『凡才污省郎。』『衮職曾無一字補，許身愧比雙南金。』

晋悼公之命官，衛靈公之任官。《左·成公十八年》：晋悼公始命百官：『凡六官之

〔一〕今按：『凉州』當爲『梁州』。

長，皆民譽也。官不易方，爵不逾德。官授〔一〕其業，無相逾易。量德授爵。』《家語》哀公曰：『當今之君，孰爲最賢？』孔子對曰：『抑有衛靈公乎？公子渠牟〔二〕，智足以治千乘，信足以守之，靈公愛而任之。士林國見賢必進之，而退與分其禄，靈公賢而尊之。慶足國有大事，則起而治之，無事則退而容賢，靈公悦而敬之。史鰌以道去位〔三〕，而靈公郊舍三日，必待史鰌之入而後敢入。臣以此取之。』

杜詩：『用爲羲和天爲成，用平水土地爲厚。吾輩碌碌飽飯行，風后力牧長迴首。』

魏之建官，隋之定官。西魏恭帝三年，初建六官，依《周禮》定六官。自餘百官，皆依《周禮》。隋大業三年，更定官制，五年非有功者，不賜爵。

他官之預，員外之罷。貞觀元年，杜淹參預朝政。書法：『他官參預政事，自此始。』開元二年，罷員外檢校官。書法：『開元之治，日益進矣。』

〔一〕今按：『授』，《十三經注疏》本《春秋左傳注疏》作『守』，是。

〔二〕今按：『公子渠牟』，《孔子文化大全》本《孔子家語》作『靈公弟子渠牟』。

〔三〕今按：『去位』，《孔子文化大全》本《孔子家語》作『去衛』，是。

皇極三　一一九章

階官始末 林駉

漢置光禄大夫，因秦郎中令有中大夫之員，則光禄大夫之名，蓋始於此。金紫，則置於魏也。銀青，則置於晋也。隋置散官，取秦大夫掌議論之義，則正議、通議之名，蓋始於此。大中大夫，則置於秦也。中散大夫，則置於漢末也。王莽置。朝議大夫，雖隋置之，亦因漢大夫得奉朝議之意。朝請大夫，雖隋置之，亦因漢將軍特進奉朝請之意。至朝散，則隋置之，唐因之耳。宣奉、正奉、通奉、中奉、奉直、朝奉六階，則大觀創之耳。隋置朝請、朝散郎之官，元豐置朝奉之官，隋置奉議之官。隋採晋宋諸官始爲通直之稱，唐取梁宣議始有宣議之名。承奉、承直，則隋創之。承務，則唐置之。昔之雖存空名，而流品甄别，官秩難進，則人人有安分之念。今之易爲階官，而流品混淆，官秩易高，則人人有所希覬。舊平章遷侍中，侍中遷中書，中書遷尚書。今以一儀同三司偕之。舊六府尚書侍從，則自禮而户而吏，當朝〔一〕則自工而刑而兵。今以一銀青光禄偕之。此畢仲游之深有慨於階秩易高之弊也。舊制六曹侍郎，禮部遷户部，户部遷吏部，則待侍從臣僚。工部遷刑部，刑部遷兵部，則待常調臣僚。今例以正議大夫，可乎？舊制郎中之任，遷太常少卿，則待進士。遷衛尉少卿，由衛尉少卿入光禄少卿，則待世賞。今概以朝議大夫，可乎？此丁騭深論流品相混之弊也。雖然官秩易高，流品相混，固不免或者之譏，而正名責實，各舉職任，亦官制既更之驗也。

《周禮》：小宰之職，以官府之六叙正群吏〔二〕：一曰天官，其屬六十，掌邦治；二曰地官，其屬六十，掌邦教；三曰春官，其屬六十，掌邦禮；四曰夏官，其屬六十，掌邦政；五曰秋官，其屬六十，掌邦刑；六曰冬官，其屬六十，掌邦事。以六府之六職卞邦治：一曰治職，以平邦國，以均萬民，以節財用；二曰教職，以安邦國，以寧萬民，以懷賓客；三曰禮職，以和邦國，以諧萬民，以事鬼神；四曰政職，以服邦國，以正萬民，以聚百物；五曰刑職，以詰邦國，以糾萬民，以除盗賊；六曰事職，以富邦國，以養萬民，以生百物。以官府之六聯合邦治：一曰祭祀之聯事；二曰賓客之聯事；三曰喪荒之聯事；四曰軍旅之聯事；

〔一〕　今按：『當朝』，《四庫全書》本《古今源流至論》前集卷六作『常调』。
〔二〕　今按：此句，《十三經注疏》本《周禮注疏》作『以官府之六屬舉邦治』。

五曰田役之聯事；六曰斂禁〔一〕之聯事。

皇極三　一一〇章

兼官 林駉

禹爲司空，兼宅百揆。羲和二人，兼任四岳〔二〕。官不必備，亦惟其人。官事不攝，未爲知禮。成周設官，實法唐虞。成王之時，周公以三公兼冢宰，召公以三公兼宗伯，蘇公以三公兼司寇，畢公、毛公以三公兼司馬、司空。成王季年，芮伯、彤伯、衛侯實專領司徒、宗伯、司馬〔三〕，其餘大抵皆兼官也。漢制以本官而任他職者，固謂之兼。以高官而攝卑職者，又謂之領。王尊轉守槐里兼行美陽令事，常惠以右將軍兼典屬國，此兼職也。桑弘羊以治粟内史領大司農，劉向以光禄大夫領校書，此領職也。車騎將軍張安世、度遼將軍范

〔一〕今按：『斂禁』，《十三經注疏》本《周禮注疏》作『聯弛』，是。
〔二〕今按：『羲和二人，兼任四岳』，《四庫全書》本林駉《古今源流至論》續集卷八作『羲和四人，兼任四時』。
〔三〕今按：『司馬』，《十三經注疏》本《周禮注疏》作『司寇』，是。

明友而兼光禄勳，後將軍趙充國、右將軍王莽而兼衛尉，或以左將軍兼太僕，上官傑。或以後將軍兼少府趙充國，且將軍中朝也。光禄、衛尉、太僕、少府，外朝也。舉外朝之職悉并於中朝，此武宣以後疏遠外庭而陰奪其職也。漢之兼官，其果周意乎？霍光爲大司馬大將軍領尚書，張安世以車騎將軍領，蕭望之以前將軍領，師丹以左將軍領，王鳳諸［人皆］以將軍領之。内領尚書，外領兵馬，軍國之制，專於一人。漢之領官，其果周意乎？唐制有所謂攝，如侍中之攝吏部；有所謂領，如平章之領度支；有所謂兼，如宰相之兼兵部。然周公之統六官，不過持其大要，未有如房、杜之徒日閲訟牒之煩且勞也。周公之兼冢宰，亦以三公兼之，豈有如岑文本之徒以侍郎微職得專機要哉。郡守之職，總於諸侯帥。郡佐之職，移於部從事。江南觀察，即宣帥兼之。荆南觀察，即潭帥、鄂帥兼之。嗟夫！漢以將軍兼九卿領尚書而有外戚之禍，唐以帥臣總郡守兼察使而致藩鎮之變。國朝慶曆興師，章得象以宰相兼樞密院；紹興用兵，張浚以宰相兼樞密使，即畢公領司馬也。咸平李沆以平章兼修國史，紹興吕頤浩以僕射兼理國史，即蘇公兼太史也。宰執兼太子師傅，其格心至矣。諫官兼修起居注，其奏事便矣。然可兼則兼，不可則否。樞密承旨兼馬軍司，范祖禹力言之。中書舍人兼給事中，曾子〔一〕固深言之。夫何元豐大臣爲右相而兼中書侍郎？中書取旨，其權獨重，凡所除吏門下皆不預聞，此蔡確以私意廢祖宗法也。崇寧奸臣爲太師而領三省事，號爲公相，宰執居下不敢與抗，朝廷大柄在其掌握，此蔡京以私意壞祖宗法也。

皇極三　一二一章

官制

『天爵。』『人爵。』《孟》。『義榮。』『勢榮。』《荀》。

《周禮》：『大宗伯之職，以九儀之命，正邦國之位。一命受職，再命受服，三命受位，四命受器祭器，五命賜則，六命賜官，七命賜國，八命作牧，九命作伯。』

《左·昭公十七》：郯子來朝，昭子曰：『少皞氏鳥名官，何也？』郯子曰：『昔者黄帝氏以雲紀，故爲雲師而雲名。雲瑞。炎帝氏以火紀，故爲火師而火名。火瑞。共工氏以水紀，故爲水師而水名水瑞。太皞氏以龍紀，故爲龍師而龍名龍瑞。少皞之立也，鳳鳥適至，故爲

〔一〕今按：『曾子』，《四庫全書》本《古今源流至論》續集卷八作『曾鞏』。

鳥師而鳥名。鳳鳥氏，曆正也。玄鳥氏，司分也。伯鳥氏，司至者也。青鳥氏，司啓者也。丹鳥氏，司閉者也。祝鳩氏，司徒也。鴡鳩氏，司空也。爽鳩氏，司寇也。五雉，爲五工正。九扈，爲九農正。』仲尼聞之，見於郯子而學之。既而告人曰：『吾聞之，天子失官，學在四夷，猶信。』

魏之官爵，隋之官制。魏主欽三年正月，作九命之秩。宇文泰始作九命之典，以叙内外官爵，改流外品爲九秩。書法：『後世以六叙品始此。』

皇極三　一二二章

漢官制 黄履翁

嘗觀司馬遷之表將相名臣也，首記大事，君子於此知其職之當否。又觀班固之表百官也，先論沿革，君子於此知其制之是非。然合二表論之，大抵載武帝分職之謬，更制之過。則知漢之官制，莫善於漢初，莫病於武帝也。漢初之用丞相，即御史大夫爲之。灌嬰薨而除張蒼，張蒼免而相申屠嘉，所以重國體也。至武帝，盡棄舊法。李蔡之死，御史大夫湯不遷，而青翟以太子少傅拜。石慶之薨，御史大夫寬不拜，而劉屈氂以涿郡太守拜，何輕哉！

漢初之用太尉，特掌武事，朝廷大政亦間用之。至武帝，置大司馬，其權出於丞相之上。衛青拜而已重其權，霍光拜而復領尚書，何重哉！漢初之用御史大夫，其事權不敢與丞相埒。高后欲封諸吕問右丞相者〔一〕太尉勃，而不及趙堯。文帝錢穀決獄問右丞相勃左丞相平，而不及張蒼。至武帝，專任御史大夫，議造白金皮幣委御史大夫湯，而丞相李嚴不之知。議徙流民四十萬用御史大夫寬，而丞相石慶不之聞。何其甚哉！

太常之職，掌宗廟禮儀，以列侯忠孝敬謹者爲之。漢初此意甚重爾。至武之世，有陵橋道絶免者，孔誠。有風發廟瓦免者。魏不害。光禄之勛，掌諸郎衛，考其德行而進退之。漢初此意甚厚〔二〕爾。至武帝之世，郎選以入財而充補，期門以武士而宿衛。廷尉所掌刑辟也，漢初用張釋之輩爲之。至武帝，任張湯、杜周之流，而法令益滋。大〔司〕農所掌財貨也，漢初用執盾襄輩爲之。至武帝，任弘羊、孔僅之徒，而榷禁日嚴。丞相得劾倖臣，漢法也。自武帝，遊宴後庭而奄人遂恣。主爵掌治内史，漢法也。自武帝，始分三輔而畿内間斷。去監御史，而州郡無監忌之患，漢初鑒秦之失也。武帝有部刺史，州郡截然于外，刺史

〔一〕今按：『右丞相者』，《四庫全書》本《古今源流至論》别集卷三作『左丞相平』。
〔二〕今按：『甚厚』，《四庫全書》本《古今源流至論》别集卷三作『甚美』。

專達，與丞相無與，是外部之血脉不相關矣。去加官，而外朝有相通之善，漢初懲秦之弊也。武帝復加官，小臣一得加官，得入中朝，親近議論與朝廷相絶，是中朝之血脉不相關矣。一變而成帝權入尚書，再變而光武任歸臺閣。

皇極三　一二三章

本朝官制 同人

舊制之善者，則官職分治脉絡相統，禄秩有階，遷轉得序也。新制之善者，則省部諸司各有職掌，郎曹等官不寄虚名也。國初，朝官文臣多領外寄，九寺三監皆爲空官。吏部既有官矣，而别設審官院、三班院以判其事。禮部既有官矣，而别創判禮部、判貢院以董其務。是吏禮二部皆虚存矣。太常有卿矣，而復立判禮院以任其責。宗正有卿矣，而復置判寺以行其權。是太常宗正二卿皆空設爾。元豐八年，取唐六典。向者省部寺監之無職，今其職舉矣。向者郎曹卿監之虚官，今其官定矣。雖然，舊制修造案之屬三司正，以考其財之有無；而今也修造案爲將作監而百工興作之用，户部不得考，是他司以辯事爲效，而不恤財之有無也。舊制磨勘司之屬三司正，以論其事之當否；而今也磨勘歸於比部，並隸刑曹鈎考，户部不得知，是户部以給財爲功，而不論事之當否也。此司馬温公言改官制，嘆脉脉不相統之過。舊制郎中進士，則遷太常少卿；非進士，則遷司農衛尉少卿，由司農衛尉少卿入光禄少卿。今以一朝議該之，是十二年之官一遷即爲之矣。舊制户部尚書侍從，則歷禮部、户部、吏部常調，則自工而刑，自刑而兵，累以至於禮部〔一〕。今以一銀青光禄該之，是十二年之官八年俱歷之矣。此畢仲游之言改官制，深有慨於遷轉之法『昔之官品難於進，今之官制易於高』者，正惜其遷轉不得序之失。

皇極三　一二四章

内降同人

鴻都斜封，皆漢唐衰微之世。内降之名，乃國朝全盛之日。惟其見於衰微之世，故漢唐大臣多以任責蒙譴。惟其起於全盛之日，故國朝大臣則多以任責爲賢。任責蒙譴，心莫

〔一〕　今按：『禮部』，《四庫全書》本《古今源流至論》别集卷三作『吏部』，是。

迴其已壞之政。任責爲賢，必能杜以方萌之始。方元靈〔一〕之在位也，常侍阿保氣焰炙，手握王爵，口含天憲，陳蕃言之而就職〔二〕，楊賜諫之而去位，公議掃地矣。熹平鴻都之榜，招集斗筲，溷濁政理，俯眉承睫，僥倖恩寵，禄賞之柄外朝不與聞也。黄門北寺之獄，擅矯王命，逐捕忠黨，根連株繫，甘戮如飴，斧鉞之柄大臣不與知也。方中睿之臨政也，公主則太平安樂，尚宫則柴氏、姜氏，戚里則郕國、沛國，宰相重臣皆出私門，屠沽臧獲，納粟除官，然大臣得言，吏部得執，公議尚存矣。除授之命，吏部員外郎李朝隱前後執破一千四百餘人。斜封之官，兵部尚書姚元之力言停廢數千人。則大臣有司尚得守公法以奏請也。釋慧範何人哉？建寺作佛，贓至萬計，御史魏傳弓請置極法，乃行放黜。鬻伎行巫何人哉？濫居纓冕，尽占膏腴，左拾遺辛替否謂金銀不供於印，束帛不充於賜，則御史諫官尚能引大義以彈劾也。蓋漢自中世，丞相不預中朝之事，武帝。三公不任臺閣之職。光武。循習日久，積弊百弊〔三〕，何蕃〔四〕、楊賜、竇武之徒言之，徒切聽之甚藐者，其來非一日矣。唐之大臣，上佐

〔一〕今按：『元靈』，《四庫全書》本《古今源流至論》別集卷三作『桓靈』，是。
〔二〕今按：『就職』，《四庫全書》本《古今源流至論》別集卷三作『就戮』，是。
〔三〕今按：『積弊百弊』，《四庫全書》本《古今源流至論》別集卷三作『弊端百出』。
〔四〕今按：『何蕃』，當爲『陈蕃』。

萬機，下理庶務，事權相通，公論不泯，又非漢之所可及。武后垂拱之初，命王立本往宣敕，以鞫劉禕之事，而禕之謂：不經鳳閣鸞臺，何名爲敕？則制敕未有不經鸞臺鳳閣也。文宗太和之末，宣除鄭覃御史大夫，而中書侍郎李宗閔：一切宣出，安用中書？則政事未有不經中書也。文宗開成之間，李珏謂用杜悰爲户部尚書，陳夷行謂當由上旨，不可使權在臣下。珏謂太宗用宰相天下皆平章，故號平章事。若事不由中書，安用平章？則宰相未有不平章天下事也。國朝太祖以來，躬決萬機，明白洞達，一有賞罰，外朝公議。天聖明道，請託之門稍開，奔競之風漸長。仁宗親政，痛革宿弊。杜祁公當慶曆之初，與韓琦、富弼實爲兩地之大臣，同心合德，交修佐佑，内降與恩澤者，積至數十則，連封而面納之。仁宗言：『外人雖知杜衍封還内降，吾居禁中，以衍不可而止者多於所封還。』則兩府能封繳之力也。景祐，韓琦爲諫官，首論内降爲唐之斜封，今之内降蠹壞紀綱，願詔皇族不許陳乞。慶曆，李仲昌修河之罪不經兩府，詔從中出，臺官相與極力言之，則臺諫能彈劾之力也。歐陽脩領京兆首論内旨之承准，龐籍伻開封力奏内侍之私請，則百司執奏之力也。仁宗謹重命令，愛惜名器，當時小人謂當收攬威柄，事事率自中出。仁宗答曰：『措置天下事，正不欲中出，不如付之公議。令宰相行之，臺諫言之。』大哉言乎！其天地之心與！天聖九年至嘉祐八年，戒敕内降八條，手詔切責諄復。申戒内外庶官之請託，天聖九年。申戒宗室外戚之干祈，明道二年。申戒臣僚因入對以求恩澤，慶德四年。申戒内外文武百官毋援前比，以希遷改。慶德六年。大哉言乎！其社稷之福與！

皇極三　一二五章

省官林駉

古者官冗乎？後世官冗乎？古者因事而命官，因官以分職，若贅而實省也。後世職散而無統屬，多而虚授，若繁而實曠也。《周》天官卿大夫命士三百五十餘人，地官鄉遂虞衡山林司關司門尚四百餘人，春夏秋冬凡五百餘人，是周之官若冗矣。然周公以公兼冢宰，召公以公兼宗伯，太公以太師兼司盟，蘇公以三公兼太史，此命官兼攝也。司馬戎僕有軍旅則用之，甸祝田僕有田獵則用之，有喪紀則用喪祝，有盟會則用詛祝，此臨事權設也。局分不必專設，史胥不必别備，所以若贅而實省歟。漢武帝意在理財，則司農增均輸平準，郡國增鹽鐵等官。意在用兵，則内有八校尉，征伐有將軍。意在用兵，則置中都官獄三十二所〔一〕。漢官何繁耶！然財官雖多，而無會稽之司〔二〕；兵官雖增，而無統隸之長；刑官雖衆，而不屬廷尉。唐世六尚書之有二十四司之屬，二十四司之有侍郎、郎中、員外之員。夫何外是復有九寺四監之分？大司農、少府，户部職也，大常、宗正，禮部職也。光禄勛但供良醞，禮部之膳部也。衛尉掌軍兵儀仗帳幕，兵部之庫部也。吏部、司封、司勛、考功，户部、度支、金部、倉部，禮部、祠部、膳部、主客，兵部，刑部，工部、屯田、虞部、水部〔三〕。然兵部無戎帳，户部無版圖，光禄不供酒，衛尉不供幕。國朝，真宗以前入流尚少，仁宗以後入流尚多。興國詔曰：『封疆盡闢，縣邑猥多，動皆缺員，歷年未補。』咸平詔曰：『如聞州縣闕多員少，可選朝官各舉所知。』夫入流如是其少何也？謂其恩澤之吝而選舉之艱歟！則郊祀行賞不待功而選官〔四〕，誕節推恩不候郊而任子。夫寬恩如此，而官不冗者有

〔一〕今按：此句，《四庫全書》本林駉《古今源流至論》後集卷五作『意在用刑，則置中都，官獄三十六所』。

〔二〕今按：此句，《四庫全書》本林駉《古今源流至論》後集卷五作『然則官雖多，而無計會之司』。

〔三〕今按：此段注文删削严重，费解。《四庫全書》本林駉《古今源流至論》後集卷五作『《唐·百官志》：吏部其屬有四：一曰吏部，二曰司封，三曰司勛，四曰考功。户部其屬有四：一曰户部，二曰度支，三曰金部，四曰倉部。禮部其屬有四：一曰禮部，二曰祠部，三曰膳部，四曰主客。兵部其屬有四：一曰兵部，二曰驾部，三曰库部，四曰武部。刑部其屬有四：一曰刑部，二曰都官，三曰比部，四曰司门。工部其屬有四：一曰工部，二曰屯田，三曰虞部，四曰水部。』

〔四〕今按：此句，《四庫全書》本林駉《古今源流至論》後集卷五作『則當時郊祀行慶百僚不待考而遷官』。

由矣。慶曆中張方平上言，謂在銓近萬人。嘉祐中蘇軾進策，謂一官而三人共之。夫入流如是其冗何也？謂其恩澤之泛而選舉之濫歟！則罷從官每歲任子之法，削諸科間歲取士之數。夫裁抑如此，而官冗者有由矣。且特奏之法，真宗以前未設也，嘉祐始數十人，治平三百人，熙寧五百人。嗚呼！龍鍾榆景一該恩免，求田問舍欲免壟（壠）鹽，所入若此，安得而不濫乎？胥吏之法，真宗以前尚嚴也，景祐中遂有三司諸吏老疾不汰之冗。或以減年而黜官，或以坐理資任而典郡。嗚呼！鶩雁老吏寡廉鮮耻，既弄文法不易故態，所入若此，安得而不濫乎？國初無致仕之制，後有易簣而請者，有停服而請者，致仕之恩太濫也。國初無遺表之制，後有妻族外生，悉皆沾恩，門生僕隸亦蒙蠲號〔一〕，遺表之恩太濫也。嗚呼！未離襁褓已列搢紳，不限賢愚概居禄任，安得不動先賢之念？然則論省官之責於今日者，當清其所入之流，不當汰其所任之職。

〔一〕今按：「蠲號」，《四庫全書》本林駉《古今源流至論》後集卷五作「甄録」。

皇極三　一二六章

試守權行同人

論試守之法，莫善於漢。論權行之法，莫不善於漢。官卑而職重者試守，官闕而卑攝者權行。宣帝元康元年書：『守京兆尹彭城太守遺。』五鳳元年書：『守左馮翊渤海太守信。』守官皆序舊階是也。平紀〔一〕令二百石以上，一切滿秩如真。釋者謂：『諸官吏初除，皆試守一歲乃爲真，食全俸。平帝初即位，故令爲真。』守官不食全俸是也。凡守官滿歲稱職者，爲真；不稱者，遣歸故官。東都太守韓延壽守左馮翊滿歲稱職，爲真。以是知守官而歲稱職爲其然也。潁川太守黄霸守京兆尹坐事連貶秩，詔歸潁川太守。以是知不稱職歸故官其然也。夫行者，曹窋行御史大夫，劉歆行太常少府，張湯行丞相事。不求副丞相而有覬覦代位之心，此行丞相之失也。夫假者，趙充國爲假司馬，杜勛爲假丞，曹參爲假右

〔一〕今按：『平紀』，《四庫全書》本林駉《古今源流至論》續集卷八作『平帝』。

相〔一〕。徒以論道經邦之任，而用借爲將者之威重，此假丞相之失也。唐制以職事高者爲守，以職事卑者爲行，未爲正命者爲試。則天舉人，不問賢否，咸加擢拜，大置試官以處之。『補闕連車載，拾遺平斗量。』此唐人之謡，所以譏試官之失也。國朝改官制之後，遂立行試守之法，高一品爲行，下一品爲守，下二等爲試，品同則否。舊光禄大夫視左右丞，正議大夫視六曹侍郎，通議大夫視給事，太中大夫視諫議。今六曹侍郎，自光禄大夫除，是高一品，以『行』書之。自通議大夫除，是下一品，以『守』書之。自太中大夫除，是下二品，以『試』書之。品同不書。元祐以來，復置權尚書、權侍郎。權尚書依守侍郎，權侍郎以未歷給舍及侍制以上者加之。然階尊官卑曰『行』可也，階卑官尊曰『守』可也，官與階等不用可也。自『守』之下復加以『試』，贅爾。此蔣之奇謂通議以下除侍郎，不必云試者，非以試，爲贅耶。自『試』之下復加以『權』，煩爾。此翟思謂尚書侍郎宜去〔二〕行守試而加權者，非以權，爲煩耶。雖然此特官名之紛紛耳，今日四者並用，未易輕變也。惟選官以法，任官以人，循漢人之試守，懲漢人之行可〔三〕，則亦成周之六典矣。

〔一〕今按：『右相』，《西漢年紀》卷一、《四庫全書》本《古今源流至論》續集卷八皆作『左丞相』。

〔二〕今按：『宜去』，《四庫全書》本林駉《古今源流至論》續集卷八作『不宜去』。

〔三〕今按：『行可』，《四庫全書》本林駉《古今源流至論》續集卷八作『行假』。

皇極三　一二七章

均任同人

朝廷内職，指爲登仙。唐倪若水傳。牧守重任，視曰斥地。張九齡傳。此内重外輕之弊也。承明直廬，反厭其居。漢嚴助傳。刺史左遷，恨降之晚。李泌傳。此内輕外重之弊也。漢制，九卿出爲守相，石慶爲齊相。守相入爲丞相。劉屈氂爲相。或選中二千石爲御史大夫，漢故事。或選博士大夫爲補郡國守相。董仲舒以博士遷江都相，汲黯以中大夫守東海。曹參爲齊相而代蕭何相國，周勃爲丞相而且率列國之國〔一〕。汲黯犯顔敢諫，凛凛可敬，一沮於弘羊〔二〕之手，出守淮陽。京房考功課吏，黜陟賢否，一陷於五鹿充宗之計，出守魏郡。蕭望之石渠名儒，擢爲諫官。石顯小人，抵巇有日，出補平原。嗚呼！君側無子思，主所無居州。國朝，身在館

〔一〕今按：「列國之國」，《四庫全書》本林駉《古今源流至論》後集卷五作「列侯之國」。

〔二〕今按：「弘羊」，《四庫全書》本林駉《古今源流至論》後集卷五作「宏湯」，是。「宏湯」指公孫宏、張湯。

閣，出領外郡張知白。官至正郎，自請治縣。咸平中韓綬。知天雄者參大政，太宗趙拜言〔一〕。倅河南者知宥院。淳化劉昌言。

《易》論治通之盛，莫尚於《泰》。衆賢彙進於初，而九二之臣，又廣包荒之量。而用馮河之勇，去朋黨之私。無遐遠之棄，以此得尚于六五中行之君。然聖人於卦之象，則斷之曰『内君子而外小人』。蓋必君子進而小人退，然後足以遂初九彙徵之美，成九二得尚于中行之功。嗚呼！萊公一出大名，北虜咨嗟有何以不任中書之問；中國既相司馬，遼人相戒有毋生事開邊隙之語。

皇極三　一一八章

久任

建平三年，王嘉疏曰：『孝文時，吏居官者或長子孫，以官爲氏，倉氏、庫氏，倉庫吏之後也。其二千石長吏亦安官樂職，然後上下相望，莫有苟且之意。其後稍稍變易，公卿以

〔一〕今按：『趙拜』，《四庫全書》本林駉《古今源流至論》後集卷五作『趙昌』。

下轉相促急，又數改更政事，送故迎新，交錯道路。惟陛下留神於擇賢，記善忘過，容忍臣子，勿責以備。任職者不能不有過差，宜可闊略，令尽力者有所勸。

王嘉之疏，朱浮之疏。建武六年九月晦日食，執金吾朱浮疏曰：『昔堯舜之盛，猶加三考，大漢之興，亦累功效，吏皆積久，至長子孫〔一〕。而間者守宰數見换易，迎新相代，疲勞道路。尋其視事日淺，未足昭見其職，既加嚴切，人不自保。迫於舉劾，懼於刺譏，故争飾詐僞以希虚譽，斯所以致日月失行之應也。願陛下遊意於經年之外，望治於一世之後，天下幸甚！』

漢宣之言，左雄之疏。地節二年，宣帝以爲太守，吏民之本，數變易則下不安。民知其將久，不可欺罔，乃服從其教化。故二千石有治理效，輒以璽書勉厲，增秩賜金。順帝陽嘉元年，左雄疏曰：『寧民之道，必在用賢；用賢之道，必存考黜。吏數變易則下不安業，久於其事則民服教化。臣愚以爲，守相長吏有顯效者，可就增秩勿移徙，非父母喪不得去官。』有虞建官，三載考績，在漢爲吏或長子孫，蓋吏久於官則人情不苟，官久於事則理化有成。《貞元制》。

〔一〕今按：『至長子孫』，《後漢書·朱浮傳》作『至名子孫』。

久任 林駉

重黎羲和，世掌天地。典禮典樂，終始一人。平水罔功，遲之九歲。夫子相魯，初而謗之，三月而誦之。見毁譽。子産相鄭，一年而謗之，三年而誦之。見毁譽。漢制，惟邊吏三歲一更，而其他官以至倉庫之微，初未嘗有終更之限也。夏侯嬰自高祖時爲太僕，至文帝時不易其職。揚雄爲黄門郎，歷三世不徙官。此其在内者然也。有爲京兆尹九年，張敞。有爲刺史五年〔一〕，黄霸。其在外職未嘗不久其任也。王嘉謂文帝時，吏居官或長子孫以官爲氏，其二千石長吏亦安官樂業，此足以見漢之任吏不輕於易置也。東都以來，數遷屢易，是以朱浮、左雄輩極言之。下至李唐，猶及四歲，然劉祥道、盧懷慎〔二〕猶病其速也。有守桂陽十年者，有守桂州二十八年者，有治并州十六年者。

祖宗朝，大而在中書者二十年，吕夷簡。微而典作坊者八年。魏正。三司數易，司馬公憂之。内任數易，上官均憂之。祖宗朝，知秦州者六年不遷宋璟，宰相盧者七年不遷刁衎。六年而易轉運使十六人，王居正以爲憂。二年而换知州七人，范鎮亦有言。昔我藝祖留心邊

〔一〕今按：『五年』，《四庫全書》本林駉《古今源流至論》續集卷九作『八年』。

〔二〕今按：『盧懷慎』，當爲『盧懷謹』。

任，李漢超守關南十七年，郭進控西山二十年，賀惟忠守易州十餘年，李謙溥守隰州十年，姚内斌守慶州十餘年，董遵誨長環州十四年。遠或二十年，近猶八九年，假之事權，略其細故，不爲間言，輕有移易。

皇極三　一二九章

侵官

《淮南子》：『君人者不任能而自爲之，則智日困而自負其責也。君人者，釋所守而與臣下争，則有司以無爲持位，守職者以從君取容。』

吴步騭之疏，魏杜恕之疏。吴步騭之疏曰：『人君不親小事，使百官有司各任其職，故舜命九官則無所用心，不下廟堂而天下治。』魏杜恕之疏曰：『陛下於群臣，知其不盡力也而代之憂其職，知其不能也而教之治其事，豈徒主勞而臣逸哉！雖聖賢並世，終亦不能以此爲治也。』

陳矯之跪，劉寔之疏。魏主叡嘗卒至尚書門，陳矯跪曰：『陛下欲何之？』曰：『欲案行文書耳。』矯曰：『此自臣職分，非陛下所宜臨也。』叡慚而退。晋武時劉寔疏曰：『天下至大，萬事至重，是以聖王執要於己，委務於下，非憚勞而好逸，誠以政體宜然也。』

隋柳彧之疏，魏衛臻之言。侍御史柳彧見隋主勤於政事，百僚奏請多有煩碎，疏曰：『自古聖帝莫過唐虞，然皆勞於求賢而逸於任賢。陛下留心治道，無憚疲勞，乃至營造細小之事，出給輕微之物，一日之内，酬答百司，日旰忘食，夜分未寢，動以文簿，憂勞聖躬，願察臣言，小減煩務，經國大事奏請詳决，自餘細務責成所司。』上曰：『柳彧真上國之寶也。』魏蘭臺令史衛臻曰：『古制侵官之法，非惡其勤事也。誠以所益者小，所墮者大也。』

鍾嶸之書，顧暠之對。齊武躬親細務，綱目亦密。侍郎鍾嶸上書言：『古者明君揆才頒政，量能授職，三公坐而論道，九卿作而成務，天子惟恭己南面而已。』齊主不悦。太中大夫顧暠對曰：『繁碎職事，各有司存，今人主總而親之，是人主愈勞而人臣愈逸，所謂代庖人宰而爲大匠斫也。』齊主不顧而言也。

張玄素之對，房玄齡之對。唐太宗問以政道，張玄素對曰：『隋主自專庶務，不任群臣，以一人之智，决天下之務，借使得失相半，乖謬已多。陛下誠能擇群臣而分任以事，高控穆清而考其成敗，何憂不治？』上善其言，擢爲侍御史。太宗問房玄齡、蕭瑀曰：『隋文帝何如主也？』對曰：『文帝勤於爲治，臨朝或至日昃，五品以上引坐論事，衛士傳餐而食，雖性非仁厚，亦勵政之主也。』上曰：『文帝不明而喜察，不明則照有不察〔一〕，喜察則多疑於物。事皆自決，不任群臣，一日萬机，豈能一一中理！群臣既知主意，則惟取决守成，雖有愆過，莫敢諫諍，此所以二世而亡也。朕則不然，擇天下賢才，置之百官，使司天下之事，關由宰相，審熟平安，然後奏聞。』

范氏曰：『君以知人爲明，臣以任職爲良。君知人則賢者得行其所學，臣任職則不賢者不得苟容於朝，此庶事所以康也。若夫君行臣職則業脞矣，臣不任君之事則惰矣。此萬事所以墮也。君人者如天運於上，而四時寒暑各司其序，則不勞而萬物生矣。不明之君不能知人，故務察而多疑，欲以一人之身代百官之所爲，故賢者不得行其志，而持禄之士得以保其位，此天下所以不治也。是以隋文勞而無功，太宗逸而有成，彼不得其道而此得其道故也。』

分爲十銓，親決試判。開元十三，分吏部爲十銓，親决試判。書法：『親决，何譏也。决試判有司事也，而親之，下行甚矣。故書親決者，不宜親者也。』發明：『人主之職論一相，乃下侵銓選之事，何哉？故特書親決試判以譏之。』

諸葛亮之校簿，諸葛公之覽罰。亮自校簿書，楊顒諫曰：『爲治有體，上下不可相

〔一〕今按：『不察』，《資治通鑒》卷一百九十三作『不通』。

侵，請爲明公以作家警之。今有人使奴執耕，婢典爨，鷄司晨，犬吠盜，牛負重，馬涉遠，私業無曠，所求皆足，雍容高枕，飲食而已。忽一朝以身親其役，形疲身困，終無一成，豈其智之不如奴婢鷄狗哉？失爲家主之法也。是故古人稱坐而論道謂之三公，作而行之謂之士大夫。丙吉不問死人，陳平不知錢穀，彼誠達於位分之體也。今公躬校簿書，流汗終日，不亦勞乎？』亮謝之。亮使至懿軍，懿問其寢食及事之煩簡，而不及戎事。使者曰：『諸葛公夙興夜寐，罰二十已上皆親覽焉，所噉食不至數升。』懿曰：『食少事煩，其能久乎？』

樊川：『斯乃廟堂事，爾微非爾知。向來躐等语，長作陷身機。』

『越職于議，典制所禁；未信而書，聖人不尚。』陸贄《狀》。

皇極三　一三〇章

賣官

漢文帝之詔民拜爵，漢武帝之詔民買爵。漢文帝書詔：民入粟邊，得拜爵。武帝書詔：民得買爵。書令株送徒。

漢安帝之賜爵，漢桓帝之賣侯。安帝三年，令吏民入錢穀，拜官賜爵，從三公之請也。桓帝延熹四年，賣關内侯以下官。書法：『於是書賣，則求售於下矣。』

漢之賣官，秦之鬻爵。靈帝光和元年，初開西氏賣官，又私令左右賣公卿，公千萬，卿五百萬。秦蝗疫，令民納粟拜爵。書法：『始鬻爵也。』

後元年之得官，元鼎年之補郎。景帝後元二年，詔貲算四得官。詔曰：『貲算十以上得官，廉士算不必衆。貲算四得[宦]，亡令廉士失職，貪夫長利。』武帝元鼎三年，令株送徒入財補郎。犯令相引數千人，名曰株送徒。株，根本也。送，引也。犯令相引。發明：『蓋亦漁取無術而爲色目以罔之爾。』

置武功之爵，得司徒之官。武帝置武功爵。發明：『爵者，國之公器，非可買也而買之。罪者，國之公法，非可贖也而贖之。於以見國兵煩費之急，爲如何哉？』中平六年三月以崔可爲司徒。時三公因常侍阿保入錢西園而得之。段熲、張温等雖有功勤名譽，然亦輸貲財。烈本冀州名士，因傅母入錢五百萬爲司徒。

成主雄之獻金得官，魏子攸之入粟賜爵。永嘉三年，成主雄初得蜀，用度不足，諸將有以獻金銀得官者。尚書令楊褒諫曰：『陛下設官爵，當網網王下英豪，何有以官買金耶？』

魏子攸，永安元年詔聽民入粟，時乘喪亂之後，倉廩虛竭，詔入粟一千石〔一〕者賜爵散侯，五百石者賜出身。

齊主緯之賣官，李義府之賣官。齊主緯府藏空竭，乃賜郡縣使賣官取直，由是爲守令者率多商賈。李義府諸子孩抱者兼列清貫，賣官鬻獄其門如市，貸人錢穀，除官有差。僖宗乾符五年，詔河南貸商税富人錢穀，除官有差。書法：『秦初令吏納粟拜爵，至漢武帝始書買，拜者自上賜下之辭未以買書也，買者自下求上之辭猶未書賣也。至桓帝始書賣，賣者自上求下之辭矣。然賣之在我，買之在人，非强抑之也。於是强貸給以空名告身，國莫急於此矣，官莫輕於此矣。』晁錯曰：『爵者上之所擅出於口而無窮，粟者民之所種生於地而不乏，使人入粟於邊以受爵免罪，不過三載塞下之粟必多矣。』

鬻爵 林駉

曰崇德，《記》：『宗廟之中以爵爲位，崇德也。』曰以賢，《禮》：『因民之常，施十有二教。十有一曰以賢制爵。』截乎不敢以輕畀。曰不瀆，《記》：『爵不瀆而民作愿。』曰不逾，《左》：『爵不逾德。』凛乎不敢以輕予。

〔一〕今按：『一千石』，《資治通鑑》卷一百五十二作『八千石』。

蓋位，天位也。禄，天禄也。五服之章，天所以命有德，非一人所得私也。經記。曰：『論定然後官之，任官然後爵之。』傳左。曰：『惟名與器不可假人。』以是知爵禄之柄，雖人主之所擅，而非人主之所可私。嘗考鬻爵之制，實始於漢。高祖第蕭何之次以服衆議，先雍齒之侯以息偶語。文帝從晁錯備邊之言，令民納粟以拜爵。景帝上郡之旱，而復修賣爵之令。武帝以擊胡之費，又創立武功爵，令人得以入貲而補吏。故卜式首以家財輸邊，乃至超拜中郎，賜爵左庶長。雖然有以貲拜郎爲廷尉而天下無冤民者，張釋之。有入錢補謁者守潁川而治行第一者。黄霸。嗚呼，作法於凉，其弊尤貪。東都之季，其弊尤甚：有吏人入穀而得關内侯者，永安二年。有銅臭入錢以買三公者。崔烈。晋武帝之時，賣官得錢入私門。太康三年。唐至德之後，納錢百千則賜明經。不識文字者加三十千。國朝，入穀六百石與補上造之請，非備邊不許也。咸平，六百石補上造，萬二千石爲大庶長。出粟五千石賜第班行之請，非補乏不許也。天禧，鄭可狀願出粟五千六百石賑濟，望賜弟還班行。或以賑水旱，太宗時。或以備糴本，熙寧。雖所以濟人事之不及，非所以體天道之至公。淳熙之君曰：『理財有道，均節出入足矣，安用輕官爵以益財貨？』元祐之臣曰：『納粟不如資蔭，資蔭不如進士。』與之服飾如康定之制可也，與之免役如嘉祐之制可也，與之監臨物務而不與之參軍判官，如慶曆之制亦可也。』

皇極三　一三一章

爵邑同人

漢以爵邑爲實惠，唐以爵邑爲虚名。宣帝本始間，以劉德、蘇武爵，皆關内而得食邑者，蓋當時嘉異定策之功。高帝即位初年，七大夫以上皆令食邑，又所以特寵一時軍士之勞，蓋非常制也。有封爲某侯言食[邑]數者，有封爲某侯不言食[邑]數者。不言食邑以一縣一鄉之租税俱予之，言邑數則特據邑數而予之耳。爵五大夫者，有罪不入狴犴。爵上造以上者，當刑減一等。爵五大夫以上者，乃復得一人。無非示其實惠者。若唐則不然，曰王至男者，其爵等有九。曰萬户至三百者，其邑數亦有九。王邑萬户正一品，郡王邑五千户從一品，國公邑三千户從二品〔一〕，開國郡公邑二千户正二品，開國縣公邑千五百户從二品，開國縣侯邑千户從三品，開國縣伯邑七百户正四品，開國縣子邑五百户正五品，開國縣男邑三百户從五品。夫封爵猶漢也，食邑猶漢也。然唐之爵號服色而已，陸贄所謂無俸禄之資，無管攝之柄，無免役之優者是也。是其所以爲

〔一〕今按：『二品』，《四庫全書》本《古今源流至論》前集卷七作『一品』。

美稱者，又所以爲虚假歟。國朝，爵有五等，公侯伯子男是也。且官之至少卿，監遥郡勛之至上柱國也。始封男爵，其食邑三百焉，已而二百封子，二百封伯，二百封侯，至二千之數，於是有公爵之封。官之轉觀察待制以上使也，始封子爵，其食邑五百焉，已而八百封伯，一千封侯，亦至二千之數，於是有公爵之封。此侍臣以下所封之例也。其初除執政也，則不問封爵之有無，即與伯封，一轉而侯，再轉而公矣。其初拜丞相也，則不問封爵之高下，即與侯封，食邑至二千石則封公，實封至萬户則封小國、中國、大國。此宰執所封之例也。蓋漢有以宦官而封，如張釋卿者；有以方士而封，如欒大者。我朝爵與德稱，未嘗濫受也。漢爵至列侯而未有食邑，如樊噲者；累賜食邑而後封侯，如王商者。我朝爵與邑等，未嘗虚假也。

《王制》：『爵人於市，與衆共之〔一〕。』《周禮・春官》：『大宗伯之職，一命受職，再命受服，三命受服〔二〕，四命受器，五命賜則，法。六命賜官，七命賜國，八命作牧，九命作伯。』

〔一〕今按：此句，《十三經注疏》本《禮記・王制》作『爵人於朝，與士共之。刑人於市，與衆棄之』。

〔二〕今按：『受服』，《十三經注疏》本《周禮・春官》作『受位』。

皇極三　一三二章

信任

《書》益曰：『吁戒哉！任賢勿貳。』以小人間之謂之貳。『迪知忱恂于九德之行。』迪知者，蹈知而非苟知也。忱恂者，誠信而非輕信也。

劉更生曰：『治亂榮辱之端在所信任，信任既賢，在於堅固而不移。』申屠剛諫隗囂曰：『布衣相與尚有没身不負然諾之信，況於萬乘者哉！』

魏文侯之示書，漢光武之示書。樂羊伐中山返而論功，文侯示以謗書一篋，曰：『非臣之功，君之力也。』馮異治關中，出入三歲，上林成都。人上書言：『異威權至重，號爲咸陽王。』帝以章示異，異惶懼陳謝。至是入朝，賜珍寶錢帛。

杜詩：『蜀主脱嫌猜。信任孔明。』

皇極三　一三三三章

勝任

《易·大過》九四《象》：『棟隆之吉，不橈乎下也。』《大有》九二《象》：『大車以載，積中不敗也。』伊尹任天下之重。

《揚子》：『鷦朋冲天，不在六翮乎？拔而傅尸鳩，其累矣夫。』喻授小人以大位，而不能成大功也。

皇極三　一三四章

辭職

無忌之辭，士匄之辭。《襄七》：『晋韓獻子告老，公族穆子有廢疾，穆子，厥長子，爲公族大夫。將立之。辭曰：「無忌不才，讓其可乎？」與田蘇游，而曰好仁。田蘇，晋賢人，蘇言起好仁。

使宣子朝，遂老。使起爲卿，而朝於君。晉侯謂韓無忌仁，使掌公族大夫。能讓，所以爲仁。』《襄十三》：『晉侯搜于綿上，使士匄將中軍，辭曰：「伯游長。荀偃。」使韓起將上軍，辭以趙武。又使欒黶，辭曰：「臣不如韓起。」君子曰：「讓，禮之主也。范宣子讓，其下皆讓。世之治也，君子尚能而讓其下，夫〔一〕農力以事其上。由不争也，謂之懿德。及其亂也，君子稱其功以加小人，小人伐其技以馮君子。由争善也，謂之昏德。」』

公子完之辭卿，閔子騫之辭宰。《莊廿二》：『陳公子完奔齊。齊侯使敬仲爲卿，辭曰：「羈旅之臣，幸若獲宥，及於寬政，敢辱高位，以速官謗？詩曰：翹翹車乘，招我以弓，豈不欲往？畏我友朋。」逸詩也。古者聘士以弓，言雖貪顯命，惧爲朋友所譏。使爲工正。掌百工之官。』《論・季氏》：『使閔子騫爲費宰。閔子騫曰：「善爲我辭焉。如有復我者，則吾必在汶上矣。」』《中庸》：『爵禄可辭也。』

〔一〕　今按：『夫』，《十三經注疏》本《左傳・襄公》作『小人』。

皇極三　一三五章

卿大夫

《襄廿二》子展曰：『國卿，君之貳也，民之主也。不可以苟。』《成三》臧宣叔曰：『次國之上卿，當大國之中，中當其下，下當其上大夫。小國之上卿，當大國之下卿，中當其上大夫，下當其下大夫。上下曰是，古之制也。』《昭卅二》史墨對曰：『王有公，諸侯有貳〔一〕，皆有貳也。』

《王制》：『大夫廢其事，終身不仕，死以士禮葬之。廢其事，如戰陣無勇而敗國殄民，或荒淫失行而悖常亂俗。』

《曲禮》：『四郊多壘，此卿大夫之辱也。地廣大荒而不治，此亦士之辱也。』

《揚子》：『或問近世名卿，曰若張廷尉之平釋之，雋京兆之見，有人自稱衛太子，不疑治之。尹扶風之絜，王子貢之介，王尊成帝時人，治任公正，誅鋤豪强。斯名卿矣。』

〔一〕今按：『貳』，《十三經注疏》本《左傳·昭公》作『卿』。

皇極三　一三六章

因任

增秩賜金，爵至關内侯。漢宣。

治唐五歲，秘閣十年。宋高賦作陂堰四十有四。鞏英擢都大坑冶職事修舉。升使留蜀，進秩還任。王之望出使九年，官至太府卿而難其代。孝宗增置户部侍郎，升宣諭使留蜀。溧水縣令李朝正有政績，召對遷官，賜五品服遣。